Série: Biblioteca do Lar Cristão
2

Parábolas de Jesús

Explicação detalhada das parábolas de Jesus

Edição original

Ellen G. White

Copyright ©2023

LS COMPANY

ISBN: 978-1-0881-5605-6

Conteneúdo

Capítulo 1 — O ensino mais eficaz 5

Capítulo 2 — A sementeira da verdade 10

Capítulo 3 — O desenvolvimento da vida 27

Capítulo 4 — Por que existe o mal 31

Capítulo 5 — Pequenos inícios, grandes resultados 34

Capítulo 6 — Como instruir e guardar os filhos 37

Capítulo 7 — Um poder que transforma e eleva 43

Capítulo 8 — O maior tesouro 47

Capítulo 9 — A pérola de grande preço 55

Capítulo 10 — A rede e a pesca 59

Capítulo 11 — Onde encontrar a verdade 60

Capítulo 12 — Como aumentar a fé e a confiança 67

Capítulo 13 — Um sinal de grandeza 75

Capítulo 14 — A fonte do poder vencedor 83

Capítulo 15 — A esperança da vida 93

Capítulo 16 — A reabilitação do homem 101

Capítulo 17 — Alento nas dificuldades 109

Capítulo 18 — Um convite generoso 113

Capítulo 19 — Como se alcança o perdão 124

Capítulo 20 — O maior perigo do homem 129

Capítulo 21 — Como se decide o nosso destino 133

Capítulo 22 — O que tem mais valor diante de Deus 140

Capítulo 23 — Por que vem a ruína 148

Capítulo 24 — Diante do supremo tribunal 163

Capítulo 25 — Como enriquecer a personalidade 171

Capítulo 26 — Talentos que dão êxito 196

Capítulo 27 — A verdadeira riqueza 202

Capítulo 28 — O maior dos males 210

Capítulo 29 — A recompensa merecida 219

Capítulo 1—O ensino mais eficaz

No ensino de Cristo por parábolas, é manifesto o mesmo princípio de Sua própria missão ao mundo. Para que pudéssemos familiarizar-nos com Sua vida e caráter divinos, tomou Cristo nossa natureza e habitou entre nós. A divindade foi revelada na humanidade; a glória invisível, na visível forma humana. Os homens podiam aprender do desconhecido pelo conhecido; coisas celestiais foram reveladas pelas terrenas; Deus Se revelou na semelhança do homem. Assim era nos ensinos de Cristo: o desconhecido era ilustrado pelo conhecido; verdades divinas por coisas terrenas, com as quais o povo estava mais familiarizado.

Diz a Escritura: "Tudo isso disse Jesus por parábolas à multidão... para que se cumprisse o que fora dito pelo profeta, que disse: Abrirei em parábolas a boca; publicarei coisas ocultas desde a criação do mundo." Mateus 13:34, 35. As coisas naturais eram o veículo para as espirituais; cenas da natureza e da experiência diária de seus ouvintes eram relacionadas com as verdades das Escrituras Sagradas. Guiando assim do reino natural para o espiritual, são as parábolas de Cristo, elos na cadeia da verdade que une o homem a Deus, e a Terra ao Céu.

Em Seus ensinos da natureza falava Cristo das coisas que Suas próprias mãos haviam criado, e que possuíam qualidades e faculdades, que Ele próprio lhes havia comunicado. Em Sua perfeição original, eram todas as coisas criadas a expressão do pensamento de Deus. Para Adão e Eva no seu lar paradisíaco, estava a natureza cheia do conhecimento de Deus, transbordante de instrução divina. A sabedoria falava aos olhos e era acolhida no coração; pois eles comungavam com Deus pelas obras criadas. Logo que o santo par transgrediu a lei do Altíssimo, o resplendor da face de Deus desapareceu da face da natureza. A Terra está agora deformada e maculada pelo pecado. Mas, mesmo nesta condição, muito do que é belo permanece. As lições objetivas de Deus, não são obliteradas; quando bem compreendida, a natureza fala de seu Criador.

Nos dias de Cristo estas lições haviam sido perdidas de vista. Os homens tinham quase cessado de reconhecer a Deus em Suas obras. A natureza pecaminosa da humanidade atirara um véu sobre a bela face da criação; e em vez de revelarem a Deus, suas obras tornaram-se obstáculo que O ocultavam. Os homens "honraram e serviram mais a criatura do que o Criador". Romanos 1:25. Desta maneira, os pagãos "em seus discursos se desvaneceram, e o seu coração insensato se obscureceu". Romanos 1:21. Assim haviam inculcado em Israel ensinos de homens, em vez de ensinos divinos. Não somente a natureza, mas o serviço sacrifical, e mesmo as Sagradas Escrituras, dados todos para revelar a Deus, foram tão truncados que se tornaram o meio de ocultá-Lo.

Cristo procurou remover aquilo que obscurecia a verdade. Veio tirar o véu que o pecado lançara sobre a face da natureza, e desse modo trazer à luz a glória espiritual que todas as coisas foram criadas para refletir. Suas palavras focalizaram sob aspecto novo as lições da natureza, bem como as da Bíblia, e as tornaram uma nova revelação.

Jesus colhia lírios formosos e os dava às crianças e jovens; e ao contemplarem-Lhe o rosto juvenil, em que brilhava a luz do semblante de Seu Pai, dava-lhes a lição: "Olhai para os lírios do campo, como eles [na simplicidade da beleza natural] crescem; não trabalham, nem fiam. E Eu vos digo que nem mesmo Salomão, em toda a sua glória, se vestiu como qualquer deles." Mateus 6:28, 29. A isto seguia então a doce segurança e a importante lição: "Pois, se Deus assim veste a erva do campo, que hoje existe e amanhã é lançada no forno, não vos vestirá muito mais a vós, homens de pequena fé?" Mateus 6:30.

Essas palavras, no sermão da montanha, foram dirigidas ainda a outros, além das crianças e jovens. Eram dirigidas a toda a multidão, em cujo meio havia homens e mulheres sobrecarregados de aflições e perplexidades e magoados por desenganos e tristezas. Jesus prosseguiu: "Não andeis, pois, inquietos, dizendo: Que comeremos ou que beberemos ou com que nos vestiremos? (Porque todas essas coisas os gentios procuram.) Decerto, vosso Pai celestial bem sabe que necessitais de todas essas coisas." Mateus 6:31, 32. E estendendo as mãos à multidão circunstante, disse: "Mas buscai primeiro o reino de Deus, e a Sua justiça, e todas essas coisas vos serão acrescentadas." Mateus 6:33.

Desta maneira interpretava Jesus a mensagem que Ele mesmo dera aos lírios e à relva do campo. Ele quer que a leiamos em cada lírio e em cada haste da relva. Suas palavras estão cheias de consoladoras afirmações e são próprias para fortalecer a confiança em Deus. Tão ampla era a visão que Cristo tinha da verdade, e tão extensos os Seus ensinamentos, que cada aspecto da natureza foi utilizado para ilustrar verdades. As cenas, sobre que os olhos descansam cotidianamente, foram todas relacionadas com alguma verdade espiritual, de modo que a natureza está revestida das parábolas do Mestre.

Na primeira parte do Seu ministério, falara Cristo ao povo com palavras tão simples, que todos os Seus ouvintes podiam compreender as verdades que os tornariam sábios para a salvação. Mas em muitos corações a verdade não se enraizara, e logo foi tirada. "Por isso, lhes falo por parábolas", dizia Ele. "Porque eles, vendo, não vêem; e, ouvindo, não ouvem, nem compreendem. Porque o coração deste povo está endurecido, e ouviu de mau grado com seus ouvidos e fechou seus olhos." Mateus 13:13, 15.

Jesus desejava despertar a indagação. Procurou despertar os indiferentes e impressionar-lhes o coração com a verdade. O ensino por parábolas era popular e atraía o respeito e a atenção, não só dos judeus mas também dos de outras nações. Ele não poderia haver usado método de ensino mais eficaz. Se Seus ouvintes desejassem o conhecimento das coisas divinas, poderiam compreender-Lhe as palavras, pois estava sempre pronto para explicá-las ao inquiridor sincero.

Cristo também tinha verdades para apresentar, as quais o povo não estava preparado para aceitar, nem mesmo compreender. Este é outro motivo, por que Ele lhes ensinava por parábolas. Relacionando Seu ensino com cenas da vida, da experiência ou da natureza, assegurava a atenção e impressionava os corações. Mais tarde, ao olharem os objetos que Lhe haviam ilustrado os ensinos, lhes viriam à lembrança as palavras do divino Mestre. Às mentes que estavam abertas para o Espírito Santo foi, cada vez mais, desdobrada a significação dos ensinos do Salvador. Mistérios eram esclarecidos, e aquilo que fora difícil de compreender se tornava evidente.

Jesus procurava um caminho para cada coração. Usando ilustrações várias, não só expunha a verdade em Seus diversos aspectos, mas apelava também para os diferentes ouvintes. Despertava-lhes o interesse pelos quadros tirados do ambiente de sua vida diária. Ninguém que escutasse o Salvador podia sentir-se negligenciado nem esquecido. O mais humilde e pecador ouvia em Seus ensinos uma voz falar-lhe com simpatia e ternura.

Havia ainda outro motivo para os ensinar por parábolas. Entre as multidões que O rodeavam, havia sacerdotes e rabinos, escribas e anciãos, herodianos e maiorais, amantes do mundo, beatos, ambiciosos que desejavam, antes de tudo, achar alguma acusação contra Ele. Espias seguiam-Lhe os passos, dia a dia, para apanhá-Lo nalguma palavra que Lhe causasse a condenação, e fizesse silenciar para sempre Aquele que parecia atrair a Si o mundo todo. O Salvador compreendia o caráter desses homens e apresentava a verdade de maneira tal, que nada podiam achar que lhes desse oportunidade de levar Seu caso perante o Sinédrio. Em parábolas, Ele censurava a hipocrisia e o procedimento ímpio daqueles que ocupavam altas posições, e, em linguagem figurada, vestia a verdade de tão penetrante caráter que, se as mesmas fossem apresentadas como acusações diretas, não dariam ouvidos a Suas palavras e teriam dado fim rápido a Seu ministério. Mas enquanto repelia os espias, expunha a palavra tão claramente, que o erro era reconhecido e os sinceros lucravam com Suas lições. A sabedoria divina e a inesgotável graça foram claramente expostas pelas obras da criação de Deus. Pela natureza e pelas experiências da vida, foram os homens ensinados a respeito de Deus. "As Suas coisas invisíveis, desde a criação do mundo, tanto o Seu eterno poder como a Sua divindade, se entendem e claramente se vêem pelas coisas que estão criadas." Romanos 1:20.

No ensino do Salvador por meio de parábolas, há uma indicação do que constitui a verdadeira educação superior. Cristo poderia ter desvendado aos homens as mais profundas verdades da Ciência. Poderia ter revelado mistérios que têm exigido o esforço e estudo de muitos séculos para penetrá-los. Poderia ter feito sugestões em ramos de Ciência que dariam matéria para pensar e estímulo para invenção até ao fim do tempo. Mas não o fez. Não disse coisa alguma para satisfazer a curiosidade ou a ambição dos homens, abrindo portas à grandeza mundana. Em todos os ensinamentos, levava Cristo a mente do homem em contato com a Mente Infinita. Não atraía a multidão para estudar teorias humanas sobre Deus e Sua palavra ou obras. Ensinava-os a contemplá-Lo manifestado em Suas obras, palavras e providências.

Cristo não tratava de teorias abstratas, mas daquilo que é essencial ao desenvolvimento do caráter, e que ampliará a capacidade humana para conhecer a Deus, aumentando-lhe a eficiência para fazer o bem. Falava aos homens das verdades que se relacionam com a conduta da vida e se prendem à eternidade.

Era Cristo que dirigia a educação de Israel. A respeito dos mandamentos e prescrições do Senhor, dizia: "E as intimarás a teus filhos e delas falarás assentado em tua casa, e andando pelo caminho, e deitando-te, e levantando-te. Também as atarás por sinal na tua mão, e te serão por testeiras entre os teus olhos. E as escreverás nos umbrais de tua casa e nas tuas portas." Deuteronômio 6:7-9. Em Seus ensinos mostrava Jesus como este mandamento devia ser cumprido, como as leis e princípios do reino de Deus podiam ser apresentados de modo que lhe revelassem a beleza e preciosidade. Quando o Senhor educava os filhos de Israel para se tornarem Seus representantes peculiares, deu-lhes moradia entre as colinas e vales. Na vida familiar e em seu serviço religioso, eram levados em contínuo contato com a natureza e com a Palavra de Deus. Assim ensinava Cristo a Seus discípulos, junto ao lago, na encosta das montanhas, nos campos e nos bosques, onde podiam contemplar as obras da natureza, com as quais ilustrava Seus ensinos. Aprendendo então de Cristo, utilizavam o conhecimento recebido, tornando-se coobreiros em Seu trabalho.

Assim, pela criação, devemos conhecer o Criador. O livro da natureza é um grande guia que devemos usar em conexão com as Sagradas Escrituras, para ensinar a outros sobre Seu caráter e reconduzir ovelhas perdidas ao redil de Deus. Ao estudarmos as obras de Deus, o Espírito Santo faz raiar convicção na mente. Não é a convicção que o raciocínio lógico produz; mas, a não ser que a mente se tenha tornado muito entenebrecida para reconhecer a Deus, muito turvos os olhos para vê-Lo, os ouvidos muito moucos para ouvir-Lhe a voz, uma significação mais profunda é apreendida, e as sublimes verdades espirituais da Palavra escrita são gravadas no coração.

Nestes ensinos tirados diretamente da natureza há uma simplicidade e candura que lhes emprestam o maior valor. Todos necessitam das lições oriundas dessa fonte. Em si mesmo o encanto da natureza desvia a mente, do pecado e das atrações mundanas, para a pureza, para a paz e para Deus.

Muito freqüentemente se enche a mente dos estudantes de teorias e especulações humanas, falsamente chamadas Ciência e Filosofia. Devem eles ser postos em íntimo contato com a natureza. Aprendam que a criação e o cristianismo têm um único Deus. Sejam ensinados a ver a harmonia do natural com o espiritual. Tudo quanto os seus olhos contemplam ou as mãos manuseiam lhes sirva de ensino na formação do caráter. Desta maneira as faculdades mentais são fortalecidas, desenvolvido o caráter e toda a vida enobrecida.

O propósito de Cristo no ensino por parábolas e o propósito do sábado são o mesmo. Deus deu aos homens o memorial de Seu poder criador para que O discernissem nas obras de Suas mãos. O sábado convida-nos a contemplar, nas obras criadas, a glória do Criador. Por desejar Jesus que assim fizéssemos, foi que envolveu as Suas preciosas lições com a beleza das coisas naturais. Mais do que em qualquer outro dia, devemos, no santo dia de descanso, estudar as mensagens que Deus para nós escreveu na natureza. Devemos estudar as parábolas do Salvador onde Ele as pronunciou, nos campos e prados, sob céu aberto, entre a relva e as flores. À medida que penetramos no seio da natureza, Cristo nos torna real a Sua presença, e nos fala ao coração de Sua paz e amor.

Não ligou Cristo Seus ensinos somente com o dia de repouso, mas com a semana de trabalho. Ele tem sabedoria para aquele que guia o arado e espalha a semente. No arar e no semear, no lavrar e no colher, ensina-nos a ver uma ilustração de Sua obra de graça no coração. Deseja que em cada ramo de trabalho útil e em cada associação da vida achemos uma lição da verdade divina. Então nossa labuta cotidiana não mais nos absorverá a atenção para nos levar a esquecer de Deus; continuamente nos lembrará o Criador e Redentor. O pensamento em Deus, qual fio de ouro, passará entretecido em todos os nossos cuidados e ocupações domésticas. Para nós, a glória do Seu semblante repousará novamente na face da natureza. Estaremos aprendendo novas lições de verdades celestiais e crescendo à semelhança de Sua pureza. E desta maneira seremos ensinados pelo Senhor (Isaías 54:13); e, no estado em que somos chamados, ficaremos "diante de Deus". 1 Coríntios 7:24.

Capítulo 2—A sementeira da verdade

Este capítulo é baseado em Mateus 13:1-9; 13:18-23; Marcos 4:1-20; Lucas 8:4-15.

O semeador e a semente

Pela parábola do semeador, ilustra Cristo as coisas do reino dos Céus e a obra do grande Lavrador para o Seu povo. Como um semeador no campo, assim veio Ele também para espalhar a semente celestial da verdade. E Seu ensino por parábolas era a semente, com a qual as mais preciosas verdades de Sua graça foram disseminadas. Por sua simplicidade, a parábola do semeador não tem sido apreciada como devia. Da semente natural que é lançada na terra, Cristo deseja dirigir-nos o espírito para a semente do evangelho, cuja semeadura resulta em reconduzir o homem à lealdade para com Deus. Ele, que deu a parábola da pequena semente, é o Soberano do Céu, e as mesmas leis que regem o semear da semente terrena, regem o semear das sementes da verdade.

Tinha-se aglomerado, junto ao Mar da Galiléia, uma multidão curiosa e expectante para ver e ouvir a Jesus. Lá havia doentes que estavam deitados em leitos, e esperavam para apresentar-Lhe seu caso. Deus Lhe havia dado o direito de aliviar a dor de uma geração pecaminosa e agora repreendia a enfermidade e difundia ao Seu redor vida, saúde e paz.

Aumentando a multidão continuamente, o povo se comprimia ao redor de Cristo até não haver mais espaço para contê-los. Então, dirigindo uma palavra aos homens nos botes, subiu à embarcação que estava pronta para levá-Lo à outra margem do lago, e ordenando aos discípulos que se afastassem um pouco da terra, falou à multidão reunida na margem.

Junto ao lago estava a bela planície de Genesaré, além erguiam-se as colinas, e no sopé do monte, como também no planalto, havia semeadores e ceifeiros trabalhando, uns espalhando a semente e os outros ceifando o cereal maduro. Contemplando esta cena, disse Cristo:

"Eis que o semeador saiu a semear. E, quando semeava, uma parte da semente caiu ao pé do caminho, e vieram as aves e comeram-na; e outra parte caiu em pedregais, onde não havia terra bastante, e logo nasceu, porque não tinha terra funda. Mas, vindo o Sol, queimou-se e secou-se, porque não tinha raiz. E outra caiu entre espinhos, e os espinhos cresceram e sufocaram-na. E outra caiu em boa terra e deu fruto: um, a cem, outro, a sessenta, e outro, a trinta." Mateus 13:3-8.

A missão de Cristo não foi compreendida pelos homens de Seu tempo. A maneira de Sua vinda não estava em harmonia com a expectativa deles. O Senhor Jesus era o fundamento de toda a dispensação judaica. Suas imponentes cerimônias foram ordenados por Deus. Foram designados para ensinar ao povo, que no tempo determinado, viria Aquele ao qual apontavam aquelas cerimônias. Mas os judeus tinham exaltado as formalidades e cerimônias, e perdido de vista seu objetivo. As tradições, máximas e decretos de homens ocultavam-lhes as lições que Deus intencionava comunicar-lhes. Essas máximas e tradições tornaram-se um obstáculo para a sua compreensão e prática da verdadeira religião. E ao vir a realidade, na pessoa de Cristo, não reconheceram nEle o cumprimento de todos os símbolos, a substância de todas as sombras. Rejeitaram o antítipo, e apegaram-se a seus tipos e cerimônias inúteis. O Filho do homem viera, mas continuaram pedindo um sinal. À mensagem: "Arrependei-vos, porque é chegado o Reino dos Céus" (Mateus 3:2), respondiam exigindo um milagre. O evangelho de Cristo lhes era uma pedra de tropeço, porque, em vez de um Salvador, pediam um sinal. Esperavam que o Messias provasse Suas reivindicações por vitórias brilhantes, para estabelecer Seu império sobre as ruínas de reinos terrestres. Como resposta a essa expectativa, deu Cristo a parábola do semeador. O reino de Deus não devia prevalecer pela força de armas nem por intervenções violentas, mas pela implantação de um princípio novo no coração dos homens.

"O que semeia a boa semente é o Filho do homem." Mateus 13:37. Cristo viera, não como rei, mas como semeador; não para subverter reinos, mas para espalhar a semente; não para levar Seus seguidores a triunfos terrenos e grandezas nacionais, mas para uma colheita que será ganha depois de paciente trabalho, e por perdas e desilusões.

Os fariseus compreendiam a significação da parábola de Cristo; mas o Seu ensino lhes era indesejável. Faziam como se não o compreendessem. À grande massa envolvia-se num maior mistério ainda o propósito do novo Mestre, cujas palavras lhes moviam tão estranhamente o espírito e tão amargamente desapontavam as ambições. Os discípulos mesmos não compreenderam a parábola, mas foi-lhes instigado o interesse. Foram ter depois particularmente com Jesus e pediram explicação.

Este desejo era justamente o que Jesus pretendia despertar para que lhes pudesse dar instrução mais definida. Explicou-lhes a parábola, do mesmo modo que tornará clara Sua palavra a todos os que O procuram em sinceridade de coração. Os que estudam a Palavra de Deus com o coração aberto para a iluminação do Espírito Santo, não permanecerão em trevas quanto à significação da mesma. "Se alguém quiser fazer a vontade dEle", dizia Cristo, "pela mesma doutrina, conhecerá se ela é de Deus ou se Eu falo de Mim mesmo."

João 7:17. Todos os que vão a Cristo com o desejo de um mais claro conhecimento da verdade, o receberão. Ele lhes desdobrará os mistérios do reino dos Céus, e os mesmos serão compreendidos pelos corações que anelam conhecer a verdade. Uma luz celeste raiará no templo da alma e será revelada a outros como o brilho refulgente de uma lâmpada em estrada tenebrosa.

"Eis que o semeador saiu a semear." Mateus 13:3. No oriente tão incertas eram as circunstâncias, e as violências tão grande perigo ocasionavam, que o povo morava principalmente em cidades muradas, e os lavradores saíam diariamente para o trabalho. Assim saiu também Cristo, o Semeador celeste, a semear. Deixou Seu lar seguro e cheio de paz, deixou a glória que possuía junto ao Pai, antes de o mundo existir, deixou Sua posição no trono do Universo. Saiu como homem sofredor e tentado; saiu em solidão para semear em lágrimas e para regar com o próprio sangue a semente da vida para um mundo perdido.

Igualmente, Seus servos precisam sair para semear. Quando Abraão foi chamado para tornar-se semeador da semente da verdade, foi-lhe ordenado: "Sai-te da tua terra, e da tua parentela, e da casa de teu pai, para a terra que Eu te mostrarei." Gênesis 12:1. "E saiu, sem saber para onde ia." Hebreus 11:8. Assim também recebeu Paulo a ordem divina, enquanto orava no templo em Jerusalém: "Vai, porque hei de enviar-te aos gentios de longe." Atos dos Apóstolos 22:21. Assim todos os que são chamados para unir-se a Cristo, precisam deixar tudo para segui-Lo. Velhas relações precisam ser cortadas, planos de vida abandonados, esperanças terreais renunciadas. Com trabalho e lágrimas, na solidão e por sacrifício, deve a semente ser lançada.

"O semeador semeia a Palavra." Marcos 4:14. Cristo veio para semear o mundo com a verdade. Durante todo o tempo, desde a queda do homem, tem Satanás lançado a semente do erro. Por uma mentira ganhou o domínio sobre os homens, e da mesma maneira trabalha ainda para subverter o reino de Deus na Terra e submeter os homens a seu poderio. Como semeador de um mundo mais elevado, veio Cristo para lançar as sementes da verdade. Ele, que tomou parte no conselho de Deus e morou no mais íntimo santuário do Eterno, podia dar aos homens os puros princípios da verdade. Desde a queda do homem, Cristo tem sido o Revelador da verdade ao mundo. Por Ele foi transmitida ao homem a semente incorruptível, a "Palavra de Deus, viva e que permanece para sempre". 1 Pedro 1:23. Naquela primeira promessa dada no Éden à humanidade caída Cristo lançava a semente do evangelho. Mas a parábola do semeador aplica-se especialmente a Seu ministério pessoal entre os homens, e à obra que Ele assim estabeleceu.

A Palavra de Deus é a semente. Toda semente tem em si um princípio germinativo. Nela está contida a vida da planta. Do mesmo modo há vida na Palavra de Deus. Cristo diz: "As palavras que Eu vos disse são espírito e vida." João 6:63. "Quem ouve a Minha palavra e crê nAquele que Me enviou tem a vida eterna." João 5:24. Em cada mandamento, em cada promessa da Palavra de Deus está o poder, sim, a vida de Deus, pelo qual o mandamento pode ser cumprido e realizada a promessa. Aquele que pela fé aceita a Palavra, recebe a própria vida e o caráter de Deus.

Cada semente produz fruto segundo sua espécie. Lançai a semente sob condições adequadas, e desenvolverá sua própria vida na planta. Recebei na alma, pela fé, a incorruptível semente da Palavra, e ela produzirá caráter e vida à semelhança do caráter e vida de Deus.

Os mestres de Israel não disseminavam a semente da Palavra de Deus. A obra de Cristo como Mestre da verdade estava em notável contraste com a dos rabinos do Seu tempo. Eles se firmavam sobre tradições, teorias humanas e especulações. Muitas vezes aquilo que homens tinham ensinado ou escrito sobre a Palavra, colocavam no lugar da própria Palavra. Seus ensinos não tinham poder para refrigerar a alma. O tema das pregações e ensinamentos de Cristo era a Palavra de Deus. Respondia a interlocutores com um simples: "Está escrito." Lucas 4:8, 10. "Que diz a Escritura?" "Como lês?" Lucas 10:26. Em cada oportunidade, quando era despertado interesse por um amigo ou adversário, lançava a semente da Palavra. Ele, que é o Caminho, a Verdade e a Vida, Ele que é o próprio Verbo vivo, aponta às Escrituras e diz: "São elas que de Mim testificam." João 5:39. "E, começando por Moisés e por todos os profetas, explicava-lhes o que dEle se achava em todas as Escrituras." Lucas 24:27.

Os servos de Cristo devem fazer a mesma obra. Em nosso tempo, como na antiguidade, as verdades vitais da Palavra de Deus são substituídas por teorias e especulações humanas. Muitos professos ministros do Evangelho não aceitam toda a Bíblia como a Palavra inspirada. Um sábio rejeita esta parte, outro duvida daquela. Elevam sua opinião acima da Palavra; e as Escrituras que eles ensinam, repousam sobre a autoridade deles próprios. Sua autenticidade divina é destruída. Deste modo é semeada largamente a semente da incredulidade; porque o povo é confundido e não sabe o que crer. Há muitas crenças que a mente não tem o direito de entreter. Nos dias de Cristo os rabinos forçavam uma construção mística sobre muitas porções das Escrituras. Porque os claros ensinos da Palavra de Deus lhes condenavam as práticas, procuravam destruir-lhes a força. O mesmo acontece hoje em dia. Deixa-se parecer a Palavra de Deus cheia de mistérios e trevas, para desculpar as transgressões de Sua lei. Em Seus dias, Cristo censurava estas práticas. Ensinava que a Palavra de Deus deve ser compreendida por todos. Apontava às Escrituras como de autoridade inquestionável, e devemos fazer o mesmo. A Bíblia deve ser apresentada como a Palavra do Deus infinito, como o termo de toda polêmica e o fundamento de toda fé.

A Bíblia tem sido espoliada de seu poder, e vemos a conseqüência no abaixamento do tom da vida espiritual. Nos sermões de muitos púlpitos de hoje, não há aquela divina manifestação, que desperta a consciência e dá vida à alma. Os ouvintes não podem dizer: "Porventura, não ardia em nós o nosso coração quando, pelo caminho, nos falava e quando nos abria as Escrituras?" Lucas 24:32. Há muitos que estão clamando pelo Deus vivo, e anseiam a presença divina. Teorias filosóficas ou composições literárias, embora brilhantes, não podem satisfazer o coração. As afirmações e descobrimentos dos homens não têm valor algum. Fale a Palavra de Deus ao povo! Os que só ouviram tradições, teorias e máximas humanas, ouçam a voz dAquele cuja palavra pode renovar a alma para a vida eterna.

O tema predileto de Cristo era o amor paterno e a abundante graça de Deus; demorava-Se muito sobre a santidade de Seu caráter e de Sua lei; e apresentou-Se a Si mesmo aos homens como o Caminho, a Verdade e a Vida. Sejam estes os temas dos ministros de Cristo! Anunciai a verdade como é em Jesus. Explicai as reivindicações da Lei e do Evangelho. Contai ao povo da vida de renúncia e sacrifício de Cristo; de Sua humilhação e morte; de Sua ressurreição e ascensão; de Sua intercessão por eles na corte de Deus; de Sua promessa: "Virei outra vez e vos levarei para Mim mesmo." João 14:3.

Em vez de disputar sobre teorias errôneas ou procurar combater os oponentes do Evangelho, segui o exemplo de Cristo. Reavivai as sãs verdades do tesouro de Deus. Pregai a Palavra. "Semeais sobre todas as águas." Isaías 32:20. "A tempo e fora de tempo." 2 Timóteo 4:2. "Aquele em quem está a Minha Palavra, que fale a Minha Palavra, com verdade. Que tem a palha com o trigo? -- diz o Senhor." Jeremias 23:28. "Toda Palavra de Deus é pura. ... Nada acrescentes às Suas palavras, para que não te repreenda, e sejas achado mentiroso." Provérbios 30:5, 6.

"O semeador semeia a Palavra." Eis exposto o grande princípio que deve fundamentar toda obra educacional. "A semente é a Palavra de Deus." Lucas 8:11. Mas em muitíssimas escolas de nossos dias a Palavra de Deus é posta de lado. Outros assuntos ocupam a mente. O estudo de autores incrédulos tem parte preponderante em nosso sistema educacional. Sentimentos céticos estão entretecidos com a matéria dos livros escolares. Pesquisas científicas tornam-se ilusórias, porque seus descobrimentos são mal interpretados e pervertidos. A Palavra de Deus é comparada aos supostos ensinos da Ciência, sendo considerada incerta e indigna de confiança. Assim é implantada no espírito dos jovens a semente da dúvida e, no tempo da tentação, germina. Ao perder a fé na Palavra de Deus, a mente não tem guia, nem salvaguarda. Os jovens são levados a caminhos que desviam de

Deus e da vida eterna.

A esta causa pode, em elevado grau, ser atribuída a iniqüidade difundida no mundo hoje em dia. Quando a Palavra de Deus é posta de lado, é rejeitado também seu poder de refrear as paixões pecaminosas do coração natural. Os homens semeiam na carne, e da carne colhem a corrupção.

Eis também a grande causa de fraqueza e ineficiência mental. Desviando-se da Palavra de Deus, para alimentar-se nos escritos de homens não inspirados, o espírito se deprecia e rebaixa. Não é levado em contato com os profundos e amplos princípios da verdade eterna. A inteligência adapta-se à compreensão das coisas que lhe são familiares e, nesta devoção às coisas finitas, ela é debilitada, seu poder limitado e, no decorrer de algum tempo, torna-se inapta para se expandir.

Tudo isso é educação falsa. Deveria ser o cuidado de todo professor fixar o espírito dos jovens sobre as grandes verdades da Palavra inspirada. Essa é a educação essencial para esta vida e para a vindoura.

Não se pense que isso impedirá o estudo das ciências ou causará norma medíocre de educação. O conhecimento de Deus é tão alto quanto o Céu, e tão vasto quanto o Universo. Nada é tão enobrecedor nem tão importante como o estudo dos grandes temas que concernem à nossa vida eterna. Procure a juventude compreender essas verdades doadas por Deus; expandir-se-lhe-á a mente, e fortificar-se-á nesse esforço. Levará todo aluno que é praticante da Palavra a um mais amplo campo de pensamento, e ser-lhe-á assegurado um tesouro de sabedoria que é imperecível.

A educação adquirida pelo esquadrinhar das Escrituras, consiste no conhecimento experimental do plano da salvação. Uma tal instrução restaurará a imagem de Deus no ser humano. Fortalecerá e firmará o espírito contra tentações, e habilitará o estudante a tornar-se coobreiro de Cristo em Sua misericordiosa missão ao mundo. Fará dele um membro da família celestial, preparando-o para participar da herança dos santos na luz.

Mas o professor da verdade sagrada só poderá comunicar aquilo que ele conhece por experiência própria. "O semeador semeia sua semente." Cristo ensinava a verdade, porque Ele era a verdade. Seu pensar, Seu caráter, Sua experiência da vida eram incorporados em Seus ensinos. Assim também é com Seus servos; os que querem ensinar a Palavra de Deus precisam apropriar-se dela pela experiência pessoal. Precisam saber o que significa Cristo ser-lhes feito sabedoria, justiça, santificação e redenção. Proclamando a Palavra de Deus, não devem fazê-la parecer duvidosa nem incerta. Devem declarar com o apóstolo Pedro: "Porque não vos fizemos saber a virtude e a vinda de nosso Senhor Jesus Cristo, seguindo fábulas artificialmente compostas, mas nós mesmos vimos a Sua majestade." 2 Pedro 1:16. Todo ministro de Cristo e todo professor deve estar habilitado a dizer com o amado João: "Porque a vida foi manifestada, e nós a vimos, e testificamos dela, e vos anunciamos a vida eterna, que estava com o Pai e nos foi manifestada." 1 João 1:2.

À beira do caminho

Aquilo de que a parábola do semeador principalmente trata é o efeito produzido sobre o crescimento da semente pelo solo em que é lançada. Por essa parábola diz Jesus virtualmente a Seus ouvintes: Não é seguro vos colocardes como críticos de Minha obra, ou condescenderdes com desapontamentos por não corresponder a vossas opiniões. A questão de maior importância para vós é: Como tratais Minha mensagem? De vossa aceitação ou rejeição da mesma depende vosso destino eterno.

Na explicação da semente que caiu à beira do caminho, disse: "Ouvindo alguém a Palavra do Reino e não a entendendo, vem o maligno e arrebata o que foi semeado no seu coração; este é o que foi semeado ao pé do caminho." Mateus 13:19.

A semente lançada à beira do caminho representa a Palavra de Deus quando cai no coração de um ouvinte desatento. Como o calcado caminho, pisado pelos pés de homens e animais, é o coração que se torna estrada para o comércio do mundo, seus prazeres e pecados. Absorvido em aspirações egoístas e condescendência pecaminosa, o coração se endurece "pelo engano do pecado". Hebreus 3:13. As faculdades espirituais são enfraquecidas. O homem ouve, sim, a Palavra, mas não a entende. Não discerne que ela se aplica a ele próprio. Não reconhece suas necessidades nem seu perigo. Não percebe o amor de Cristo, e passa pela mensagem de Sua graça como alguma coisa que não lhe diz respeito.

Como os pássaros estão prontos para tirar a semente do caminho, assim também Satanás está atento para tirar da mente os princípios da verdade divina. Teme que a Palavra de Deus possa despertar os negligentes e ter efeito sobre o coração endurecido. Satanás e seus anjos estão nas reuniões onde o evangelho é pregado. Enquanto anjos do Céu se esforçam para impressionar os corações com a Palavra de Deus, o inimigo está alerta para torná-la sem efeito. Com fervor só comparável à sua maldade, procura frustrar a obra do Espírito de Deus. Enquanto Cristo, pelo Seu amor, atrai a alma, Satanás procura desviar a atenção daquele que é movido a buscar o Salvador. Preocupa a mente com projetos mundanos. Instiga a crítica ou insinua dúvida e incredulidade. A linguagem do orador ou suas maneiras podem não agradar o ouvinte, e ele se detém sobre esses defeitos. Assim, a verdade de que carecem, e que Deus lhes enviou tão graciosamente, não causa impressão duradoura.

Satanás tem muitos auxiliares. Muitos que se dizem cristãos ajudam o tentador a tirar de outros as sementes da verdade. Muitos que ouvem a pregação da Palavra de Deus, fazem-na em casa objeto de crítica. Julgam a pregação, como se estivessem dando opinião sobre um discurso ou a respeito de um orador político. A mensagem que deve ser considerada a Palavra do Senhor para eles, é discutida com comentários frívolos e sarcásticos. O caráter, motivos e atos do pregador como também o procedimento dos membros da congregação são discutidos livremente. Pronuncia-se crítica cruel; calúnias e boatos são repetidos, e tudo isso aos ouvidos de não-conversos. Muitas vezes essas coisas são faladas pelos pais ao ouvido dos próprios filhos. Desse modo destrói-se o respeito aos mensageiros de Deus e a reverência à Sua mensagem, e muitos são ensinados a considerar levianamente a própria Palavra de Deus.

Assim, nos lares de professos cristãos são educados muitos jovens de modo a se tornarem incrédulos; e os pais perguntam por que os filhos possuem tão pouco interesse no evangelho e estão tão prontos para duvidar da verdade da Bíblia. Admiram-se de que seja tão difícil alcançá-los com influências morais e religiosas. Não vêem que seu próprio exemplo endureceu o coração dos filhos. A boa semente não acha lugar para se enraizar, e Satanás a arranca.

No pedregal

"Porém o que foi semeado em pedregais é o que ouve a Palavra e logo a recebe com alegria; mas não tem raiz em si mesmo; antes, é de pouca duração; e, chegada a angústia e a perseguição por causa da Palavra, logo se ofende." Mateus 13:20, 21.

A semente lançada no pedregal encontra solo pouco profundo. A planta brota rapidamente, mas as raízes não podem penetrar no rochedo a fim de obter nutrição para sustentar seu crescimento, e logo perece. Muitos que professam religião são ouvintes de pedregais. Como a rocha está sob o sedimento de terra, está o egoísmo próprio do coração natural sob os bons desejos e aspirações. O amor ao próprio eu não está subjugado. Ainda não viram a extraordinária iniquidade do pecado, e o coração não está humilhado pelo sentimento de culpabilidade. Esta classe pode ser convencida com facilidade e parecer de promissores conversos, mas só possuem religião superficial.

Não é por aceitarem a Palavra imediatamente, nem por se alegrarem na mesma, que os homens apostatam. Quando Mateus ouviu o chamado do Salvador, levantou-se imediatamente, deixou tudo e O seguiu. Deus quer que aceitemos a Palavra divina logo que venha a nosso coração, e é justo que a recebamos com alegria. Haverá "alegria no Céu por um pecador que se arrepende" (Lucas 15:7), e há alegria na alma que crê em Cristo. Mas aqueles de quem se fala na parábola, que aceitam logo a Palavra, não calculam o custo. Não ponderam o que deles exige a Palavra de Deus. Não a confrontam diretamente com todos os seus hábitos de vida e não se submetem completamente à sua direção.

As raízes da planta penetram profundamente no solo, e ocultas a nossos olhos alimentam-lhe a vida. Assim é com os cristãos; a vida espiritual é alimentada pela união invisível da alma com Cristo, mediante a fé. Mas os ouvintes de pedregais confiam em si mesmos, em vez de confiar em Cristo. Depositam sua confiança nas boas obras e bons motivos, e estão fortes em sua própria justiça. Não estão firmes no Senhor e na força de Seu poder. Esse "não tem raiz em si", porque não está ligado a Cristo.

O ardente sol de verão, que fortifica e amadurece o grão sadio, destrói aquele que não tem raízes profundas. Assim o que "não tem raiz em si mesmo; ... é de pouca duração; e, chegada a angústia e a perseguição por causa da Palavra, logo se ofende". Mateus 13:21. Muitos aceitam o evangelho para escapar ao sofrimento e não para serem libertos do pecado. Regozijam-se algum tempo pensando que a religião os livrará de dificuldades e provações. Enquanto a vida decorre suavemente, podem parecer coerentes. Todavia desfalecem sob a ardente prova da tentação. Não podem levar o opróbrio por amor de Cristo. Ofendem-se quando a Palavra de Deus lhes aponta algum pecado acariciado ou exige renúncia e sacrifício. Custar-lhes-ia muito esforço fazer mudança radical de vida. Olham as desvantagens e provações presentes e esquecem as realidades eternas. Como os discípulos que deixaram a Jesus, estão também prontos para dizer: "Duro é este discurso; quem o pode ouvir?" João 6:60.

Muitos há que dizem servir a Deus, mas não têm o conhecimento experimental dEle. O desejo de fazer Sua vontade baseia-se em suas próprias inclinações, e não na profunda convicção efetuada pelo Espírito Santo. Seu procedimento não está em harmonia com a lei de Deus. Professam aceitar a Cristo como seu Salvador, contudo não crêem que lhes dará forças para vencer o pecado. Não têm relação pessoal com o Salvador vivo e seu caráter revela faltas herdadas e cultivadas.

Uma coisa é aprovar de modo geral o agente do Espírito Santo, e outra, aceitar Sua obra como reprovador, chamando-nos ao arrependimento. Muitos têm uma intuição de separação de Deus, e de estar debaixo da servidão do pecado e do próprio eu; esforçam-se para se reformarem, mas não crucificam o próprio eu. Não se entregam inteiramente às mãos de Cristo, procurando forças divinas para Lhe fazer a vontade. Não consentem em deixar-se moldar à semelhança divina. Reconhecem de modo geral suas imperfeições, mas não confessam particularmente cada pecado. Com cada ação errada, a velha natureza egoísta é fortalecida.

A única esperança para essas pessoas é reconhecer em si mesmas a verdade das palavras de Cristo a Nicodemos: "Necessário vos é nascer de novo. Na verdade, na verdade te digo que aquele que não nascer de novo não pode ver o reino de Deus." João 3:7, 3.

Verdadeira santidade é integridade no serviço de Deus. Essa é a condição da verdadeira vida cristã. Cristo requer a entrega sem reservas, o serviço não dividido. Exige o coração, a mente, o intelecto e as forças. O eu não deve ser acariciado. Quem vive para si mesmo não é cristão.

O amor precisa ser o móvel de ação. O amor é o princípio básico do governo de Deus no Céu e na Terra, e deve ser o fundamento do caráter cristão. Isso unicamente pode torná-lo e guardá-lo inabalável; habilitá-lo a resistir às provas e tentações.

E o amor será revelado no sacrifício. O plano de salvação foi firmado em sacrifício -- um sacrifício tão profundo, amplo e alto, que é incomensurável. Cristo entregou tudo por nós; e os que aceitam a Cristo estarão prontos para sacrificar tudo pela causa de seu Redentor. O pensamento de Sua honra e glória terá precedência sobre todas as outras coisas.

Se amamos a Jesus, gostaremos de viver para Ele, de apresentar-Lhe nossa oferta de gratidão, de trabalhar para Ele. O próprio serviço será fácil. Anelaremos sofrimento, labuta e sacrifício por Sua causa. Simpatizaremos com o Seu anseio pela salvação dos homens. Sentiremos pelos homens a mesma terna paixão que Ele sentiu.

Essa é a religião de Cristo. Qualquer coisa menos que isso é um engano. Nenhuma simples teoria da verdade ou profissão de discipulado salvará pessoa alguma. Não pertencemos a Cristo, se não somos inteiramente Seus. É pela indiferença na vida cristã que os homens se tornam de propósitos fracos e desejos mutáveis. O esforço de servir tanto ao eu como a Cristo, faz do homem ouvinte de pedregais, e não resistirá quando lhe sobrevier a provação.

Entre os espinhos

"E o que foi semeado entre espinhos é o que ouve a Palavra, mas os cuidados deste mundo e a sedução das riquezas sufocam a Palavra, e fica infrutífera." Mateus 13:22.

A semente do evangelho cai muitas vezes entre espinhos e ervas daninhas; e se não ocorrer uma transformação moral no coração humano, e se não forem abandonados velhos hábitos e práticas da anterior vida pecaminosa, se não forem expelidos da alma os atributos de Satanás, a colheita de trigo será sufocada. Os espinhos serão a colheita, e destruirão o trigo.

A graça só pode florescer no coração que está sendo preparado continuamente para as preciosas sementes da verdade. Os espinhos do pecado crescem em qualquer solo; não precisam de cultivo especial; mas a graça necessita ser cultivada cuidadosamente. A sarça e os espinhos estão sempre prontos para germinar, e a obra de purificação precisa avançar continuamente. Se o coração não for guardado sob a direção de Deus, se o Espírito Santo não refinar e enobrecer incessantemente o caráter, revelar-se-ão na vida os velhos costumes. Podem os homens professar crer no evangelho; mas a não ser que sejam por ele santificados, nada vale sua religião. Se não obtiverem vitória sobre o pecado, este estará obtendo vitória sobre eles. Os espinhos que foram cortados, mas não desarraigados, brotam novamente, até sufocar a alma.

Cristo especificou as coisas que são perigosas para a alma. Como relata Marcos, menciona Ele os cuidados deste mundo, os enganos das riquezas e as ambições de outras coisas. Lucas especifica: cuidados, riquezas e deleites da vida. Estes são os que sufocam a Palavra, a crescente semente espiritual. A alma cessa de extrair alimento de Cristo, e extingue-se no coração a espiritualidade.

"Os cuidados deste mundo." Mateus 13:22. Nenhuma classe está livre da tentação de cuidados deste mundo. Aos pobres a labuta, privação e temor de pobreza trazem perplexidades e fardos; aos ricos vêm o temor de perda e uma multidão de ansiosas preocupações. Muitos dos seguidores de Cristo esquecem as lições que Ele nos ordenou aprender das flores do campo. Não confiam em Sua constante providência. Cristo não pode carregar-lhes os fardos, porque não os depõem sobre Ele. Portanto os cuidados da vida, que os deveriam levar ao Salvador para receber auxílio e conforto, dEle os separam.

Muitos que podiam produzir frutos na obra de Deus, tornam-se propensos a conquistar riquezas. Toda a sua energia é absorvida em empresas comerciais, e sentem-se obrigados a desprezar as coisas de natureza espiritual. Deste modo separam-se de Deus. É-nos recomendado nas Escrituras não sermos "vagarosos no cuidado". Romanos 12:11. Devemos trabalhar para que possamos dar alguma coisa aos necessitados. Os cristãos precisam trabalhar, precisam ocupar-se em atividades, e podem fazê-lo sem cometer pecado. Mas muitos se tornam tão absortos em negócios que não têm tempo para orar, para estudar a Bíblia, para procurar e servir a Deus. Às vezes os anseios da alma são pela santidade e o Céu; mas não há tempo para retrair-se do tumulto do mundo para ouvir as palavras majestosas e autorizadas do Espírito de Deus. As coisas da eternidade são tidas como secundárias, e as do mundo, supremas. É impossível à semente da verdade produzir fruto; porque a vida da alma é utilizada para alimentar os espinhos do mundanismo.

Muitos que agem com propósito muito diferente, caem no mesmo erro. Estão trabalhando para o bem de outros; seus deveres são urgentes, muitas as responsabilidades, e permitem que sua labuta exclua a devoção. A comunhão com Deus pela oração e pelo estudo de Sua

Palavra é negligenciada. Esquecem-se de que Cristo disse: "Sem Mim nada podereis fazer." João 15:5. Caminham separados de Cristo, sua vida não está impregnada de Sua graça, e as características do eu são reveladas. Seu serviço é manchado pelo desejo de supremacia, por traços grosseiros e intratáveis do coração insubmisso. Eis um dos principais segredos do fracasso no trabalho cristão. Essa é a razão por que o sucesso é tantas vezes insatisfatório.

"O engano das riquezas." O amor às riquezas tem poder apaixonante e ilusório. Muitíssimas vezes esquecem os que possuem riquezas mundanas, que é Deus quem lhes dá a capacidade de obter prosperidade. Dizem: "A minha força e a fortaleza de meu braço me adquiriram este poder." Deuteronômio 8:17. Em vez de despertar gratidão para com Deus, as riquezas os levam à exaltação própria. Perdem o sentimento de sua dependência de Deus e de sua obrigação para com o próximo. Em vez de considerar a riqueza como um talento a ser empregado para glória de Deus e para o reerguimento da humanidade, têm-na como meio de satisfação própria. Em vez de desenvolver no homem os atributos de Deus, as riquezas assim usadas desenvolvem nele os atributos de Satanás. A semente da Palavra é sufocada pelos espinhos.

"E deleites da vida." Lucas 8:14. Há perigo em diversão que é buscada meramente para a satisfação própria. Todos os hábitos de condescendência que debilitam as forças físicas, que anuviam a mente ou que entorpecem as percepções espirituais, são concupiscências carnais "que combatem contra a alma". 1 Pedro 2:11.

"E as ambições de outras coisas." Marcos 4:19. Estas não são necessariamente coisas pecaminosas, em si mesmas, mas alguma coisa a que damos o primeiro lugar, em vez de ao reino de Deus. Tudo quanto desvia de Deus o espírito e aparta de Cristo as afeições, é um inimigo da alma.

Quando a mente é juvenil e vigorosa, e susceptível de desenvolvimento rápido, há grande tentação de ser ególatra. Quando os projetos são bem-sucedidos, tem-se a tendência de continuar numa direção que amortece a consciência e impede a justa apreciação do que constitui a verdadeira excelência de caráter. Quando as circunstâncias favorecem este desenvolvimento, nota-se crescimento numa direção proibida pela Palavra de Deus.

Nesse período formativo da vida dos filhos, a responsabilidade dos pais é muito grande. Deve ser seu constante esforço rodear os filhos de boas influências, influências que lhes dêem visão correta da vida e de seu verdadeiro êxito. Quantos pais, em vez disso, impõem-se como primeiro objetivo assegurar aos filhos prosperidade material! Todas as suas associações são escolhidas com mira a este objetivo. Muitos pais estabelecem moradia em qualquer grande cidade, e introduzem os filhos na alta sociedade. Circundam-nos de influências que encorajam o mundanismo e o orgulho. Nessa atmosfera atrofiam-se mente e alma. Perdem-se de vista as elevadas e nobres aspirações da vida. O privilégio de serem filhos de Deus e herdeiros da vida eterna, é permutado por lucros materiais.

Muitos pais procuram promover a felicidade dos filhos, satisfazendo-lhes a sede de prazeres. Permitem-lhes tomar parte em esportes e participar de festinhas sociais, e fornecem-lhes dinheiro para gastar livremente em ostentação e satisfação própria. Quanto mais se condescende com o desejo de prazer, tanto mais forte ele se torna. O interesse desses jovens é absorvido gradualmente no divertimento, até que chegam a considerá-lo o objetivo da vida. Formam hábitos de ociosidade e condescendência que lhes tornam quase impossível se tornarem cristãos resolutos.

Mesmo a Igreja, que deve ser a coluna e sustentáculo da verdade, é vista animando o amor egoísta de prazer. Quando é preciso angariar dinheiro para fins religiosos, a que meios recorrem muitas igrejas? A bazares, ceias, leilões, até mesmo rifas e artifícios semelhantes. Muitas vezes o lugar consagrado ao culto de Deus é profanado por comidas e bebidas, vendas e compras, e toda sorte de diversões. O respeito à casa de Deus e a reverência a Seu culto são diminuídos no espírito dos jovens. As barreiras da restrição própria são enfraquecidas. Apela-se para o egoísmo, o apetite, o amor de ostentação e eles se fortalecem à medida que com os mesmos se condescende.

A busca por prazeres e divertimentos centraliza-se nas cidades. Muitos pais que escolhem um lar na cidade para os filhos, pensando dar-lhes maiores vantagens, são desapontados, mas demasiado tarde se arrependem de seu terrível erro. As cidades de nosso tempo tornam-se depressa como Sodoma e Gomorra. Os muitos feriados animam à ociosidade. Os divertimentos -- o teatro, corridas de cavalo, jogos, as bebidas alcoólicas, banquetes e orgias -- estimulam ao extremo todas as paixões. A juventude é arrastada pela corrente popular. Aqueles que aprendem a amar os divertimentos como um fim em si, abrem a porta para uma onda de tentações. Entregam-se a prazeres sociais e satisfações loucas, e sua relação com os amantes de prazeres tem efeito intoxicante sobre a mente. São arrastados de uma a outra forma de dissipação, até perderem, não só o desejo, como a capacidade para a vida útil. Suas aspirações religiosas esfriam; a vida espiritual é obscurecida. Todas as nobres faculdades da mente, tudo que liga o homem ao mundo espiritual é rebaixado.

É certo que alguns podem reconhecer sua loucura e se arrependem. Deus pode perdoar-lhes. Mas feriram o próprio coração e trouxeram sobre si perigo para a vida toda. O poder de discernimento que deve ser conservado sempre aguçado e sensível para distinguir entre o bem e o mal, é em grande parte destruído. Não reconhecem imediatamente a voz admoestadora do Espírito Santo, nem discernem os ardis de Satanás. Muitas vezes caem em tentação no tempo de perigo, e são alienados de Deus. O termo de sua vida de prazeres é ruína para este mundo e para o vindouro.

Cuidados, riquezas e divertimentos são usados por Satanás no jogo de vida do ser humano. É-nos feita a admoestação: "Não ameis o mundo, nem o que no mundo há. Se alguém ama o mundo, o amor do Pai não está nele. Porque tudo o que há no mundo, a concupiscência da carne, a concupiscência dos olhos e a soberba da vida, não é do Pai, mas do mundo." 1 João 2:15, 16. Aquele que lê o coração do homem como um livro aberto, diz: "E olhai por vós, para que não aconteça que o vosso coração se carregue de glutonaria, de embriaguez, e dos cuidados da vida, e venha sobre vós de improviso aquele dia." Lucas 21:34. O apóstolo Paulo, pelo Espírito Santo, escreve: "Mas os que querem ser ricos caem em tentação, e em laço, e em muitas concupiscências loucas e nocivas, que submergem os homens na perdição e ruína. Porque o amor do dinheiro é a raiz de toda espécie de males; e nessa cobiça alguns se desviaram da fé e se traspassaram a si mesmos com muitas dores." 1 Timóteo 6:9, 10.

A preparação do solo

Através da parábola do semeador, Cristo descreve os diversos resultados da semeadura como dependentes do solo. O semeador e as sementes são em cada caso os mesmos. Desta maneira nos ensina que se a Palavra de Deus não executar a sua obra em nosso coração e vida, devemos em nós mesmos procurar a razão disto. Mas o resultado não está além de nosso controle. É certo que não podemos transformar-nos, mas temos o poder de escolha, e depende de nós o que queremos ser. Os ouvintes comparados com o caminho, ou com os pedregais ou com o chão cheio de espinhos não precisam permanecer assim. O Espírito de Deus procura continuamente quebrar o encantamento da arrogância que mantém os homens absortos em coisas mundanas, e despertar anelo pelo tesouro imperecível. Resistindo os homens ao Espírito, tornam-se desatentos ou negligentes para com a Palavra de Deus. Eles mesmos são responsáveis pelo endurecimento do coração, que impede a boa semente de enraizar-se, e pelas ervas daninhas que lhe reprimem o desenvolvimento.

O jardim do coração precisa ser cultivado. Precisa o solo ser sulcado por profundo arrependimento. As plantas venenosas e diabólicas devem ser arrancadas. O terreno, uma vez coberto de espinhos, só pode ser reconquistado por diligente trabalho. Assim, as más tendências do coração natural só podem ser vencidas por sincero esforço em nome de Jesus e por Sua virtude. O Senhor nos ordena pelos profetas: "Lavrai para vós o campo de lavoura e não semeeis entre espinhos." Jeremias 4:3. "Semeai para vós em justiça, ceifai segundo a misericórdia." Oséias 10:12. Esta obra Ele deseja realizar para nós e pede-nos cooperação.

Os semeadores têm uma tarefa no preparar os corações para receber o evangelho. No ministério da Palavra há muita pregação e pouquíssimo trabalho de coração a coração. É necessário o trabalho pessoal pela salvação dos perdidos. Devemos aproximar-nos dos homens individualmente com simpatia semelhante à de Cristo e procurar despertar-lhes o interesse nas coisas da vida eterna. Os corações podem ser tão duros quanto o caminho batido e pode parecer uma tentativa inútil apresentar-lhes o Salvador; mas embora a lógica possa falhar em mover, e o argumento seja impotente para convencer, o amor de Cristo, revelado no ministério pessoal, pode abrandar o coração empedernido, de modo que a semente da verdade possa enraizar-se.

Assim os semeadores têm alguma coisa que fazer, para que a semente não seja sufocada pelos espinhos ou venha a perecer pela pouca profundidade do solo. Logo no início da vida cristã, deve ensinar-se aos crentes seus princípios fundamentais. Deve-se-lhes ensinar que não serão salvos somente pelo sacrifício de Cristo, mas que também devem tornar a vida de Cristo a sua vida e o caráter de Cristo o seu caráter. Ensine-se a todos, que precisam levar fardos e renunciar às inclinações naturais. Aprendam a bem-aventurança de trabalhar para Cristo, seguindo-O em renúncia, e suportar como bons soldados as dificuldades. Aprendam a confiar em Seu amor e lançar sobre Ele os cuidados. Experimentem a alegria de ganhar almas para Ele. Em sua paixão e interesse pelos perdidos perderão de vista o eu. Os prazeres do mundo perderão o poder de atração, e seus encargos deixarão de desanimar. O arado da verdade fará sua obra. Abrirá o abandonado chão. Não cortará somente a ponta dos espinhos mas arrancá-los-á pela raiz.

Em boa terra

O semeador não há de experimentar sempre desenganos. Da semente que caiu em boa terra, o Salvador disse: "É o que ouve e compreende a Palavra; e dá fruto, e um produz cem, outro, sessenta, e outro, trinta." Mateus 13:23. "E a que caiu em boa terra, esses são os que, ouvindo a Palavra, a conservam num coração honesto e bom e dão fruto com perseverança." Lucas 8:15.

O "coração honesto e bom" (Lucas 8:15), do qual fala a parábola, não é um coração sem pecado, pois o evangelho deve ser pregado aos perdidos. Cristo disse: "Eu não vim chamar os justos, mas sim os pecadores." Marcos 2:17. Quem se rende à convicção do Espírito Santo é o que tem coração honesto. Reconhece sua culpa e sente-se necessitado da misericórdia e do amor de Deus. Tem desejo sincero de conhecer a verdade para obedecer-lhe. O bom coração é um coração crente, que deposita fé na Palavra de Deus. É impossível receber a Palavra sem fé. "Porque é necessário que aquele que se aproxima de Deus creia que Ele existe e que é galardoador dos que O buscam." Hebreus 11:6.

Este "é o que ouve e compreende a Palavra". Mateus 13:23. Os fariseus do tempo de Cristo fechavam os olhos para não ver, e os ouvidos para não entender; portanto a Palavra não podia atingir-lhes o coração. Eles deviam sofrer retribuição por sua ignorância voluntária e cegueira espontânea. Mas Cristo ensinava aos discípulos que deviam abrir a mente para a instrução e ser prontos para crer. Sobre eles pronunciou uma bênção, porque viam e ouviam com olhos e ouvidos crentes.

O ouvinte da boa terra recebe a Palavra; "não como palavra de homens, mas (segundo é, na verdade) como Palavra de Deus". 1 Tessalonicenses 2:13. Somente aquele que aceita as Sagradas Escrituras como a voz de Deus que lhe fala, é verdadeiro discípulo. Ele treme por causa da Palavra divina; porque lhe é uma realidade viva. Para recebê-la abre sua inteligência e coração. Destes ouvintes eram Cornélio e seus amigos, que diziam ao apóstolo Pedro: "Agora, pois, estamos todos presentes diante de Deus, para ouvir tudo quanto por Deus te é mandado." Atos dos Apóstolos 10:33.

O conhecimento da verdade depende, não tanto da capacidade intelectual como da pureza de propósito, da simplicidade de uma fé sincera e confiante. Daqueles que com humildade de coração buscam a direção divina, os anjos de Deus se aproximam. O Espírito Santo é doado para lhes abrir os ricos tesouros da verdade.

Os ouvintes comparados à boa terra, tendo ouvido a Palavra, conservam-na. Satanás, com todos os seres infernais, não a poderá arrebatar.

Não basta simplesmente ler ou ouvir a Palavra. Aquele que anela que as Escrituras lhe sejam úteis, precisa meditar sobre a verdade que lhe foi apresentada. Precisa aprender a significação das palavras da verdade por sincera atenção e pensar devoto, e sorver profundamente o espírito dos oráculos sagrados.

Deus nos ordena encher o espírito com elevados e puros pensamentos. Deseja que meditemos sobre Seu amor e misericórdia, e estudemos Sua maravilhosa obra no grande plano de redenção. Então, nossa percepção da verdade tornar-se-á mais e mais clara, e nosso desejo de pureza de coração e clareza de pensamento mais elevado e mais santo. A alma que descansa na pura atmosfera de santa meditação será transformada pela comunhão com Deus mediante o estudo das Escrituras.

"E dão fruto." Os que, tendo ouvido a Palavra, a guardam, produzirão fruto pela obediência. Recebida na alma, a Palavra de Deus se manifestará em boas obras. O resultado será visto na vida e caráter semelhantes aos de Cristo. Jesus dizia de Si mesmo: "Deleito-Me em fazer a Tua vontade, ó Deus Meu; sim, a Tua lei está dentro do Meu coração." Salmos 40:8. "Porque não busco a Minha vontade, mas a vontade do Pai, que Me enviou." João 5:30.

E a Bíblia diz: "Aquele que diz que está nEle também deve andar como Ele andou." 1 João 2:6.

A Palavra de Deus colide muitas vezes com os traços de caráter herdados e cultivados do homem e com seus hábitos de vida. Mas o ouvinte comparado à boa terra, recebendo a Palavra, aceita todas as suas condições e exigências. Seus hábitos, costumes e práticas são submetidos à Palavra de Deus. A seus olhos os preceitos de homens mortais e falíveis reduzem-se à insignificância quando comparados com a palavra do Deus infinito. De todo o coração, e com propósito não dividido, anela a vida eterna, e à custa de perdas, perseguição ou mesmo morte obedecerá à verdade.

Produz "frutos com perseverança". Ninguém que recebe a Palavra de Deus está isento de dificuldades; mas quando vem a aflição, o verdadeiro cristão não se torna inquieto, sem confiança nem desanimado. Embora não vejamos o resultado definido das circunstâncias, ou não percebamos o propósito das providências de Deus, não devemos rejeitar nossa confiança. Lembrando-nos da terna misericórdias do Senhor, lancemos sobre Ele nossos cuidados e esperemos com paciência Sua salvação.

Pela luta a vida espiritual é fortificada. Provações bem suportadas desenvolverão a resistência do caráter e preciosas graças espirituais. O perfeito fruto da fé, da mansidão e da caridade amadurece freqüentemente melhor debaixo de tempestades e trevas.

"Eis que o lavrador espera o precioso fruto da terra, aguardando-o com paciência, até que receba a chuva temporã e serôdia." Tiago 5:7. Assim deve o cristão aguardar com paciência a frutificação da Palavra de Deus em sua vida. Muitas vezes Deus nos atende as orações, quando Lhe pedimos as graças do Espírito, levando-nos a circunstâncias que desenvolvem estes frutos; mas não compreendemos Seu propósito, assombramo-nos e desanimamos. Mas ninguém pode desenvolver estas graças, a não ser pelo processo de crescimento e frutificação. Nossa parte é receber a Palavra de Deus e conservá-la, rendendo-nos inteiramente à sua direção, e será realizado em nós seu propósito.

"Se alguém Me ama", dizia Cristo, "guardará a Minha Palavra, e Meu Pai o amará, e viremos para ele e faremos nele morada." João 14:23. O encanto de uma mente mais forte e mais perfeita pairará sobre nós, pois temos ligação viva com a fonte do poder duradouro. Em nossa vida religiosa seremos levados em cativeiro a Jesus Cristo. Não mais viveremos a comum vida de egoísmo, mas Cristo viverá em nós. Seu caráter será reproduzido em nossa natureza. Deste modo produziremos os frutos do Espírito Santo -- "um, a trinta, outro, a sessenta, e outro, a cem, por um". Marcos 4:20.

Capítulo 3—O desenvolvimento da vida

Este capítulo é baseado em Marcos 4:26-29.

A parábola do semeador produziu muita indagação. Alguns dos ouvintes concluíram que Cristo não fundaria um reino terrestre, e muitos estavam curiosos e perplexos. Notando-lhes a perplexidade, Cristo usou outras ilustrações, ainda tentando desviar-lhes os pensamentos da esperança de um reino temporal, para a obra da graça divina no coração.

"E dizia: O reino de Deus é assim como se um homem lançasse semente à terra, e dormisse, e se levantasse de noite ou de dia, e a semente brotasse e crescesse, não sabendo ele como. Porque a terra por si mesma frutifica; primeiro, a erva, depois, a espiga, e, por último, o grão cheio na espiga. E, quando já o fruto se mostra, mete-lhe logo a foice, porque está chegada a ceifa." Marcos 4:26-29.

O lavrador que mete "logo a foice, porque está chegada a ceifa", não pode ser outro senão Cristo. Ele é que, no último grande dia, recolherá a seara da Terra. O semeador da semente, porém, representa aqueles que trabalham em lugar de Cristo. Da semente se diz que brotou e cresceu, "não sabendo ele como", e isto não pode referir-se ao Filho de Deus. Cristo não dorme em Sua incumbência, mas cuida dela dia e noite. Não ignora como a semente germina.

A parábola da semente revela que Deus opera na natureza. A semente encerra um princípio germinativo, princípio que Deus mesmo implantou; porém, abandonada a si própria a semente não teria a faculdade de germinar. O homem tem sua parte em favorecer o crescimento do grão. Precisa preparar e adubar o solo, e lançar a semente. Precisa lavrar o campo. Mas há um ponto, além do qual nada pode fazer. Nenhuma força ou sabedoria humana pode extrair da semente a planta viva. Ainda que o homem empregue seus esforços até ao limite extremo, precisará, entretanto, depender dAquele que ligou o semear e o colher pelos maravilhosos elos de Sua própria Onipotência.

Há vida na semente, e força no solo; mas se o poder infinito não for exercido dia e noite, a semente não produzirá colheita. A chuva precisa ser enviada para umedecer os campos sedentos, o Sol precisa comunicar calor, e a eletricidade precisa ser conduzida à semente enterrada. A vida que o Criador implantou, somente Ele pode despertar. Toda semente germina e toda planta se desenvolve pelo poder de Deus.

"Porque, como a terra produz os seus renovos, e como o horto faz brotar o que nele se semeia, assim o Senhor Jeová fará brotar a justiça e o louvor." Isaías 61:11. Como no semear natural assim é no espiritual; o professor da verdade deve procurar preparar o solo do coração; precisa lançar a semente; mas a força que, somente, pode produzir vida, vem de Deus. Há um limite além do qual os esforços humanos são em vão. Embora devamos pregar a Palavra, não podemos comunicar o poder que vivificará a alma e fará brotar justiça e louvor. Na pregação da Palavra precisa haver a operação de um agente que supera as forças humanas. Somente pelo Espírito divino será a Palavra viva e poderosa para renovar o caráter para a vida eterna. Isso é o que Cristo buscava incutir em Seus discípulos. Ensinava que nada que possuíam em si mesmos podia dar êxito a seus esforços, mas o miraculoso poder de Deus é que torna eficaz Sua Palavra.

A obra do semeador é uma obra de fé. Poderá ele não compreender o mistério da germinação e do crescimento da semente. Todavia, tem confiança nos instrumentos pelos quais Deus faz a vegetação florescer. Lançando a semente à terra, desperdiça aparentemente o precioso cereal, que podia fornecer pão para sua família. Mas somente renuncia a um bem presente, em troca de uma devolução maior. Espalha a semente, esperando recolhê-la multiplicada numa colheita abundante. Assim devem agir os servos de Cristo, aguardando a colheita da semente lançada à terra.

A boa semente pode por algum tempo jazer despercebida num coração frio, egoísta e mundano, sem dar demonstração de haver-se enraizado; porém mais tarde, tocando o Espírito de Deus esse coração, a semente oculta brota, e, finalmente, produz frutos para a glória de Deus. Não sabemos durante toda a vida qual prosperará, se esta ou aquela. Isso não é de nossa alçada. Façamos nosso trabalho e deixemos os resultados com Deus. "Pela manhã, semeia a tua semente e, à tarde, não retires a tua mão." Eclesiastes 11:6. O grande concerto de Deus declara: "Enquanto a Terra durar, sementeira e sega, ... não cessarão." Gênesis 8:22. Confiante nesta promessa o lavrador ara e semeia. Com não menos confiança devemos labutar na sementeira espiritual, confiantes em Sua declaração: "Assim será a palavra que sair da Minha boca; ela não voltará para Mim vazia; antes, fará o que Me apraz e prosperará naquilo para que a enviei." Isaías 55:11. "Aquele que leva a preciosa semente, andando e chorando, voltará sem dúvida, com alegria, trazendo consigo os seus molhos." Salmos 126:6.

A germinação da semente representa o início da vida espiritual, e o desenvolvimento da planta é uma bela figura do crescimento cristão. Como ocorre na natureza, assim é na graça; não pode haver vida sem crescimento. A planta precisa crescer ou morrer. Como seu crescimento é silencioso e imperceptível, mas constante, assim é o desenvolvimento da vida cristã. Nossa vida pode ser perfeita em cada fase de desenvolvimento; contudo haverá progresso contínuo, se o propósito de Deus se cumprir em nós. A santificação é obra de toda uma vida. Multiplicando-se as oportunidades, ampliar-se-á nossa experiência e crescerá nosso conhecimento. Tornar-nos-emos fortes para assumir as responsabilidades, e nossa maturidade será proporcional aos nossos privilégios.

A planta cresce recebendo o que Deus provê para sustentar-lhe a vida. Aprofunda as raízes no solo. Absorve o sol, o orvalho e a chuva. Áureas propriedades vitalizantes do ar. Assim deve crescer o cristão, cooperando com os agentes divinos. Sentindo nosso desamparo, devemos aproveitar todas as oportunidades que se nos deparam, para ganhar uma experiência mais rica. Como a planta enraíza-se no solo, devemos também arraigar-nos profundamente em Cristo. Como a planta recebe o sol, o orvalho e a chuva, também devemos abrir o coração ao Espírito Santo. A obra deve ser feita "não por força, nem por violência, mas pelo Meu Espírito, diz o Senhor dos Exércitos". Zacarias 4:6. Se conservarmos a mente firmada em Cristo, "Ele a nós virá como a chuva, como chuva serôdia que rega a Terra". Oséias 6:3. Como o Sol da Justiça levantar-se-á sobre nós, trazendo salvação "debaixo das Suas asas". Malaquias 4:2. Floresceremos "como o lírio". Oséias 14:5. Seremos "vivificados como o trigo", e floresceremos "como a vide". Oséias 14:7. Confiando constantemente em Cristo como nosso Salvador pessoal, cresceremos em tudo nAquele que é a cabeça.

O trigo desenvolve-se "primeiro, a erva, depois, a espiga, e, por último, o grão cheio na espiga". Marcos 4:28. O objetivo do lavrador no lançar a semente e na cultura da planta crescente é a produção de cereal. Deseja pão para os famintos, e semente para futuras searas. Assim espera o Lavrador divino uma colheita como recompensa de Seu trabalho e sacrifício. Cristo procura reproduzir-Se no coração dos homens; e faz isto por intermédio daqueles que nEle crêem. O objetivo da vida cristã é a frutificação -- a reprodução do caráter de Cristo no crente, para que Se possa reproduzir em outros.

A planta não germina, não cresce, nem produz frutos para si mesma, mas para "dar semente ao semeador, e pão ao que come". Isaías 55:10. Igualmente ninguém deve viver para si mesmo. O cristão está no mundo como representante de Cristo para a salvação de outros.

Na vida que se centraliza no eu não pode haver crescimento nem frutificação. Se aceitastes a Cristo como Salvador pessoal, deveis esquecer-vos e procurar auxiliar a outros. Falai do amor de Cristo, contai de Sua bondade. Cumpri todo dever que se vos apresenta. Levai sobre o coração o peso da salvação das pessoas, e tentai salvar os perdidos por todos os meios possíveis. Recebendo o Espírito de Cristo -- o espírito do amor abnegado e do sacrifício por outrem -- crescereis e produzireis fruto. As graças do Espírito amadurecerão em vosso caráter. Vossa fé aumentará; vossas convicções aprofundar-se-ão, vosso amor será mais perfeito. Mais e mais refletireis a semelhança de Cristo em tudo que é puro, nobre e amável.

"O fruto do Espírito é: amor, alegria, paz, longanimidade, benignidade, bondade, fidelidade, mansidão, domínio próprio." Gálatas 5:22, 23. Este fruto jamais perecerá, antes produzirá uma colheita de sua espécie para a vida eterna. "Quando já o fruto se mostra, mete-lhe logo a foice, porque está chegada a ceifa." Marcos 4:29. Cristo aguarda com fremente desejo a manifestação de Si mesmo em Sua igreja. Quando o caráter de Cristo se reproduzir perfeitamente em Seu povo, então virá para reclamá-los como Seus.

Todo cristão tem o privilégio, não só de esperar a vinda de nosso Senhor Jesus Cristo, como também de apressá-la. 2 Pedro 3:12. Se todos os que professam Seu nome produzissem fruto para Sua glória, quão depressa não estaria o mundo todo semeado com a semente do evangelho! Rapidamente amadureceria a última grande seara e Cristo viria recolher o precioso grão.

Capítulo 4—Por que existe o mal

Este capítulo é baseado em Mateus 13:24-30, 37-43.

"Propôs-lhes outra parábola, dizendo: O reino dos céus é semelhante ao homem que semeia boa semente no seu campo; mas, dormindo os homens, veio o seu inimigo, e semeou o joio no meio do trigo, e retirou-se. E, quando a erva cresceu e frutificou, apareceu também o joio." Mateus 13:24-26.

"O campo", disse Cristo, "é o mundo." Mateus 13:38. Precisamos, porém, entender isto como significativo da igreja de Cristo no mundo. A parábola é uma descrição pertinente ao reino de Deus, Sua obra pela salvação dos homens; e esta obra é executada pela igreja. Em verdade, o Espírito Santo saiu a todo o mundo; opera no coração dos homens em toda parte; mas é na igreja que devemos crescer e amadurecer para o celeiro de Deus.

"O que semeia a boa semente é o Filho do homem, ... a boa semente são os filhos do reino, e o joio são os filhos do maligno." Mateus 13:37, 38. A boa semente representa aqueles que são nascidos da Palavra de Deus, da verdade. O joio representa uma classe que é o fruto ou encarnação do erro, de princípios falsos. "O inimigo que o semeou é o diabo." Mateus 13:39. Nem Deus nem os anjos jamais semearam semente que produzisse joio. O joio é sempre lançado por Satanás, o inimigo de Deus e do homem.

No oriente, os homens vingavam-se muitas vezes do inimigo, espalhando sementes de qualquer erva daninha, muito semelhante ao trigo, em crescimento, em seu campo recém-semeado. Crescendo com o trigo prejudicava a colheita, e causava fadigas e prejuízos ao proprietário do campo. Assim Satanás, induzido por sua inimizade a Cristo, espalha a má semente entre o bom trigo do reino. O fruto de sua semeadura atribui ele ao Filho de Deus. Introduzindo na igreja aqueles que levam o nome de Deus, conquanto Lhe neguem o caráter, faz o maligno que Deus seja desonrado, a obra da salvação mal representada e almas postas em perigo.

Dói aos servos de Cristo ver misturados na congregação crentes falsos e verdadeiros. Anseiam fazer alguma coisa para purificar a igreja. Como os servos do pai de família, estão dispostos a arrancar o joio. Mas Cristo lhes diz: "Não; para que, ao colher o joio, não arranqueis também o trigo com ele. Deixai crescer ambos juntos até à ceifa." Mateus 13:29, 30.

Cristo ensinou claramente que aqueles que perseveram em pecado declarado devem ser desligados da igreja; mas não nos confiou a tarefa de julgar o caráter e os motivos. Conhece demasiado bem nossa natureza para que nos delegasse esta obra. Se tentássemos desarraigar da igreja os que supomos serem falsos cristãos, certamente cometeríamos erro. Muitas vezes consideramos casos perdidos justamente aqueles que Cristo está atraindo a Si. Se devêssemos proceder com essas pessoas segundo nosso parecer imperfeito, extinguir-se-ia talvez sua última esperança. Muitos que se julgam cristãos serão finalmente achados em falta. Haverá muitos no Céu, os quais seus vizinhos supunham que lá não entrariam. O homem julga segundo a aparência; mas Deus vê o coração. O joio e o trigo devem crescer juntos até à ceifa; e a colheita é o fim do tempo da graça.

Há nas palavras do Salvador ainda outra lição, uma lição de maravilhosa longanimidade e terno amor. Como o joio tem as raízes entrelaçadas com as do bom trigo, assim falsos irmãos podem estar na igreja, intimamente ligados com os discípulos verdadeiros. O verdadeiro caráter desses pretensos crentes não é plenamente manifesto. Caso fossem desligados da congregação, outros poderiam ser induzidos a tropeçar, os quais, se não fosse isto, permaneceriam firmes.

A lição dessa parábola é ilustrada pelo proceder de Deus para com os homens e os anjos. Satanás é um enganador. Ao pecar ele no Céu, nem mesmo os anjos fiéis reconheceram plenamente seu caráter. Esta é a razão por que Deus não o destruiu imediatamente. Se o tivesse feito, os santos anjos não teriam percebido o amor e a justiça de Deus. Uma só dúvida quanto à bondade de Deus teria sido como má semente, que produziria o amargo fruto do pecado e da desgraça. Por isto foi poupado o autor do mal, para desenvolver plenamente seu caráter. Durante longos séculos, suportou Deus a angústia de contemplar a obra do mal. Preferiu dar a infinita Dádiva do Gólgota, a deixar alguém ser induzido pelas falsas representações do maligno; pois o joio não podia ser arrancado, sem o risco de desarraigar a preciosa semente. E não seremos tão clementes para com nossos semelhantes, como o Senhor do Céu e da Terra o é para com Satanás?

Por haver na igreja membros indignos, não tem o mundo o direito de duvidar da verdade do cristianismo, nem devem os cristãos desanimar por causa destes falsos irmãos. Como foi com a igreja primitiva? Ananias e Safira uniram-se aos discípulos. Simão Mago foi batizado. Demas, que abandonou a Paulo, era considerado crente. Judas Iscariotes foi um dos apóstolos. O Redentor não quer perder uma única pessoa. Sua experiência com Judas é relatada para mostrar Sua longanimidade com a corrompida natureza humana; e nos ordena sermos pacientes como Ele o foi. Disse que até ao fim do tempo haveria falsos irmãos na igreja. Apesar da advertência de Cristo, têm os homens procurado arrancar o joio. Para punir os que foram considerados malfeitores, tem a igreja recorrido ao poder civil. Os que divergiram das doutrinas dominantes foram encarcerados, martirizados e mortos por instigação de homens que pretendiam agir sob a sanção de Cristo. Mas atos tais são inspirados pelo espírito de Satanás, não pelo Espírito de Cristo. Esse é o método peculiar de Satanás de submeter o mundo a seu domínio. Por esta maneira de proceder com os supostos hereges, Deus tem sido mal representado pela igreja.

Na parábola de Cristo não nos é ensinado que julguemos e condenemos a outros, antes sejamos humildes e desconfiemos do eu. Nem tudo que é semeado no campo é bom trigo. O estarem os homens na igreja não prova que são cristãos.

O joio era muito semelhante ao trigo enquanto as hastes estavam verdes; mas quando o campo estava branco para a ceifa, a erva inútil nada se parecia com o trigo, que vergava ao peso das espigas cheias e maduras. Pecadores que pretendem ser piedosos, confundem-se por algum tempo com os verdadeiros seguidores de Cristo, e a aparência de cristianismo tende a enganar a muitos; mas não haverá, na sega do mundo, semelhança entre os bons e os maus. Então, serão manifestos aqueles que se ligaram à igreja, mas não a Cristo.

É permitido ao joio crescer entre o trigo, desfrutar os mesmos privilégios de sol e chuva; mas no tempo da ceifa será vista "a diferença entre o justo e o ímpio; entre o que serve a Deus e o que não O serve". Malaquias 3:18. Cristo mesmo decidirá quem é digno de ser membro da família celestial. Julgará todo homem segundo suas palavras e obras. A profissão de fé nada pesa na balança. O caráter é que decide o destino. O Salvador não aponta a um tempo em que todo o joio se tornará trigo. O trigo e o joio crescem juntos até à ceifa, o fim do mundo. Então o joio será atado em molhos para ser queimado, e o trigo será recolhido no celeiro de Deus. "Então, os justos resplandecerão como o Sol, no reino de seu Pai." Mateus 13:43. "Mandará o Filho do homem os Seus anjos, e eles colherão do Seu reino tudo o que causa escândalo e os que cometem iniqüidade. E lançá-los-ão na fornalha de fogo; ali, haverá pranto e ranger de dentes." Mateus 13:41, 42.

Capítulo 5—Pequenos inícios, grandes resultados

Este capítulo é baseado em Mateus 13:31, 32; Marcos 4:30-32; Lucas 13:18, 19.

Entre a multidão que ouvia os ensinos de Jesus, havia muitos fariseus. Cheios de desdém, observavam quão poucos de Seus ouvintes O reconheciam como o Messias. E perguntavam de si para si como esse mestre despretensioso poderia elevar Israel ao domínio universal. Como poderia Ele, sem riquezas, poder ou honra, fundar um novo reino? Cristo lhes leu os pensamentos e respondeu:

"A que assemelharemos o reino de Deus? Ou com que parábola o representaremos?" Marcos 4:30. Em governos terrenos nada havia que pudesse servir de comparação. Nenhuma sociedade civil Lhe podia fornecer um símile. "É como um grão de mostarda", disse "que, quando se semeia na terra, é a menor de todas as sementes que há na Terra; mas, tendo sido semeado, cresce, e faz-se a maior de todas as hortaliças, e cria grandes ramos, de tal maneira que as aves do céu podem aninhar-se debaixo da sua sombra." Marcos 4:31, 32.

O embrião, contido na semente, cresce pelo desenvolvimento do princípio vital que Deus nele implantou. Seu desenvolvimento não depende de meios humanos. Assim é com o reino de Cristo. Há uma nova criação. Os princípios de desenvolvimento são diretamente opostos aos que regem os reinos deste mundo. Governos terrenos prevalecem pelo emprego da força; pelas armas mantêm o seu domínio, mas o fundador do novo reino é o Príncipe da paz. O Espírito Santo representa os reinos terrestres mediante o símbolo de feras; mas Cristo é "o Cordeiro de Deus, que tira o pecado do mundo". João 1:29. Em Seu plano de governo não há o emprego da força bruta para compelir a consciência. Esperavam os judeus que o reino de Deus fosse estabelecido do mesmo modo que os do mundo. Para promover justiça, recorriam a medidas externas. Forjavam planos e métodos. Mas Cristo implanta um princípio. Implantando a verdade e a justiça, frustra o erro e o pecado.

Ao proferir Jesus esta parábola, a mostardeira podia ser vista perto e longe, erguendo-se sobre a relva e os cereais, balançando seus galhos levemente no ar. Os pássaros esvoaçavam de galho em galho e chilreavam entre a folhagem. Contudo, a semente de que surgiu essa planta gigantesca, era a menor de todas as sementes. Primeiro despontou um tenro broto; mas possuía bastante vitalidade, cresceu e floresceu até alcançar grande tamanho. Assim, a princípio, o reino de Cristo parecia humilde e insignificante. Comparado com os reinos terrestres, dir-se-ia ser o menor de todos. O direito de Cristo a ser rei, era ridicularizado pelos governantes deste mundo. Todavia, o reino do evangelho possuía vida divina nas poderosas verdades confiadas a Seus seguidores. E como foi rápido o seu crescimento! Que amplitude de influência! Quando Cristo pronunciou essa parábola, era o novo reino representado apenas por uns camponeses galileus. Sua pobreza e minoria foram apresentadas repetidamente como motivo por que os homens não se devessem unir a esses pescadores simples que seguiam a Jesus. Mas o grão de mostarda deveria crescer e estender seus ramos por todo o mundo. Quando passassem os reinos terrestres, cuja glória enchia então os corações, o reino de Cristo perduraria ainda como uma vasta e forte potência.

Assim a obra da graça no coração é pequena ao princípio. É dita uma palavra, um raio de luz projetado na alma, exercida uma influência que é o início da nova vida; e quem pode medir os resultados?

A parábola do grão de mostarda não só ilustra o crescimento do reino de Cristo, mas, em cada fase de seu desenvolvimento, repete-se a experiência nela apresentada. Para Sua igreja, em cada geração, Deus tem uma verdade peculiar e um serviço especial. A verdade, oculta aos sábios e entendidos deste mundo, é revelada às criancinhas e aos humildes. Exige sacrifício próprio. Há combates para se ferirem e vitórias para serem conquistadas. De início seus adeptos são poucos. Pelos grandes do mundo e por uma igreja de espírito mundano são repelidos e desprezados. Vede João Batista, o precursor de Cristo, sozinho censurando o orgulho e formalismo do povo judeu! Vede os primeiros defensores do evangelho na Europa! Obscura e desanimadora parecia a missão de Paulo e Silas, os dois fazedores de tendas, quando, com os companheiros, embarcavam em Trôade para Filipos! Vede o "idoso Paulo", pregando a Cristo, acorrentado na cidadela dos Césares. Vede as pequenas comunidades de escravos e camponeses em conflito com o paganismo de Roma Imperial. Vede Martinho Lutero, resistindo àquela poderosa igreja que é a obra-prima da sabedoria deste mundo. Vede-o mantendo a Palavra de Deus contra o imperador e o papa, declarando: "Aqui estou; não posso proceder doutra forma. Deus me auxilie!"

Vede João Wesley pregando a Cristo e Sua justiça em meio do formalismo, sensualidade e incredulidade. Vede alguém que, doendo-lhe a miséria do paganismo, roga o privilégio de lhes levar a mensagem do amor de Cristo. Ouvi a resposta do eclesiasticismo: "Sente-se, moço. Quando Deus quiser converter os pagãos, fá-lo-á sem o meu nem o seu auxílio."

Os grandes guias do pensamento religioso desta geração anunciam os louvores daqueles que plantaram a semente da verdade há séculos, e erguem-lhes monumentos. Não abandonam muitos esta obra para espezinhar o renovo que hoje em dia desponta da mesma semente? Repete-se o velho clamor: "Nós bem sabemos que Deus falou a Moisés, mas este

[Cristo no mensageiro que Ele envia] não sabemos de onde é." João 9:29. Como em épocas primitivas, as verdades especiais para este tempo não se acham com as autoridades eclesiásticas mas com homens e mulheres, que não são demasiado instruídos nem sábios demais para crer na Palavra de Deus.

"Porque vede, irmãos, a vossa vocação, que não são muitos os sábios segundo a carne, nem muitos os poderosos, nem muitos os nobres que são chamados. Mas Deus escolheu as coisas loucas deste mundo para confundir as sábias; e Deus escolheu as coisas fracas deste mundo para confundir as fortes. E Deus escolheu as coisas vis deste mundo, e as desprezíveis, e as que não são para aniquilar as que são." 1 Coríntios 1:26-28. "Para que a vossa fé não se apoiasse em sabedoria dos homens, mas no poder de Deus." 1 Coríntios 2:5.

Nesta última geração, a parábola do grão de mostarda deve alcançar notável e triunfante cumprimento. A pequena semente tornar-se-á uma árvore. A última mensagem de advertência e misericórdia deve ir "a toda nação, e tribo, e língua, e povo" (Apocalipse 14:6), para "tomar deles um povo para o Seu nome" (Atos dos Apóstolos 15:14); e a Terra será iluminada por Sua glória. Apocalipse 18:1.

Capítulo 6—Como instruir e guardar os filhos

Do lançamento da semente e do crescimento da planta oriunda da mesma, preciosas lições podem ser ensinadas na família e na escola. Ensine-se às crianças e aos jovens a reconhecerem a atuação de agentes divinos nas coisas naturais, e serão habilitados a alcançar, pela fé, benefícios invisíveis. Chegando a compreender a maravilhosa obra de Deus no provimento das necessidades de Sua grande família, e como poderão ser cooperadores Seus, terão mais fé em Deus, e experimentarão mais de Seu poder na vida diária.

Por Sua Palavra, Deus criou a semente, como criou a Terra. Por Sua Palavra lhe deu força para crescer e multiplicar-se. Disse: "Produza a Terra erva verde, erva que dê semente, árvore frutífera que dê fruto segundo a sua espécie, cuja semente esteja nela sobre a Terra. E assim foi. ... E viu Deus que era bom." Gênesis 1:11, 12. Essa palavra é que ainda sempre causa a germinação da semente. Cada grão que envia suas verdes hastes para a luz do Sol declara o maravilhoso poder da Palavra pronunciada por Aquele que "falou, e tudo se fez; mandou, e logo tudo apareceu." Salmos 33:9.

Cristo ensinou Seus discípulos a orar: "O pão nosso de cada dia dá-nos hoje." Mateus 6:11. E apontando às flores, dava-lhes esta segurança: "Se Deus assim veste a erva do campo, ... não vos vestirá muito mais a vós?" Mateus 6:30. Cristo está constantemente operando para atender a esta oração e cumprir esta promessa. Um poder invisível está trabalhando continuamente para servir ao homem, para alimentá-lo e vesti-lo. Nosso Senhor emprega muitos meios para fazer da semente, aparentemente desperdiçada, uma planta viva. E supre, em proporção conveniente, tudo quanto é requerido para produzir a colheita. Nas belas palavras do salmista:

"Tu visitas a Terra e a refrescas; Tu a enriqueces grandemente Com o rio de Deus, que está cheio de água; Tu que lhe dás o trigo, quando assim a tens preparada; Tu enches de água os seus sulcos, Regulando a sua altura; Tu a amoleces com a muita chuva; Tu abençoas as suas novidades; Tu coroas o ano da Tua bondade, E as Tuas veredas destilam gordura." Salmos 65:9-11.

O mundo material está sob o governo de Deus. A natureza obedece às leis naturais. Tudo fala e atua em harmonia com a vontade de Deus. Nuvem e Sol, orvalho e chuva, vento e tempestade, tudo está sob a superintendência de Deus e presta obediência implícita a Seu mandado. Em obediência à lei ou à vontade do Altíssimo, é que o caulículo da semente rompe pelo solo, "primeiro, a erva, depois, a espiga, e, por último, o grão cheio na espiga". Marcos 4:28. A estes, Deus desenvolve em sua estação própria, pois não se opõem à Sua operação. Será que o homem, criado à semelhança de Deus, dotado de raciocínio e linguagem, seja o único indigno de Suas dádivas e desobediente à Sua vontade? Causarão unicamente os seres racionais confusão em nosso mundo?

Em tudo quanto tende à manutenção do homem vemos a cooperação do esforço Divino e do humano. Não poderá haver colheita, se a mão humana não fizer sua parte no semear a semente. Mas sem as forças naturais, que Deus provê, dando sol e chuva, orvalho e nuvens, não haveria multiplicação. Assim é em todo ramo de trabalho, em todo setor de estudo e Ciência. Assim é no terreno espiritual, na formação do caráter e em toda esfera de serviço cristão. Temos que fazer nossa parte, porém o poder da divindade precisa unir-se ao nosso, pois de outro modo nossos esforços serão inúteis.

Sempre que o homem realiza alguma coisa, seja espiritual, seja material, deverá reconhecer que somente o consegue pela cooperação do seu Criador. É-nos muitíssimo necessário reconhecer nossa dependência de Deus. Deposita-se demasiada fé nos homens, e confia-se muito nas invenções humanas. Há pouquíssima confiança no poder que Deus está pronto a proporcionar-nos. "Somos cooperadores de Deus." 1 Coríntios 3:9. Enormemente inferior é a parte do instrumento humano, mas, se estiver ligada à divindade de Cristo, pode fazer todas as coisas pelo poder que Cristo lhe comunica.

O desenvolvimento gradual da planta contida na semente, é uma lição objetiva na educação das crianças. Tem-se "primeiro, a erva, depois, a espiga, e, por último, o grão cheio na espiga". Marcos 4:28.

Aquele que deu esta parábola, criou a tenra semente, deu-lhe as propriedades vitais e ordenou as leis que lhe governam o crescimento. E as verdades que ensina a parábola tornaram-se uma viva realidade em Sua própria vida. Tanto em Sua natureza física como na espiritual, obedecia à ordem divina do crescimento, ilustrada pela planta, como deseja que todo adolescente faça. Embora fosse a Majestade do Céu, o Rei da glória, tornou-Se uma criancinha em Belém e, durante algum tempo, representou o indefeso menino sob os cuidados da mãe. Na infância, procedia como criança obediente. Falava e agia com a sabedoria de criança e não de homem, honrando os pais, e cumprindo-lhes os desejos em coisas úteis, de acordo com sua aptidão infantil. Mas, em cada fase de Seu desenvolvimento, era perfeito, com a graça simples e natural de uma vida inocente. De Sua infância diz o relatório sagrado: "E o Menino crescia e Se fortalecia em espírito, cheio de sabedoria; e a graça de Deus estava sobre Ele." Lucas 2:40. E de Sua juventude, é narrado: "E crescia Jesus em sabedoria, e em estatura, e em graça para com Deus e os homens." Lucas 2:52.

Aqui nos é sugerido o dever dos pais e mestres. Seu empenho deve ser cultivar as tendências dos adolescentes para que em cada fase de sua vida representem a beleza natural apropriada a esse período, desenvolvendo-se naturalmente como as plantas no jardim.

São mais atrativas as crianças naturais e inocentes. Não é prudente dar-lhes atenção especial, e repetir diante delas suas frases inteligentes. Não se deve animar a vaidade, louvando-lhes a aparência, palavras ou feitos; tampouco devem ser vestidas com roupas caras e vistosas. Isto lhes inspira orgulho e provoca inveja no coração de seus companheiros.

Os pequenos devem ser educados com simplicidade infantil. Cumpre serem exercitados a contentar-se com os pequenos e úteis deveres, e com os prazeres e experiências próprios da sua idade. A infância corresponde à erva da parábola, e a erva tem em si uma beleza peculiar. Não se deve obrigá-los à maturidade precoce, mas conservar-lhes, tanto quanto possível, o frescor e graça dos seus primeiros anos.

Podem as criancinhas ser cristãs, tendo uma experiência de acordo com sua idade. Isto é tudo quanto Deus delas espera. Necessitam de ser educadas nas coisas espirituais; e os pais devem dar-lhes toda oportunidade para que formem caráter semelhante ao de Cristo.

Nas leis de Deus na natureza, o efeito segue à causa com certeza infalível. A colheita testificará do que foi a sementeira. O obreiro negligente é condenado por sua obra. A sega dá testemunho contra ele. Assim é nas coisas espirituais: a fidelidade de cada obreiro é medida pelos resultados do trabalho. O caráter de sua obra, quer diligente quer lerdo, é revelado pela colheita. Assim é decidido o seu destino para a eternidade.

Toda semente lançada produz uma colheita segundo sua espécie. O mesmo se dá na vida humana. Necessitamos todos, lançar as sementes da compaixão, simpatia e amor; porque o que semearmos isso colheremos. Toda característica de egoísmo, amor-próprio, presunção, todo ato de condescendência consigo mesmo produzirá fruto semelhante. Aquele que vive para si, está semeando na carne, e da carne brotará corrupção.

Deus não destrói a ninguém. Todo aquele que for destruído ter-se-á destruído a si mesmo. Todo aquele que sufoca as admoestações da consciência está lançando as sementes da incredulidade, e estas produzirão uma colheita certa. Rejeitando a primeira advertência de Deus, Faraó, na antiguidade, semeou as sementes da obstinação, e colheu obstinação. Deus não o compeliu a descrer. A semente de incredulidade que lançou, produziu uma colheita de sua espécie. Assim, sua resistência continuou até contemplar o seu país devastado, o gélido cadáver de seu primogênito, e o primogênito de toda a sua casa, e de todas as famílias de seu reino, até que as águas do mar lhe submergiram os cavalos, carros e guerreiros. Sua história é uma ilustração tenebrosa da verdade das palavras, "tudo o que o homem semear, isso também ceifará". Gálatas 6:7. Se tão-somente reconhecessem os homens isso, seriam cautelosos com a semente que lançam.

À medida que a semente espalhada produz uma colheita, e esta por sua vez é semeada, a seara se multiplica. Essa lei é também verdadeira em relação com as pessoas. Cada ato, cada palavra é uma semente que produzirá fruto. Cada ato de meditada bondade, de obediência ou de renúncia, se reproduzirá em outros, e por eles ainda em terceiros. Do mesmo modo cada ato de inveja, malícia ou dissensão, é uma semente que brotará em "raiz de amargura" (Hebreus 12:15), pela qual muitos serão contaminados. E quanto maior número envenenarão os "muitos"! Assim a sementeira do bem e do mal prossegue para o tempo e a eternidade.

Liberalidade tanto em assuntos espirituais quanto temporais, é ensinada na lição da semeadura. O Senhor diz: "Bem-aventurados vós, que semeais sobre todas as águas." Isaías 32:20. "Digo isto: Que o que semeia pouco, pouco também ceifará; e o que semeia em abundância, em abundância também ceifará." 2 Coríntios 9:6. Semear sobre todas as águas significa uma contínua distribuição das dádivas de Deus. Significa dar onde quer que a causa de Deus ou as necessidades da humanidade exigirem nosso auxílio. Isso não levará à pobreza. "O que semeia em abundância, em abundância também ceifará." O semeador multiplica a semente lançando-a fora. Assim é com aqueles que são fiéis no distribuir as dádivas de Deus. Repartindo, aumentam suas bênçãos. Deus lhes prometeu suficiência para que possam continuar a dar. "Dai, e ser-vos -- á dado; boa medida, recalcada, sacudida e transbordando vos darão; porque com a mesma medida com que medirdes também vos medirão de novo." Lucas 6:38.

E mais do que isso está envolvido no semear e ceifar. Distribuindo as bênçãos temporais de Deus, a evidência de nosso amor e simpatia desperta, no que recebe, gratidão e ações de graças a Ele. O solo do coração é preparado para receber a semente da verdade espiritual. E Aquele que provê a semente ao semeador, fará com que a semente germine e produza fruto para a vida eterna.

Pelo lançar da semente no solo, Cristo representa Seu sacrifício por nossa redenção. "Se o grão de trigo, caindo na terra, não morrer", disse, "fica ele só; mas, se morrer, dá muito fruto." João 12:24. Assim a morte de Cristo resultará em fruto para o reino de Deus. De acordo com a lei do reino vegetal, vida será o resultado de Sua morte.

E todos os que quiserem produzir fruto como coobreiros de Cristo, precisam cair na terra e morrer. A vida precisa ser lançada no sulco da necessidade do mundo. O amor-próprio e o próprio interesse têm que perecer. Mas a lei do sacrifício próprio é a lei da própria preservação. A semente sepultada no solo produz fruto, e este, por sua vez, é plantado. Assim se multiplica a seara. O lavrador preserva a sua semente, lançando-a fora. Deste modo, na vida humana dar é viver. A vida que será preservada é a que é entregue liberalmente ao serviço de Deus e do homem. Os que pela causa de Cristo sacrificam a vida neste mundo, conservá-la-ão para a eternidade.

A semente morre para ressurgir em nova vida, e nisto nos é dada a lição da ressurreição. Todos os que amam a Deus reviverão no Éden celestial. Do corpo humano posto na cova para ser reduzido a pó, disse Deus: "Semeia-se o corpo em corrupção, ressuscitará em incorrupção. Semeia-se em ignomínia, ressuscitará em glória. Semeia-se em fraqueza, ressuscitará com vigor." 1 Coríntios 15:42, 43.

Tais são algumas das muitas lições ensinadas pela viva parábola do semeador e da semente na natureza. Procurem os pais e mestres ensinar estas lições, de modo prático. Preparem as crianças mesmas o solo e semeiem a semente. Enquanto trabalham, o pai ou mestre pode falar sobre o jardim do coração semeado com a boa ou má semente, e que assim como o jardim precisa ser preparado para a semente natural, o coração precisa ser preparado para a semente da verdade. Enquanto lançam ao solo a semente, podem ensinar a lição da morte de Cristo; e, brotando o renovo, a verdade da ressurreição. Crescendo a planta, pode ser continuada a relação entre o semear natural e o espiritual.

A juventude deve ser instruída de maneira idêntica. Deve ser ensinada a lavrar o solo. Será bom que, ligadas com cada escola, haja terras para cultivo. Esses terrenos devem ser considerados a sala de aulas do próprio Deus. As coisas da natureza devem ser contempladas como sendo o manual que Seus filhos devem estudar, do qual podem obter conhecimento quanto ao cultivo da mente.

Preparando o solo, lavrando a terra, podem aprender-se constantemente lições. Ninguém pensaria em estabelecer-se em terreno agreste esperando que produzisse imediatamente uma colheita. Esforço, diligência e trabalho perseverante devem ser empregados no tratamento do solo preparatório para a semeadura. Assim é com a obra espiritual no coração humano. Os que quiserem ser beneficiados pelo cultivo do solo, precisam sair com a Palavra de Deus no coração. Acharão o solo árido do coração sulcado pela influência branda e enternecedora do Espírito Santo. A não ser que se empregue trabalho árduo no solo, ele não produzirá frutos. O mesmo se dá com o solo do coração: o Espírito de Deus precisa nele operar para refiná-lo e discipliná-lo antes de poder produzir fruto para a glória de Deus.

A terra não produzirá suas riquezas quando lavrada esporadicamente. Necessita de cuidado meditado e diário. Precisa ser arada freqüente e profundamente com o objetivo de evitar as ervas daninhas que roubam a nutrição da boa semente plantada. Assim os que lavram e semeiam, preparam para a ceifa. Ninguém necessita permanecer no campo entre as ruínas de suas esperanças.

A bênção do Senhor repousará sobre os que assim preparam a terra, aprendendo da natureza lições espirituais. Cultivando o solo, o obreiro mal sabe que tesouros serão descobertos diante dele. Conquanto não deva desprezar a instrução que lhe é possível colher das mentes experimentadas e da informação que homens inteligentes têm para fornecer, deve colher lições por si mesmo. Isso é parte de sua instrução. O cultivo do solo provar-se-á uma educação para o caráter. Aquele que faz a semente crescer, que a mantém dia e noite, que lhe confere a capacidade de desenvolver-se, é o Autor de nosso ser, o Soberano do Céu que exerce ainda maior cuidado e interesse em favor de Seus filhos. Ao passo que o semeador humano lança a semente para sustentar-nos a vida terrena, o Semeador divino implantará no coração a semente que produzirá fruto para a vida eterna.

Capítulo 7—Um poder que transforma e eleva

Este capítulo é baseado em Mateus 13:33; Lucas 13:20, 21.

Muitos homens letrados e influentes tinham ido ouvir o Profeta da Galiléia. Alguns deles olhavam com interesse curioso à multidão que se aglomerava em volta de Cristo, enquanto ensinava junto ao mar. Nessa grande multidão estavam representadas todas as classes da sociedade. Lá estavam os pobres, os iletrados, os mendigos andrajosos, os ladrões com o estigma da culpa na fisionomia, os coxos, os dissolutos, os negociantes e os desocupados, altos e baixos, ricos e pobres, todos se acotovelando por um lugar, para ouvir as palavras de Cristo. Olhando esses homens de cultura a estranha assembléia, perguntavam-se entre si: É o reino de Deus composto de elemento como este? Novamente o Salvador replicou com uma parábola:

"O reino dos Céus é semelhante ao fermento que uma mulher toma e introduz em três medidas de farinha, até que tudo esteja levedado." Mateus 13:33.

Entre os judeus, o fermento era algumas vezes usado como emblema do pecado. No tempo da Páscoa, o povo era instruído a remover de suas casas todo o fermento, como deveriam banir do coração o pecado. Cristo admoestou Seus discípulos: "Acautelai-vos... do fermento dos fariseus, que é a hipocrisia." Lucas 12:1. E o apóstolo Paulo fala do "fermento da maldade e da malícia". 1 Coríntios 5:8. Mas, na parábola do Salvador, o fermento é usado para representar o reino de Deus. Ilustra o poder vivificante e assimilador da graça de Deus.

Ninguém é tão vil, ninguém tão decaído, que esteja além da operação desse poder. Em todos quantos querem submeter-se ao Espírito Santo deve ser implantado um princípio novo de vida: a perdida imagem de Deus deve ser restaurada na humanidade.

Mas o homem não se pode transformar pelo exercício de sua vontade. Não possui faculdade por cujo meio esta mudança possa ser efetuada. O fermento -- algo totalmente externo -- precisa ser introduzido na farinha, antes de a alteração desejada efetuar-se. Assim a graça de Deus precisa ser recebida pelo pecador antes de ele ser tornado apto para o reino da glória. Toda cultura e educação que o mundo pode oferecer, fracassarão em fazer de um degradado filho do pecado, um filho do Céu. A energia renovadora precisa vir de Deus. A mudança só pode ser efetuada pelo Espírito Santo. Todos que quiserem ser salvos, nobres ou humildes, ricos ou pobres, precisam submeter-se à atuação deste poder.

Como o fermento, misturado à farinha, opera do interior para o exterior, assim é pela renovação do coração, que a graça de Deus atua para transformar a vida. Não basta a mudança exterior para pôr-nos em harmonia com Deus. Muitos há que procuram reformar-se, corrigindo este ou aquele mau hábito, e esperam desse modo tornar-se cristãos, mas estão principiando no lugar errado. Nossa primeira tarefa é com o coração.

A profissão de fé e a posse da verdade na alma são duas coisas distintas. Não basta meramente o conhecimento da verdade. Podemos possuir esta e ainda o teor de nossos pensamentos não ser alterado. O coração precisa ser convertido e santificado.

O homem que tenta observar os mandamentos de Deus por um senso de obrigação apenas -- porque é requerido que assim faça -- jamais sentirá o prazer da obediência. Não obedece. Quando, por contrariarem a inclinação humana, os reclamos de Deus são considerados um fardo, podemos saber que a vida não é uma vida cristã. A verdadeira obediência é a expressão de um princípio interior. Origina-se do amor à justiça, o amor à lei de Deus. A essência de toda justiça é lealdade ao nosso Redentor. Isso nos levará a fazer o que é reto porque é reto, porque a retidão é agradável a Deus.

A grande verdade da conversão do coração pelo Espírito Santo é apresentada nas palavras de Cristo a Nicodemos: "Na verdade, na verdade te digo que aquele que não nascer de novo não pode ver o reino de Deus. O que é nascido da carne é carne, e o que é nascido do Espírito é espírito. Não te maravilhes de te ter dito: Necessário vos é nascer de novo. O vento assopra onde quer, e ouves a sua voz; mas não sabes donde vem, nem para onde vai; assim é todo aquele que é nascido do Espírito." João 3:3, 6-8.

O apóstolo Paulo, escrevendo por inspiração do Espírito Santo, diz: "Deus, que é riquíssimo em misericórdia, pelo Seu muito amor com que nos amou, estando nós ainda mortos em nossas ofensas, nos vivificou juntamente com Cristo (pela graça sois salvos), e nos ressuscitou juntamente com Ele, e nos fez assentar nos lugares celestiais, em Cristo Jesus; para mostrar nos séculos vindouros as abundantes riquezas da Sua graça, pela Sua benignidade para conosco em Cristo Jesus. Porque pela graça sois salvos, por meio da fé; e isso não vem de vós; é dom de Deus." Efésios 2:4-8.

O fermento oculto na farinha atua invisivelmente para submeter toda a massa a seu processo levedante; assim o fermento da verdade opera secreta, silente e persistentemente para transformar a pessoa. As inclinações naturais são abrandadas e subjugadas. São implantadas novas idéias, novos sentimentos, novos motivos. Uma nova norma de caráter é proposta -- a vida de Cristo. A mente é mudada; as faculdades são estimuladas à ação em novas esferas. O homem não é dotado de faculdades novas, mas as faculdades que possui são santificadas. A consciência é despertada. Somos dotados de traços de caráter que nos habilitam a prestar serviço a Deus.

Freqüentemente surge a questão: Por que, pois, há tantos pretensos crentes na Palavra de Deus, nos quais não se vê uma reforma na linguagem, no espírito e no caráter? Por que há tantos que não podem sofrer oposição a seus propósitos e planos, que manifestam temperamento não santificado, e cujas palavras são rudes, insultuosas e apaixonadas? Vê-se em sua vida o mesmo amor-próprio, a mesma condescendência egoísta, a mesma índole e linguagem precipitada, vistos na vida do mundano. Há o mesmo orgulho sensitivo, a mesma entrega ao pendor natural, a mesma perversidade de caráter, como se a verdade lhes fosse inteiramente desconhecida. A razão é que não são convertidos. Não esconderam no coração o fermento da verdade. Não teve ele oportunidade de realizar sua obra. Suas tendências naturais e cultivadas para o mal não foram subjugadas a seu poder transformador. A vida dessas pessoas revela a ausência da graça de Cristo, uma descrença em Seu poder de regenerar o caráter.

"A fé é pelo ouvir, e o ouvir pela Palavra de Deus." Romanos 10:17. As Escrituras são o grande veículo na transformação do caráter. Cristo orou: "Santifica-os na verdade; a Tua Palavra é a verdade." João 17:17. Estudada e obedecida, a Palavra de Deus atua no coração, subjugando todo atributo não santificado. O Espírito Santo vem para convencer do pecado, e a fé que brota no coração opera por amor a Cristo, conformando-nos em corpo, alma e espírito à Sua própria imagem. Então Deus pode usar-nos para fazer Sua vontade. O poder a nós concedido atua no interior para o exterior, levando-nos a transmitir a outros a verdade que nos foi comunicada.

As verdades da Palavra de Deus suprem a grande necessidade prática do homem -- a conversão da alma pela fé. Estes grandes princípios não devem ser julgados puros nem santos demais para serem introduzidos na vida diária. São verdades que atingem o Céu e abrangem a eternidade, contudo sua influência vital deve ser entrelaçada com a experiência humana. Devem impregnar todas as coisas importantes e mínimas da vida.

Recebido no coração, o fermento da verdade regulará os desejos, purificará os pensamentos e dulcificará a índole. Vivifica as faculdades do espírito e as energias da alma. Aumenta a capacidade de sentir, de amar.

O mundo considera um mistério o homem que está imbuído deste princípio. O egoísta e amante de dinheiro vive unicamente para assegurar-se das riquezas, honras e prazeres deste mundo. Não leva em conta o mundo eterno. Mas, para o seguidor de Cristo, estas coisas não são todo-absorventes. Pela causa de Cristo trabalhará e negará a si mesmo, para que possa auxiliar na grande obra de salvar pessoas que estão sem Cristo e sem esperança no mundo. Tal homem o mundo não pode compreender, porque conserva em vista as realidades eternas. O amor de Cristo, com Seu poder redentor, penetrou no coração. Este amor domina todos os outros motivos e eleva seu possuidor acima da influência corruptora do mundo.

A Palavra de Deus deve ter efeito santificador em nossa associação com cada membro da família humana. O fermento da verdade não produzirá espírito de rivalidade, amor de ambição, desejo de primazia. O amor verdadeiro, oriundo do alto, não é egoísta nem mutável. Não é dependente do louvor humano. O coração daquele que recebe a graça de Deus, transborda de amor a Deus e àqueles por quem Cristo morreu. O eu não luta por nenhum reconhecimento. Não ama a outros porque o amem e lhe agradem, por apreciarem seus méritos, mas por serem propriedade adquirida de Cristo. Se seus motivos, palavras ou atos são malcompreendidos ou mal-interpretados, não se ofende mas prossegue na mesma maneira de proceder. É bondoso e ponderado, humilde no conceito próprio; contudo é cheio de esperança, sempre confiante na graça e no amor de Deus.

O apóstolo nos exorta: "Mas, como é santo Aquele que vos chamou, sede vós também santos em toda a vossa maneira de viver, porquanto escrito está: Sede santos, porque Eu sou santo." 1 Pedro 1:15, 16. A graça de Cristo deve reger o temperamento e a voz. Sua operação será vista na polidez e terna consideração manifestada de irmão para com irmão, em palavras bondosas e encorajadoras. Há no lar uma presença angélica. A vida exala um suave perfume que ascende a Deus como incenso santo. O amor manifesta-se em afabilidade, cortesia, clemência e longanimidade.

O semblante transforma-se. A presença de Cristo no coração, transparece na face dos que O amam e guardam Seus mandamentos. A verdade está ali escrita. Revela-se a doce paz do Céu. É expressa uma cortesia habitual, um amor mais do que humano.

O fermento da verdade opera uma transformação no homem todo, tornando o áspero polido, o rude gentil, o egoísta generoso. Por ele o corrupto é purificado, lavado no sangue do Cordeiro. Por Seu poder vivificante, leva toda mente, alma e força à harmonia com a vida divina. O homem com sua natureza humana, torna-se participante da divindade. Cristo é honrado na excelência e perfeição de caráter. Efetuando-se estas mudanças, os anjos rompem em cantos enlevantes, e Deus e Cristo Se regozijam pelos seres moldados à semelhança divina.

Capítulo 8—O maior tesouro

Este capítulo é baseado em Mateus 13:44.

"Também o reino dos Céus é semelhante a um tesouro escondido num campo que um homem achou e escondeu; e, pelo gozo dele, vai, vende tudo quanto tem e compra aquele campo." Mateus 13:44.

Nos tempos antigos era comum esconderem os homens seus tesouros na terra. Pilhagens e roubos eram freqüentes; e cada vez que havia mudança no governo, os que possuíam muitas propriedades estavam sujeitos a serem taxados com pesados tributos. Além disso a terra estava em constante perigo, pela invasão de bandos de ladrões. Por isso os ricos procuravam preservar seus tesouros escondendo-os, e a terra era tida como esconderijo seguro. Mas, o local era muitas vezes esquecido, a morte podia chamar o possuidor, a prisão ou desterro podiam separá-lo de suas riquezas, e o tesouro, para cuja conservação tomara tais precauções, ficava para o feliz descobridor. No tempo de Cristo não era incomum descobrirem-se, em terras abandonadas, moedas velhas e ornamentos de ouro e prata.

Um homem arrenda um terreno para o cultivar, e, lavrando os bois o solo, é desenterrado um tesouro oculto. Descobrindo o homem esse tesouro, vê que uma fortuna está ao seu alcance. Repondo o ouro no esconderijo, volta para casa, vende tudo quanto tem para adquirir o campo que encerra o tesouro. Sua família e vizinhos pensam que está agindo como insensato. Contemplando o campo, não vêem valor algum na terra abandonada. Mas o homem sabe o que faz; e quando o campo lhe pertence, examina cada porção do mesmo, para achar o tesouro de que se apossou.

Essa parábola ilustra o valor do tesouro celestial e os esforços que devem ser feitos para assegurá-lo. O descobridor do tesouro no campo estava disposto a privar-se de tudo quanto possuía, disposto a empenhar-se em trabalho árduo para alcançar as riquezas encobertas. Assim também o descobridor do tesouro celestial não terá nenhum trabalho por demasiado grande, nem sacrifício algum por demasiado custoso, para obter os tesouros da verdade.

Na parábola, o campo que encerra o tesouro, representa as Sagradas Escrituras. E o evangelho é o tesouro. A própria terra não está tão permeada de veios auríferos nem tão cheia de preciosidades como a Palavra de Deus.

Como está oculto

Diz-se que os tesouros do evangelho estão ocultos. A beleza, o poder, o mistério do plano da redenção não são perseguidos por aqueles que são sábios em seu próprio conceito, e ensoberbecidos pelos ensinos de uma filosofia vã. Muitos têm olhos mas não vêem; ouvidos mas não ouvem; inteligência, mas não discernem o tesouro oculto.

Um homem poderia passar sobre o lugar onde o tesouro está escondido. Grandemente necessitado, poderia assentar-se e descansar à sombra de uma árvore sem saber das riquezas ocultas sob suas raízes. Assim era com os judeus. Como tesouro áureo, a verdade foi confiada aos hebreus. A dispensação judaica, trazendo o sinete do Céu, fora instituída por Cristo mesmo. As grandes verdades da salvação eram ocultadas por tipos e símbolos. Contudo quando Cristo veio, os judeus não reconheceram Aquele a quem apontavam todos esses símbolos. Tinham em mãos a Palavra de Deus; mas as tradições transmitidas de geração a geração, e as interpretações humanas das Escrituras lhes ocultavam a verdade tal como é em Jesus. Perdeu-se a significação espiritual das Sagradas Escrituras. O tesouro de todo o conhecimento foi-lhes revelado, mas não o sabiam.

Deus não encobre Sua verdade aos homens. Por seu próprio procedimento obscurecem-na eles mesmos. Cristo deu aos judeus prova abundante de que era o Messias; mas Seus ensinamentos exigiam deles uma reforma radical de vida. Viram que se recebessem a Cristo, precisariam renunciar a seus acariciados conceitos e tradições, suas práticas egoístas e ímpias. Aceitar a verdade eterna e imutável exigia sacrifício. Por isso não reconheciam a evidência mais conclusiva que Deus podia dar para firmar a fé em Cristo. Professavam crer no Antigo Testamento; contudo recusavam aceitar o testemunho nele contido a respeito da vida e caráter de Cristo. Temiam deixar-se convencer para não serem convertidos e obrigados a renunciar a suas opiniões preconcebidas. O Tesouro do evangelho, o Caminho, a Verdade e a Vida, estava entre eles; mas rejeitaram a maior dádiva que o Céu lhes poderia outorgar.

"Até muitos dos principais creram nEle", lemos, "mas não O confessavam por causa dos fariseus, para não serem expulsos da sinagoga." João 12:42. Estavam convictos; criam que Jesus era o Filho de Deus; mas confessá-Lo, não estava em harmonia com seus desejos ambiciosos. Não possuíam a fé que lhes asseguraria o tesouro celeste. Atentavam para os tesouros terrestres.

E hoje os homens procuram ansiosamente tesouros terrenos; têm a mente imbuída de pensamentos egoístas e ambiciosos. Para ganharem riquezas, honra e poder, colocam os princípios, tradições e requisitos de homens acima dos de Deus. Para eles, os tesouros de

Sua palavra estão encobertos.

"O homem natural não compreende as coisas do Espírito de Deus, porque lhe parecem loucura; e não pode entendê-las, porque elas se discernem espiritualmente." 1 Coríntios 2:14.

"Se ainda o nosso evangelho está encoberto, para os que se perdem está encoberto, nos quais o deus deste século cegou os entendimentos dos incrédulos, para que não lhes resplandeça a luz do evangelho da glória de Cristo, que é a imagem de Deus." 2 Coríntios 4:3, 4.

O valor do tesouro

O Salvador viu que os homens estavam empenhados em adquirir riquezas, e perdiam de vista as realidades eternas. Empreendeu corrigir esse mal. Procurou quebrar o encanto fascinante que paralisava a alma. Elevando a voz, disse: "Pois que aproveita ao homem ganhar o mundo inteiro, se perder a sua alma? Ou que dará o homem em recompensa da sua alma?" Mateus 16:26. Apresenta à humanidade decaída o mundo mais nobre, que haviam perdido de vista, para que contemplassem as realidades eternas. Leva-os ao limiar do Infinito, resplandecente com a indescritível glória de Deus, e lhes mostra o seu tesouro. O valor desse tesouro supera o ouro e a prata. Não se pode comparar com as riquezas das minas terrestres.

"O abismo diz: Não está em mim; E o mar diz: Ela não está comigo. Não se dará por ela ouro fino, Nem se pesará prata em câmbio dela. Nem se pode comprar por ouro fino de Ofir, Nem pelo precioso ônix, nem pela safira. Com ela se não pode comparar o ouro ou o cristal; Nem se trocará por jóia de ouro fino. Ela faz esquecer o coral e as pérolas; Porque a aquisição da sabedoria é melhor que a dos rubis." Jó 28:14-18.

Esse é o tesouro que se acha nas Escrituras. A Bíblia é o grande livro de Deus, Seu grande educador. O fundamento de toda a verdadeira Ciência está contido na Bíblia. Esquadrinhando a Palavra de Deus, todo ramo de conhecimento pode ser encontrado; e sobre tudo o mais, encerra a ciência das ciências, a ciência da salvação. A Bíblia é a fonte das riquezas inesgotáveis de Cristo.

A verdadeira educação superior é obtida estudando a Palavra de Deus e a ela obedecendo. Se, porém, é substituída por livros, que não levam a Deus, e ao reino do Céu, a educação adquirida é uma perversão do nome.

Há maravilhosas verdades na natureza. A terra, o mar e o céu estão cheios de verdade. São nossos mestres. A natureza proclama a sua voz em lições de sabedoria celestial e de verdade eterna. Mas o homem decaído não quer entender. O pecado obscureceu-lhe a visão, e não pode por si mesmo interpretar a natureza, sem sobrepô-la a Deus. Lições corretas não podem impressionar o espírito de quem rejeita a Palavra de Deus. Os ensinamentos da natureza são tão pervertidos que afastam a mente do Criador.

Por muitos a sabedoria dos homens é considerada superior à do divino Mestre, e o Livro de Deus é julgado arcaico, anacrônico e desinteressante. Mas os que foram vivificados pelo Espírito Santo não o consideram assim. Vêem o inestimável tesouro e venderiam tudo para comprar o campo que o encerra. Em vez dos livros que contêm as suposições de grandes autores de fama, escolhem a Palavra dAquele que é o maior autor e o maior mestre que o mundo já conheceu, que deu Sua vida por nós, para que por Ele tenhamos a vida eterna.

Os resultados de desprezar o tesouro

Satanás atua no espírito humano e leva-o a pensar que se pode alcançar um maravilhoso conhecimento à parte de Deus. Mediante argumentação ilusória, induziu Adão e Eva a duvidarem da Palavra de Deus, e a substituírem-na por uma teoria que levou à desobediência. Seus sofismas fazem hoje o mesmo que fizeram no Éden. Professores que permeiam suas lições de opiniões de escritores incrédulos, implantam na mente dos jovens, pensamentos que os arrastarão ao desprezo a Deus e à transgressão de Sua lei. Pouco sabem do que estão fazendo. Mal reconhecem qual será a conseqüência de sua obra.

Um estudante pode passar todos os graus das escolas e colégios de hoje. Pode devotar todas as suas faculdades à aquisição de sabedoria. Mas, se não tiver o conhecimento de Deus, se não obedecer às leis que lhe regem o ser, aniquilar-se-á a si próprio. Por hábitos errôneos perde o respeito próprio. Perde o domínio de si mesmo. Não pode ajuizar corretamente das coisas que mais intimamente com ele se relacionam. É negligente e desarrazoado no trato da inteligência e do corpo. Pela prática de hábitos incorretos torna-se um náufrago. Não pode ter felicidade; pois sua negligência de cultivar princípios sãos e puros, sujeita-o ao domínio de costumes que destroem a paz. Os anos de estudo exaustivo ficam perdidos, porque se arruinou a si próprio. Abusou de suas forças físicas e mentais, e o templo do corpo é uma ruína. Está aniquilado para esta vida e para a vindoura. Pensou alcançar um tesouro pela aquisição de conhecimentos terrenos; pondo, porém, de parte a Bíblia, sacrificou um tesouro digno de tudo o mais.

A procura do tesouro

A Palavra de Deus deve ser nosso estudo. Devemos instruir nossos filhos nas verdades nela encontradas. É um deposito inesgotável; mas os homens deixam de achar esse tesouro, porque não o procuram até adquiri-lo. Muitos se contentam com uma suposição a respeito da verdade. Dão-se por satisfeitos com uma análise superficial, supondo ter tudo que é essencial. Tomam o veredicto de outros pela verdade, sendo negligentes demais para empenharem-se em sincero e diligente trabalho, representado na Palavra como escavar em busca do tesouro oculto. As invenções de homens, porém, são não somente indignas de confiança, como perigosas; porque colocam o homem onde Deus deveria estar. Põem as palavras de homens onde deveria estar um "Assim diz o Senhor".

Cristo é a verdade. Suas palavras são verdade, e têm significação mais profunda do que superficialmente aparentam. Todos os ensinos de Cristo têm um valor superior à sua aparência despretensiosa. Mentes vivificadas pelo Espírito Santo discernirão a preciosidade dessas palavras. Discernirão as preciosas gemas da verdade, embora sejam tesouros encobertos.

Teorias e especulações humanas jamais hão de conduzir à compreensão da palavra de Deus. Os que julgam entender de filosofia, consideram suas interpretações necessárias para descerrar o tesouro do conhecimento e impedir que penetrem heresias na igreja. Mas foram justamente essas explanações que introduziram as falsas teorias e heresias. Os homens têm feito esforços desesperados para explicar textos considerados obscuros; mas muitas vezes seus esforços têm obscurecido ainda mais o que tentavam esclarecer.

Os sacerdotes e fariseus pensavam realizar grandes feitos como professores, sobrepondo à Palavra de Deus as suas interpretações; porém Cristo, deles disse: "Porventura, não errais vós em razão de não saberdes as Escrituras nem o poder de Deus?" Marcos 12:24. Culpava-os de ensinar "doutrinas que são mandamentos de homens". Marcos 7:7. Embora fossem os instrutores dos oráculos divinos, embora se supusesse que compreendiam Sua Palavra, não eram praticantes da mesma. Satanás cegara-lhes os olhos, para não verem sua verdadeira significação.

Essa é a obra de muitos em nosso tempo. Muitas igrejas são culpadas deste pecado. Há perigo, e grande, de os conceituados sábios de hoje repetirem a experiência dos mestres judeus. Interpretam falsamente os oráculos divinos, e mentes são confundidas e envoltas em trevas, em conseqüência de sua concepção errônea da verdade divina.

As Escrituras não necessitam de ser lidas sob a luz embaçada da tradição ou especulação humanas. Podemos tão bem atear luz ao Sol com um facho, como explicar as Escrituras por tradições ou fantasias humanas. A santa Palavra de Deus não necessita do lusco-fusco dos archotes terrenos para tornar distintos os seus esplendores. Em si mesma é luz -- a revelação da glória divina; e, ao seu lado, qualquer outra luz é fraquíssima.

Deve, porém, haver estudo sincero e exame minucioso. Percepções vivas e claras da verdade jamais serão a recompensa da indolência. Sem paciente, fervoroso e constante esforço não se pode conseguir sucesso terreno. Para que os homens alcancem bom êxito nos negócios, precisam ter determinação e fé para esperar os resultados. E não podemos esperar obter conhecimento espiritual sem esforço veemente. Os que desejam achar os tesouros da verdade, precisam cavar em busca deles como o faz o mineiro, em busca do tesouro oculto na terra. Não adiantará um trabalho de um coração desinteressado e indiferente. É essencial tanto a adultos como a jovens, não somente ler a Palavra de Deus, como também estudá-la com fervor sincero, oração e investigação da verdade como se buscassem um tesouro escondido. Os que assim procederem serão recompensados; pois Cristo avivará o entendimento.

Nossa salvação depende do conhecimento da verdade contida nas Escrituras. Deus quer que o possuamos. Examinai, oh, examinai a preciosa Bíblia com coração faminto. Sondai a Palavra de Deus, como o mineiro sonda a terra para descobrir veios auríferos. Jamais deis por acabada a busca, enquanto não tiverdes determinado a vossa relação para com Deus, e Sua vontade concernente a vós. Cristo declarou: "Tudo quanto pedirdes em Meu nome, Eu o farei, para que o Pai seja glorificado no Filho. Se pedirdes alguma coisa em Meu nome, Eu o farei." João 14:13, 14. Homens piedosos e de talento vislumbram as realidades eternas, porém, muitas vezes deixam de compreendê-las porque as coisas visíveis eclipsam a glória do invisível. Aquele que quiser procurar o tesouro oculto com bom êxito, precisa alçar-se a prossecuções mais elevadas que as coisas deste mundo. Suas afeições e todas as suas capacidades precisam ser consagradas à pesquisa.

A desobediência tem cerrado a porta a uma grande soma de conhecimentos que podiam ser obtidos das Escrituras. Compreensão significa obediência aos mandamentos de Deus. As Escrituras não devem ser adaptadas ao preconceito e desconfiança dos homens. Somente podem entendê-las aqueles que humildemente procuram o conhecimento da verdade para poder obedecer-lhe.

Pergunta: Que preciso fazer para ser salvo? Antes de iniciar a pesquisa, é preciso depor as opiniões preconcebidas, as idéias herdadas e cultivadas. Se examinais as Escrituras para justificar opiniões próprias, nunca alcançareis a verdade. Pesquisai para aprender o que o Senhor diz. Se vos vier a convicção ao estudardes, se virdes que vossas opiniões acariciadas não estão em harmonia com a verdade, não interpreteis mal a verdade para acomodá-la à vossa própria crença, antes aceitai a luz concedida. Abri a mente e o coração, para que possais contemplar as maravilhas da Palavra de Deus.

A fé em Cristo, como o Redentor do mundo, exige o reconhecimento de uma inteligência esclarecida, dirigida por um coração que pode discernir e avaliar o tesouro celestial. Essa fé é inseparável do arrependimento e transformação do caráter. Ter fé significa achar e aceitar o tesouro do evangelho com todos os deveres que o mesmo impõe.

"Aquele que não nascer de novo não pode ver o reino de Deus." João 3:3. Conjeturará e imaginará, mas sem os olhos da fé, não pode ver o tesouro. Cristo deu a Sua vida para nos assegurar esse tesouro inestimável; porém sem regeneração pela fé em Seu sangue, não há remissão de pecados, nem tesouro para alguém prestes a perecer.

Necessitamos da iluminação do Espírito Santo, para discernir as verdades da Palavra de Deus. As coisas aprazíveis do mundo natural não são vistas sem que o Sol, dissipando as trevas, as inunde de luz. Assim as preciosidades da Palavra de Deus, não são apreciadas, sem serem reveladas pelos brilhantes raios do Sol da Justiça.

O Espírito Santo enviado do Céu, pela benevolência do infinito amor, toma as coisas de Deus e as revela a toda pessoa que tem fé implícita em Cristo. Por Seu poder, as verdades vitais das quais depende a salvação, são impressas na mente, e o caminho da vida torna-se tão claro, que ninguém precisa desviar-se. Estudando as Escrituras, devemos orar para que a luz do Santo Espírito de Deus ilumine a Palavra a fim de vermos e apreciarmos suas jóias.

A recompensa da pesquisa

Ninguém pense que não há mais sabedoria para alcançar. A profundeza do entendimento humano pode ser medida, as obras de autores humanos podem ser conhecidas; porém o mais alto, mais profundo e mais largo vôo da imaginação não pode descobrir a Deus. Há a imensidade além de tudo que podemos compreender. Vimos somente o cintilar da glória divina e do infinito conhecimento e sabedoria; temos estado a trabalhar, por assim dizer, próximos da superfície enquanto ricos veios de ouro estão mais embaixo, para recompensar aquele que cavar em sua procura. A escavação precisa aprofundar-se mais e mais na mina, e maravilhosos tesouros serão o resultado. Por uma fé correta, o conhecimento divino tornar-se-á conhecimento humano. Ninguém pode esquadrinhar as Escrituras no Espírito de Cristo sem ser recompensado. Quando o homem consente em ser instruído como uma criancinha, quando se submete inteiramente a Deus, achará a verdade em Sua Palavra. Se os homens fossem obedientes compreenderiam o plano do governo de Deus. O mundo celestial abriria os seus mistérios de graça e glória à pesquisa. Os seres humanos seriam totalmente diferentes do que agora são: porque, explorando as minas da verdade, os homens seriam enobrecidos. O mistério da salvação, a encarnação de Cristo, Seu sacrifício expiatório não seriam, como o são agora, noções vagas em nossa mente. Não somente seriam mais bem compreendidos, como infinitamente mais apreciados.

Em Sua oração ao Pai, deu Cristo ao mundo uma lição que deve ser gravada na mente e na alma. "A vida eterna", disse, "é esta: Que conheçam a Ti só por único Deus verdadeiro e a Jesus Cristo, a quem enviaste." João 17:3. Isto é verdadeira educação. Comunica-nos poder. O conhecimento experimental de Deus e de Jesus Cristo, a quem Ele enviou, transforma o homem na semelhança de Deus. Dá ao homem o domínio próprio, submetendo todos os impulsos e paixões da natureza inferior ao domínio das faculdades superiores da mente. Faz de seu possuidor filho de Deus e herdeiro do Céu. Leva-o à comunhão com a mente do Infinito e lhe abre os ricos segredos do Universo.

Esse é o conhecimento obtido pelo estudo da Palavra de Deus. Esse tesouro pode ser encontrado por toda pessoa que der tudo para alcançá-lo.

"Se clamares por entendimento, e por inteligência alçares a tua voz, se como a prata a buscares e como a tesouros escondidos a procurares, então, entenderás o temor do Senhor e acharás o conhecimento de Deus." Provérbios 2:3-5.

Capítulo 9—A pérola de grande preço

Este capítulo é baseado em Mateus 13:45, 46.

As bênçãos da graça remidora, nosso Salvador compara a uma preciosa pérola. Ilustrou Sua lição pela parábola do negociante que buscava boas pérolas e que, "encontrando uma pérola de grande valor, foi, vendeu tudo quanto tinha e comprou-a". Mateus 13:46. Cristo mesmo é a pérola de grande preço. NEle está comprovada a glória do Pai, a plenitude da Divindade. É o resplendor da magnificência do Pai e a expressa imagem de Sua Pessoa. A glória dos atributos de Deus é expressa em Seu caráter. Cada página das Sagradas Escrituras irradia Sua luz. A justiça de Cristo, como uma pérola branca e pura, não tem defeito nem mácula alguma. Nenhuma obra humana pode aperfeiçoar a grande e preciosa dádiva de Deus. É irrepreensível. Em Cristo "estão escondidos todos os tesouros da sabedoria e da Ciência". Colossences 2:3. "Para nós foi feito por Deus sabedoria, e justiça, e santificação, e redenção." 1 Coríntios 1:30. Tudo que pode satisfazer às necessidades e anelos da vida humana, para este e para o mundo vindouro, é encontrado em Cristo. Nosso Redentor é a pérola tão preciosa, em comparação com a qual tudo pode ser estimado por perda. Cristo "veio para o que era Seu, e os Seus não O receberam". João 1:11. A luz de Deus raiou nas trevas do mundo, "e as trevas não a compreenderam". João 1:5. Mas nem todos se acharam indiferentes à dádiva do Céu. O negociante da parábola representa uma classe que anelava sinceramente a verdade. Em diferentes nações havia pensadores sinceros que tinham procurado na literatura, ciência e religião do mundo gentílico, aquilo que poderiam receber como o tesouro do espírito. Entre os judeus havia os que procuravam alguma coisa que não possuíam. Não satisfeitos com uma religião formal, ansiavam alguma coisa espiritual e enobrecedora. Os discípulos escolhidos de Cristo pertenciam a esta última classe. Cornélio e o eunuco da Etiópia, à primeira. Tinham estado anelando a luz do Céu e orando por seu recebimento; e quando Cristo lhes foi revelado, receberam-nO com alegria.

A pérola não nos é apresentada na parábola como uma dádiva. O negociante adquiriu-a pelo preço de tudo que possuía. Muitos indagam a significação disto, pois Cristo é apresentado nas Escrituras como uma dádiva. É uma dádiva, mas somente para aqueles que se Lhe entregam alma, corpo e espírito sem reservas. Devemos entregar-nos a Cristo, para viver uma vida de obediência voluntária a todos os Seus reclamos. Tudo que somos, todos os talentos e habilidades que possuímos, são do Senhor para serem consagrados a Seu serviço. Quando assim nos rendemos inteiramente a Ele, Cristo Se entrega a nós com todos os tesouros do Céu e adquirimos a pérola de grande preço.

A salvação é um dom gratuito e contudo deve ser comprado e vendido. No mercado que está sob a administração do favor divino, a preciosa pérola é representada como sendo comprada sem dinheiro e sem preço. Neste mercado todos podem obter as mercadorias celestiais. A tesouraria das jóias da verdade está aberta a todos. "Eis que diante de ti pus uma porta aberta", declara o Senhor, "e ninguém a pode fechar." Apocalipse 3:8. Espada alguma guarda a entrada desta porta. Vozes do interior e de junto à porta dizem: Vem. A voz do Salvador nos convida ansiosa e amavelmente: "Aconselho-te que de Mim compres ouro provado no fogo, para que te enriqueças." Apocalipse 3:18.

O evangelho de Cristo é uma bênção que todos podem possuir. Os mais pobres tanto como os mais ricos estão em condições de adquirir a salvação; pois soma alguma de riquezas terrenas pode assegurá-la. É obtida pela obediência voluntária, entregando-nos a Cristo como Sua propriedade adquirida. A educação, mesmo da mais elevada espécie, não pode em si levar o homem para mais perto de Deus. Os fariseus eram favorecidos com todos os privilégios temporais e espirituais, e diziam com arrogância e orgulho: "Rico sou, e estou enriquecido, e de nada tenho falta"; contudo eram desgraçados, e miseráveis, e pobres, e cegos, e nus." Apocalipse 3:17. Cristo lhes ofereceu a pérola de grande preço; mas desdenharam aceitá-la, e Ele lhes disse: "Os publicanos e as meretrizes entram adiante de vós no reino de Deus." Mateus 21:31.

Não podemos ganhar a salvação; devemos, porém, procurá-la com tanto interesse e perseverança, como se por ela quiséssemos abandonar tudo no mundo.

Devemos buscar a pérola de grande preço, mas não nos mercados mundanos, ou por meios mundanos. O preço de nós exigido não é ouro nem prata, pois isto pertence a Deus. Abandonai a idéia de que privilégios temporais ou espirituais adquirir-vos-ão a salvação. Deus requer vossa obediência voluntária. Pede-vos renunciar a vossos pecados. "Ao que vencer", diz Cristo, "lhe concederei que se assente comigo no Meu trono, assim como Eu venci e Me assentei com Meu Pai no Seu trono." Apocalipse 3:21. Alguns há, que parece sempre buscarem a pérola celestial. Não renunciam, porém, completamente a seus maus hábitos. Não morrem para o próprio eu, para que Cristo viva neles. Por este motivo, não acham a pérola valiosa. Não venceram sua ambição profana e seu amor às atrações do mundo. Não tomam a cruz e não seguem a Cristo no caminho da abnegação e sacrifício. Quase cristãos mas não plenamente, parecem estar perto do reino do Céu, mas não podem ali entrar. Quase, mas não completamente salvos, significa estar não quase, porém completamente perdidos.

A parábola do negociante que buscava boas pérolas, tem significação dupla: aplica-se não somente aos homens que procuram o reino dos Céus, como também a Cristo, que procura Sua herança perdida. Cristo, o Negociante celestial que busca boas pérolas, viu na humanidade perdida a pérola de preço. Viu as possibilidades de redenção no homem pervertido e arruinado pelo pecado. Corações que têm sido o campo de combate com Satanás, e foram salvos pelo poder do amor, são mais preciosos ao Salvador do que aqueles que jamais caíram. Deus contemplou a humanidade não como desprezível e indigna; contemplou-a em Cristo, viu-a como se podia tornar pelo amor redentor.

Reuniu todas as riquezas do Universo e as ofereceu para adquirir a pérola. E Jesus, encontrando-a, insere-a novamente em Seu diadema. "Porque, como as pedras de uma coroa, eles serão exaltados na sua terra." Zacarias 9:16. "Eles serão Meus, diz o Senhor dos Exércitos, naquele dia que farei, serão para Mim particular tesouro." Malaquias 3:17.

Mas Cristo como a pérola preciosa, e nosso privilégio de possuir este tesouro celeste, é o tema com o qual mais nos deveríamos preocupar. O Espírito Santo é que revela aos homens a preciosidade da boa pérola. O tempo do poder do Espírito Santo é o tempo em que, num sentido especial, a dádiva celeste será procurada e achada. Nos dias de Cristo muitos ouviam o evangelho, mas tinham o espírito entenebrecido por falsos ensinos; e não reconheciam no humilde Mestre da Galiléia o Enviado de Deus. Mas depois da ascensão de Cristo, Sua entronização em Seu reino intercessório foi assinalada pelo derramamento do Espírito Santo. No dia de Pentecoste foi dado o Espírito. As testemunhas de Cristo anunciavam o poder do Salvador ressurreto. A luz do Céu penetrou na mente obscurecida dos que tinham sido enganados pelos inimigos de Cristo. Agora O contemplavam elevado "a Príncipe e Salvador, para dar a Israel o arrependimento e remissão dos pecados". Atos dos Apóstolos 5:31. Viram-nO envolto na glória do Céu, com tesouros infinitos nas mãos para outorgar a todos os que se voltassem de sua rebelião. Proclamando os apóstolos a glória do Unigênito do Pai, foram convertidas três mil pessoas. Viam-se como realmente eram -- pecadores e poluídos, e a Cristo como seu Amigo e Redentor. Cristo foi exaltado, Cristo foi glorificado pelo poder do Espírito Santo, que repousava sobre os homens. Pela fé esses crentes contemplavam-nO como Aquele que suportara humilhação, sofrimento e morte, para que não perecessem mas tivessem a vida eterna. A revelação de Cristo pelo Espírito lhes trouxe um senso reconhecedor de Seu poder e majestade; e pela fé estendiam as mãos a Ele, dizendo: "Creio!"

Então as boas-novas de um Salvador ressurgido foram levadas às mais longínquas extremidades do mundo habitado. A igreja viu como de todos os lugares lhe afluíam conversos. Crentes foram convertidos de novo. Pecadores aliavam-se aos cristãos, para buscar a pérola de grande preço. Cumpriu-se a profecia: "E o que dentre eles tropeçar, naquele dia, será como Davi, e a casa de Davi será... como o anjo do Senhor diante deles." Zacarias 12:8. Cada cristão via em seu irmão a semelhança divina de benevolência e amor. Um único interesse prevalecia. Um objetivo absorvia todos os outros. Todos os corações palpitavam em harmonia. O único empenho dos crentes era revelar a semelhança do caráter de Cristo e trabalhar pelo engrandecimento de Seu reino. "Era um o coração e a alma da multidão dos que criam. ... E os apóstolos davam, com grande poder, testemunho da ressurreição do Senhor Jesus, e em todos eles havia abundante graça." Atos dos Apóstolos 4:32, 33. "E todos os dias acrescentava o Senhor à igreja aqueles que se haviam de salvar." Atos dos Apóstolos 2:47. O Espírito de Cristo animava toda a congregação; porque tinham achado a pérola de grande preço.

Estas cenas devem repetir-se, e com maior poder. O derramamento do Espírito Santo no dia de Pentecoste foi a chuva temporã; porém a chuva serôdia será mais copiosa. O Espírito aguarda nosso pedido e recepção. Cristo deve ser revelado novamente em Sua plenitude pelo poder do Espírito Santo. Homens reconhecerão o valor da pérola preciosa e dirão com o apóstolo Paulo: "O que para mim era ganho reputei-o perda por Cristo. E, na verdade, tenho também por perda todas as coisas, pela excelência do conhecimento de Cristo Jesus, meu Senhor." Filipenses 3:7, 8.

Capítulo 10—A rede e a pesca

Este capítulo é baseado em Mateus 13:47-50.

"O reino dos Céus é semelhante a uma rede lançada ao mar e que apanha toda qualidade de peixes. E, estando cheia, a puxam para a praia e, assentando-se, apanham para os cestos os bons; os ruins, porém, lançam fora. Assim será na consumação dos séculos: virão os anjos e separarão os maus dentre os justos. E lançá-los-ão na fornalha de fogo; ali, haverá pranto e ranger de dentes." Mateus 13:47-50.

O lançar da rede é a pregação do evangelho. Este congrega na igreja bons e maus. Quando terminar a missão do evangelho, o juízo efetuará a obra de separação. Cristo viu que a existência de falsos irmãos na igreja motivaria que se falasse mal do caminho da verdade. O mundo difamaria o Evangelho por causa da vida incoerente de falsos professos. Mesmo os cristãos seriam induzidos a tropeçar, ao verem que muitos que levavam o nome de Cristo não eram governados pelo Seu Espírito. Havendo tais pecadores na igreja, os homens estariam em perigo de pensar que Deus lhes desculparia os pecados. Por isso Cristo ergueu o véu do futuro e ordenou a todos que notassem que o caráter e não a posição é que decide o destino do homem.

Tanto a parábola do joio, como a da rede, claramente ensinam que não haverá um tempo em que todos os ímpios se converterão a Deus. O trigo e o joio crescem juntos até à ceifa. Os peixes bons e os ruins são puxados juntamente para a margem, para uma separação final.

Essas parábolas ensinam que depois do Juízo não haverá graça. Quando findar a obra do evangelho, seguir-se-á imediatamente a separação de bons e maus, e o destino de cada classe será fixado para sempre.

Deus não deseja a destruição de ninguém. "Vivo eu, diz o Senhor Jeová, que não tenho prazer na morte do ímpio, mas em que o ímpio se converta do seu caminho e viva; convertei-vos, convertei-vos dos vossos maus caminhos; pois por que razão morrereis?" Ezequiel 33:11. Durante todo o período da graça Seu Espírito insta com os homens para que aceitem o dom da vida. Somente os que Lhe rejeitam a intercessão serão deixados a perecer. Deus declarou que o pecado precisa ser destruído como um mal nocivo ao Universo. Os que se atêm ao pecado hão de perecer na destruição do mesmo.

Capítulo 11—Onde encontrar a verdade

Este capítulo é baseado em Mateus 13:51, 52.

Enquanto Cristo ensinava o povo, instruía ao mesmo tempo os discípulos para a sua obra futura. Em todos os Seus ensinos havia lições para eles. Depois de dar a parábola da rede, perguntou-lhes: "Entendestes todas estas coisas?" Disseram-Lhe: "Sim, Senhor." Mateus 13:51. Então lhes expôs, noutra parábola, a responsabilidade em relação às verdades recebidas. "Por isso", disse Ele, "todo escriba instruído acerca do reino dos Céus é semelhante a um pai de família que tira do seu tesouro coisas novas e velhas." Mateus 13:52.

O pai de família não acumula o tesouro adquirido. Serve-se dele para partilhar com outros; e, pelo uso, o tesouro aumenta. O pai de família tem coisas preciosas, novas e velhas. Assim Cristo ensina que a verdade confiada aos discípulos deve ser anunciada ao mundo; e, partilhando o conhecimento da verdade, ele aumentará. Todos os que recebem no coração a mensagem do evangelho, almejarão proclamá-la. O amor de Cristo, de origem celeste, precisa encontrar expressão. Os que se revestiram de Cristo relatarão sua experiência, descobrindo passo a passo a direção do Espírito Santo -- sua sede e fome de conhecimento de Deus e de Jesus Cristo, a quem enviou, o resultado de esquadrinhar as Escrituras, suas orações, sua agonia de alma e as palavras de Cristo a eles: "Teus pecados te são perdoados." É antinatural que qualquer pessoa mantenha em secreto estas coisas; e quem está possuído do amor de Cristo não o fará. Na mesma proporção em que o Senhor os tornou depositários da verdade sagrada, será seu desejo que outros recebam a mesma bênção. Divulgando os ricos tesouros da graça de Deus, ser-lhes-á concedido mais e mais da graça de Cristo. Terão o coração de uma criancinha em sua simplicidade e obediência irrestrita. Sua alma almejará a santidade e ser-lhes-á revelado sempre mais dos tesouros da verdade e da graça, para serem dados ao mundo.

O grande celeiro da verdade é a Palavra de Deus -- a Palavra escrita, o livro da natureza e o livro da experiência no trato de Deus para com a vida humana. Eis os tesouros, de que os coobreiros de Cristo devem prover-se. Na pesquisa da verdade devem confiar em Deus e não na inteligência dos grandes homens, cuja sabedoria é loucura para Deus. O Senhor comunicará ao inquiridor o conhecimento de Si mesmo, pelos canais por Ele prescritos.

Se o seguidor de Cristo crer em Sua Palavra e praticá-la, não haverá Ciência no mundo natural, que não possa compreender nem apreciar. Nada há que não lhe forneça meio de partilhar a verdade com outros. A história natural é um tesouro de conhecimentos em que todo estudante na escola de Cristo pode obter. Contemplando o encanto da natureza, estudando suas lições no cultivo do solo, no crescimento das árvores, em todas as maravilhas da terra, mar e céu, advir-nos-á percepção nova da verdade. Os mistérios ligados ao proceder de Deus para com os homens, as profundezas de Sua sabedoria e penetração, vistos na vida humana -- verificar-se-á serem um depósito repleto de tesouros.

Mas, na Palavra escrita é que está revelado com maior clareza o conhecimento de Deus ao homem caído. Nela estão as inesgotáveis riquezas de Cristo.

A Palavra de Deus abrange as Escrituras, tanto do Antigo como do Novo Testamentos. Um não está completo sem o outro. Cristo declarou que as verdades do Antigo Testamento são tão preciosas quanto as do Novo. Cristo tanto foi o Redentor do homem no princípio do mundo quanto o é hoje. Antes que viesse à nossa Terra com Sua divindade revestida da humanidade, foi dada a mensagem do evangelho a Adão, Sete, Enoque, Matusalém e Noé. Abraão em Canaã e Ló em Sodoma anunciaram a mensagem, e de geração a geração mensageiros fiéis prenunciaram Aquele que havia de vir. Os ritos da dispensação judaica foram instituídos por Cristo mesmo. Foi Ele o fundamento de seu sistema de ofertas sacrificais, o grande antítipo de todo o seu cerimonial religioso. O sangue derramado quando os sacrifícios eram oferecidos apontava o sacrifício do Cordeiro de Deus. Todas as ofertas típicas tiveram nEle o seu cumprimento.

Cristo, manifesto aos patriarcas, simbolizado no serviço sacrifical, retratado na lei, e revelado pelos profetas, é o tesouro do Antigo Testamento. Cristo em Sua vida, morte e ressurreição; Cristo como é manifesto pelo Espírito Santo, é o tesouro do Novo. Nosso Salvador, o resplendor da glória do Pai, tanto é o Antigo como o Novo. Os apóstolos deviam ir como testemunhas da vida, morte e mediação de Cristo, preditas pelos profetas. Cristo em Sua humilhação, pureza e santidade, em Seu amor incomparável, devia ser seu tema. E para pregar o evangelho em sua plenitude, precisavam apresentar o Salvador, não somente como lhes fora revelado em Sua vida e ensinos, mas também predito pelos profetas do Antigo Testamento e simbolizado pelo serviço sacrifical. Em Seus ensinos, Cristo expunha velhas verdades, das quais Ele mesmo era o originador, verdades que Ele próprio proferira pelos patriarcas e profetas; porém, sobre elas projetava agora nova luz. Como parecia diferente a sua significação! Sua explanação lançava ondas de luz e espiritualidade. E prometeu que o Espírito Santo deveria iluminar os discípulos para que a Palavra de Deus se lhes desdobrasse continuamente. Estariam capacitados para apresentar as verdades em renovada beleza.

Desde a primeira promessa de redenção no Éden, a vida, o caráter e a mediação de Cristo têm constituído o estudo das mentes humanas. Todavia, cada mente pela qual tem atuado o Espírito Santo, expôs estes temas sob aspecto novo. As verdades da redenção são susceptíveis de desenvolvimento e expansão constantes. Embora velhas, são sempre novas, e revelam constantemente ao pesquisador da verdade maior glória e força mais potente.

Em cada época há novo desenvolvimento da verdade, uma mensagem de Deus para essa geração. As velhas verdades são todas essenciais; a nova verdade não é independente da antiga, mas um desdobramento dela. Só compreendendo as velhas verdades é que podemos entender as novas. Quando Cristo quis expor aos discípulos a verdade de Sua ressurreição, começou "por Moisés e por todos os profetas", e "explicava-lhes o que dEle se achava em todas as Escrituras". Lucas 24:27. Mas a luz que brilha na nova ampliação da verdade, é que glorifica a velha. O homem que rejeita ou despreza a nova, não possui realmente a velha. Para ele perde seu poder vital e torna-se forma inanimada.

Há homens que professam crer e ensinar as verdades do Antigo Testamento, ao passo que rejeitam o Novo. Pela recusa de aceitar os ensinos de Cristo mostram que tampouco crêem o que disseram os patriarcas e profetas. "Porque, se vós crêsseis em Moisés", disse Cristo, "creríeis em Mim, porque de Mim escreveu ele." João 5:46. Pelo que não há poder real em seus ensinos, mesmo do Antigo Testamento.

Muitos que pretendem crer e ensinar o evangelho, encontram-se em erro idêntico. Rejeitam as Escrituras do Antigo Testamento, das quais Cristo declarou: "São elas que de Mim testificam." João 5:39. Rejeitando o Antigo, rejeitam efetivamente o Novo, pois ambos são parte de um todo inseparável. Ninguém pode apresentar corretamente a lei de Deus sem o evangelho, ou o evangelho sem a lei. A lei é o evangelho consolidado, e o evangelho é a lei desdobrada. A lei é a raiz, e o evangelho é a fragrante flor e frutos que produz.

O Antigo Testamento projeta luz sobre o Novo, e o Novo, sobre o Antigo. Ambos são uma revelação da glória de Deus em Cristo. Ambos apresentam verdades que revelarão continuamente ao fervoroso inquiridor, novas profundezas.

Incomensurável é a verdade em Cristo e mediante Cristo. O estudante da Escritura, por assim dizer, contempla uma fonte que se aprofunda e amplia à medida que mira sua profundeza. Nesta vida não entenderemos o mistério do amor de Deus em entregar Seu Filho para propiciação por nossos pecados. A obra de nosso Redentor na Terra é e sempre será assunto que há de exigir o máximo de nossa mais atenta imaginação. O homem pode empenhar toda a sua faculdade mental no esforço de penetrar este mistério, mas a sua capacidade de compreensão desfalecerá e fatigar-se-á. O pesquisador mais esforçado ver-se-á diante de um mar ilimitado e sem praias.

A verdade, como é em Jesus, pode ser experimentada mas nunca explicada. Sua altura, largura e profundidade ultrapassam nosso entendimento. Podemos exercitar ao máximo a imaginação, e veremos então só tenuemente o esboço de um amor inexplicável, tão alto quanto o Céu, mas que baixou à Terra para gravar em toda a humanidade a imagem de Deus.

Todavia nos é possível ver tanto da misericórdia divina quanto podemos suportar. Ela será desvendada à alma contrita e humilde. Compreenderemos a misericórdia de Deus justamente na proporção em que apreciamos o Seu sacrifício por nós. Esquadrinhando com humildade de coração a Palavra de Deus, descerrar-se-á à nossa pesquisa o grande tema da redenção. Ele aumentará de fulgor à medida que o contemplarmos, e, à medida que desejarmos entendê-lo, sua altura e profundidade crescerão.

Nossa vida deve estar ligada à vida de Cristo, dEle receber continuamente, participar dEle, o Pão vivo que desceu do Céu, e prover-se de uma fonte sempre fresca, que sempre produz copioso tesouro. Se tivermos o Senhor sempre diante de nós, e deixarmos o coração transbordar em ações de graças e louvores a Ele, teremos frescor contínuo em nossa vida religiosa. Nossas orações terão a forma de uma conversa com Deus, como se falássemos com um amigo. Ele nos falará pessoalmente de Seus mistérios. Freqüentemente advir-nos-á um senso agradável e alegre da presença de Jesus. O coração arderá muitas vezes em nós, quando Ele Se achegar para comungar conosco, como o fazia com Enoque. Quando esta for em verdade a experiência do cristão, ver-se-lhe-ão na vida, simplicidade, mansidão, brandura e humildade de coração, que mostrarão a todos os que com ele mantêm contato, que esteve com Jesus e dEle aprendeu.

Naqueles que a possuem, a religião de Cristo revelar-se-á um princípio vitalizante e penetrante, uma energia viva, operante e espiritual. Manifestar-se-ão a força, o frescor e a alegria da juventude perpétua. O coração que recebe a Palavra de Deus, não é como um açude que se evapora, nem como uma cisterna rota que perde o seu tesouro. É como a torrente da montanha, alimentada por fontes inesgotáveis, cuja água fresca e borbulhante salta, de rochedo em rochedo, refrescando os cansados, os sedentos e os duramente oprimidos.

Essa experiência dá a todo instrutor da verdade, justamente as qualificações que o tornarão representante de Cristo. O espírito dos ensinos de Cristo lhe dará vigor e precisão às palavras e orações. Seu testemunho de Cristo não será acanhado nem frágil. O pastor não pregará sempre e sempre os mesmos discursos de praxe. Abrir-se-lhe-á a mente para a iluminação constante do Espírito Santo.

Cristo disse: "Quem come a Minha carne e bebe o Meu sangue tem a vida eterna. ... Assim como o Pai, que vive, Me enviou, e Eu vivo pelo Pai, assim quem de Mim se alimenta também viverá por Mim. O Espírito é o que vivifica; ... as palavras que Eu vos disse são Espírito e vida." João 6:54, 57, 63.

Se comermos a carne de Cristo e bebermos o Seu sangue, o elemento da vida eterna será encontrado no ministério. Não haverá um fundo de idéias arcaicas e repisadas. Cessará o sermão monótono e cansativo. As velhas verdades serão apresentadas, mas serão vistas sob novo prisma. Haverá percepção nova da verdade, clareza e poder que serão discernidos por todos. Os que têm o privilégio de estar sob um ministério tal, se sensíveis à influência do Espírito Santo, sentirão o poder tonificante de uma vida nova. O fogo do amor de Deus será aceso neles. Suas faculdades perceptivas serão avivadas para discernir a beleza e majestade da verdade.

O fiel pai de família representa o que deve ser todo instrutor das crianças e dos adolescentes. Se fizer da Palavra de Deus seu tesouro, então dela extrairá continuamente novas verdades. Quando o professor confiar em Deus em oração, o espírito de Cristo sobre ele repousará, e, por intermédio dele e pelo Espírito Santo, Deus impressionará outras mentes. O Espírito enche a mente e o coração de doce esperança, ânimo e imagens bíblicas, e tudo isso será transmitido à juventude sob sua instrução.

As fontes da paz e alegria celestiais, abertas na mente do professor pelas palavras da Inspiração, tornar-se-ão volumosa torrente de influência para abençoar todos quantos com Ele se relacionam. A Bíblia não será um livro enfadonho para o seu estudante. Sob a direção de um mestre sábio, a Palavra se lhe tornará mais e mais aprazível. Será como o pão da vida e jamais envelhecerá! Seu frescor e beleza atrairão e encantarão crianças e jovens. É como o Sol que brilha sobre a Terra e comunica perpetuamente luz e calor, e contudo jamais se esgota.

O Espírito de Deus, santo e educador, está em Sua Palavra. Uma luz, nova e preciosa, irradia de cada página. A verdade é revelada, palavras e frases se tornam claras e apropriadas para a ocasião, como a voz de Deus falando ao coração.

O Espírito Santo aprecia dirigir-Se à juventude, para desvendar-lhe os tesouros e belezas da Palavra de Deus. As promessas pronunciadas pelo grande Mestre cativarão os sentidos e animarão a alma com poder espiritual que é divino. Florescerá na mente fértil uma familiaridade com as coisas divinas, que será como baluarte contra a tentação.

As palavras da verdade crescerão de importância e assumirão largueza e plenitude de significado com que jamais sonhamos. A beleza e a opulência da Palavra têm influência transformadora sobre a mente e o caráter. A luz do amor celeste incidirá sobre a alma, qual inspiração. A apreciação da Bíblia aumenta com o estudo. Para onde quer que se volte o aluno, achará manifestos a infinita sabedoria e o amor de Deus. O significado da dispensação judaica não é ainda plenamente compreendido. Profundas e vastas verdades são prefiguradas em seus ritos e símbolos. O evangelho é a chave que desvenda seus mistérios. Pelo conhecimento do plano de salvação, suas verdades abrir-se-nos-ão ao entendimento. Muito mais do que o fazemos, temos o privilégio de compreender estes maravilhosos temas. Devemos entender as profundas coisas de Deus. Anjos desejam atentar para as verdades reveladas a quem sonda a Palavra de Deus com coração contrito, e suplica por maior comprimento, e largura, e profundidade, e altura da sabedoria, que só Ele pode conceder.

À medida que nos aproximamos do final da história deste mundo, as profecias referentes aos últimos dias exigem nosso estudo especial. O último dos escritos do Novo Testamento está cheio de verdades cuja compreensão nos é necessária. Satanás cegou as mentes, de modo que se satisfazem com qualquer desculpa para não estudarem o Apocalipse. Cristo, porém, por intermédio de Seu servo João, declarou o que acontecerá nos últimos dias, e diz: "Bem-aventurado aquele que lê, e os que ouvem as palavras desta profecia, e guardam as coisas que nela estão escritas." Apocalipse 1:3.

"A vida eterna é esta", disse Cristo, "que Te conheçam a Ti só por único Deus verdadeiro e a Jesus Cristo, a quem enviaste." João 17:3. Por que não reconhecemos o valor deste conhecimento? Por que não nos ardem no coração estas gloriosas verdades? Por que não nos tremem nos lábios e não nos penetram todo o ser?

Dando-nos Sua Palavra, Deus nos colocou na posse de toda a verdade essencial para a nossa salvação. Milhares extraíram água desta fonte de vida, todavia a provisão não diminui. Milhares puseram o Senhor diante de si e contemplando-O foram transformados à Sua própria semelhança. O espírito arde dentro deles ao falarem de Seu caráter, quando contam o que Cristo é para eles e o que são para Cristo. Mas, esses inquiridores não esgotaram estes grandes e santos temas. Milhares podem empenhar-se na obra de esquadrinhar os mistérios da salvação. Meditando sobre a vida de Cristo e o caráter de Sua missão, em cada tentativa de descobrir a verdade, raios de luz refulgirão mais distintamente. Cada novo estudo revelará algum ponto de interesse mais profundo do que já fora desdobrado. O assunto é inesgotável. O estudo da encarnação de Cristo, Seu sacrifício propiciatório e Sua mediação hão de, enquanto o tempo durar, ocupar o espírito do estudante diligente; e, contemplando o Céu com seus inumeráveis anos, exclamará:

"Grande é o mistério da piedade." 1 Timóteo 3:16.

Na eternidade estudaremos aquilo que nos teria aberto o entendimento se houvéssemos recebido a iluminação que nos era possível obter aqui. Através dos séculos infinitos o tema da redenção ocupará o coração, mente e língua dos remidos. Eles compreenderão as verdades que Cristo almejava abrir a Seus discípulos, e para cuja assimilação, porém, não tinham suficiente fé. Sempre e sempre nos serão reveladas novas visões da perfeição e glória de Cristo. Através dos séculos eternos o fiel Pai de família tirará de Seu tesouro coisas novas e velhas.

Capítulo 12—Como aumentar a fé e a confiança

Este capítulo é baseado em Lucas 11:1-13.

Cristo recebia constantemente do Pai, para que nos pudesse comunicar. "A palavra que ouvistes", disse Ele, "não é Minha, mas do Pai que Me enviou." João 14:24. "O Filho do Homem não veio para ser servido, mas para servir." Mateus 20:28. Vivia, meditava e orava não para Si mesmo, mas para os outros. Depois de passar horas com Deus, apresentava-Se manhã após manhã para comunicar aos homens a luz do Céu. Cotidianamente recebia novo batismo do Espírito Santo. Nas primeiras horas do novo dia o Senhor O despertava de Seu repouso, e Sua alma e lábios eram ungidos de graça para que a pudesse transmitir a outros. As palavras Lhe eram dadas diretamente das cortes celestes, palavras que pudesse falar oportunamente aos cansados e oprimidos. "O Senhor Jeová", disse, "Me deu uma língua erudita, para que Eu saiba dizer, a seu tempo, uma boa palavra ao que está cansado: Ele desperta-Me todas as manhãs, desperta-Me o ouvido para que ouça como aqueles que aprendem." Isaías 50:4. As orações de Cristo e Seu hábito de comunhão com Deus, impressionavam muito os discípulos. Um dia, depois de breve ausência de Seu Senhor, encontraram-nO absorto em súplicas. Parecendo inconsciente da presença deles, continuou orando em alta voz. O coração dos discípulos foi movido profundamente. Ao cessar Ele de orar, exclamaram: "Senhor, ensina-nos a orar." Lucas 11:1.

Correspondendo ao pedido, Cristo proferiu a oração do Senhor, tal como a dera no sermão da montanha. Ilustrou, então, por meio de uma parábola, a lição que desejava dar-lhes.

"Qual de vós", disse, "terá um amigo e, se for procurá-lo à meia-noite, lhe disser: Amigo, empresta-me três pães, pois que um amigo meu chegou a minha casa, vindo de caminho, e não tenho que apresentar-lhe; se ele, respondendo de dentro, disser: Não me importunes; já está a porta fechada, e os meus filhos estão comigo na cama; não posso levantar-me para tos dar. Digo-vos que, ainda que se não levante a dar-lhos por ser seu amigo, levantar-se-á, todavia, por causa da sua importunação e lhe dará tudo o que houver mister." Lucas 11:5-8.

Cristo representa aqui o suplicante solicitando, para que pudesse dar. Precisa obter pão, senão não pode suprir as necessidades de um viajante cansado e retardatário. Embora o vizinho não queira ser importunado, não desanimará seu pedido; o amigo precisa ser auxiliado; e finalmente a sua importunação é recompensada; seus desejos são satisfeitos.

Do mesmo modo os discípulos deveriam solicitar bênçãos de Deus. No alimentar a multidão e no sermão sobre o pão do Céu, Cristo lhes descobrira sua obra como representantes Seus. Deviam dar ao povo o pão da vida. Ele que lhes designara a obra, viu quantas vezes sua fé seria provada. Freqüentemente se lhes depaparariam situações imprevistas e reconheceriam sua insuficiência humana. Pessoas famintas do pão da vida iriam ter com eles, e eles se sentiriam destituídos de recursos. Precisavam receber alimento espiritual, pois de outro modo nada teriam para repartir. Não deviam, porém, despedir pessoa alguma sem alimentá-la. Cristo lhes apontou a fonte de provisão. O homem não despediu o amigo que a ele recorreu para hospedar-se, embora chegasse à hora inoportuna da meia-noite. Nada tinha para apresentar-lhe, mas recorreu a alguém que tinha alimento e insistiu em sua petição até o vizinho lhe suprir a necessidade. E não supriria Deus, que enviou Seus servos para alimentar os famintos, o de que precisassem para Sua própria obra?

Mas o vizinho egoísta da parábola não representa o caráter de Deus. A lição é tirada, não por comparação, mas por contraste. O homem egoísta atenderá a um pedido urgente, para livrar-se de alguém que lhe perturba o repouso. Deus, porém, Se deleita em dar. É cheio de compaixão e anseia por atender às petições dos que a Ele recorrem pela fé. Dá-nos para que sirvamos a outros e deste modo nos assemelhemos a Ele.

Cristo declara: "Pedi, e dar-se-vos-á; buscai, e achareis; batei, e abrir-se-vos-á; porque qualquer que pede recebe; e quem busca acha; e a quem bate, abrir-se-lhe-á." Lucas 11:9, 10.

O Salvador continua: "Qual o pai dentre vós que, se o filho lhe pedir pão, lhe dará uma pedra? Ou também, se lhe pedir peixe, lhe dará por peixe uma serpente? Ou também, se lhe pedir um ovo, lhe dará um escorpião? Pois, se vós, sendo maus, sabeis dar boas dádivas aos vossos filhos, quanto mais dará o Pai celestial o Espírito Santo àqueles que Lho pedirem?" Lucas 11:1-13.

Para fortalecer-nos a confiança em Deus, Cristo nos ensina a dirigirmo-nos a Ele por um nome novo, um nome enlaçado com as mais caras relações do coração humano. Concede-nos o privilégio de chamar o infinito Deus de nosso Pai. Este nome dito a Ele ou dEle, é um sinal de nosso amor e confiança para com Ele, e um penhor de Sua consideração e parentesco conosco. Pronunciado ao pedir Seu favor ou bênçãos, soa-Lhe aos ouvidos como música. Para que não julgássemos presunção invocá-Lo por este nome, repetiu-o muitas vezes. Deseja que nos familiarizemos com este trato.

Deus nos considera filhos Seus. Redimiu-nos do mundo indiferente, e nos escolheu para tornar-nos membros da família real, filhos e filhas do celeste Rei. Convida-nos a nEle confiar, com confiança mais profunda e mais forte que a do filho no pai terrestre. Os pais amam os filhos, mas o amor de Deus é maior, mais largo e mais profundo do que jamais pode sê-lo o amor humano. É incomensurável. Portanto, se os pais terrestres sabem dar boas dádivas a seus filhos, quanto mais não dará nosso Pai do Céu o Espírito Santo àqueles que Lho pedirem?

As lições de Cristo referentes à oração devem ser ponderadas cuidadosamente. Há uma ciência divina na oração, e Sua ilustração apresenta-nos princípios que todos necessitam compreender. Mostra qual é o verdadeiro espírito da oração, ensina a necessidade de perseverança ao expormos nossas súplicas a Deus, e nos assegura Sua boa vontade de ouvir as orações e a elas atender.

Nossas orações não devem ser uma solicitação egoísta, meramente para nosso próprio benefício. Devemos pedir para podermos dar. O princípio da vida de Cristo deve ser o princípio de nossa vida. "Por eles Me santifico a Mim mesmo", disse, referindo-Se aos discípulos, "para que também eles sejam santificados." João 17:19. A mesma devoção, o mesmo sacrifício, a mesma submissão às reivindicações da Palavra de Deus, manifestos em Cristo, devem ser vistos em Seus servos. Nossa missão no mundo não é servir ou agradar a nós mesmos; devemos glorificar a Deus, com Ele cooperando para salvar pecadores. Devemos suplicar de Deus bênçãos para partilhar com outros. A capacidade de receber só é preservada compartilhando. Não podemos continuar recebendo os tesouros celestiais sem os transmitir aos que estão ao nosso redor.

Na parábola, o suplicante foi repelido várias vezes; porém não desistiu de sua intenção. Assim, nossas orações nem sempre parece serem atendidas imediatamente; mas Cristo ensina que não devemos cessar de orar. A oração não se destina a efetuar qualquer mudança em Deus, deve elevar-nos à harmonia com Ele. Ao Lhe fazermos alguma petição, pode ver que nos é necessário examinar o coração e arrepender-nos do pecado. Por isso nos faz passar por dificuldades, provações e humilhações, para que vejamos o que impede em nós a operação do Espírito Santo.

Há condições para o cumprimento das promessas de Deus, e a oração nunca pode substituir o dever. "Se Me amardes", diz Cristo, "guardareis os Meus mandamentos." João 14:15. "Aquele que tem os Meus mandamentos e os guarda, este é o que Me ama; e aquele que Me ama será amado de Meu Pai, e Eu o amarei e Me manifestarei a ele." João 14:21. Aqueles que apresentam suas petições a Deus, reivindicando Sua promessa, enquanto não satisfazem as condições, ofendem a Jeová. Apresentam o nome de Cristo como autoridade para o cumprimento da promessa, porém não fazem aquilo que demonstraria fé em Cristo e amor a Ele.

Muitos infringem a condição sob a qual são aceitos pelo Pai. Devemos examinar minuciosamente o ato de confiança de nos achegarmos a Deus. Se somos desobedientes apresentamos ao Senhor uma nota para ser paga, quando não preenchemos as condições que no-la tornaria pagável. Expomos a Deus Suas promessas e Lhe pedimos cumprir as mesmas, quando se o fizesse desonraria Seu nome. A promessa é: "Se vós estiverdes em Mim, e as Minhas palavras estiverem em vós, pedireis tudo o que quiserdes, e vos será feito." João 15:7. E João declara: "Nisto sabemos que O conhecemos: se guardarmos os Seus mandamentos. Aquele que diz: Eu conheço-O e não guarda os Seus mandamentos é mentiroso, e nele não está a verdade. Mas qualquer que guarda a Sua Palavra, o amor de Deus está nele verdadeiramente aperfeiçoado; nisto conhecemos que estamos nEle." 1 João 2:3-5.

Um dos últimos mandamentos de Cristo aos discípulos, foi: "Que vos ameis uns aos outros; como Eu vos amei a vós." João 13:34. Obedecemos a este mandamento, ou cultivamos rudes traços de caráter diferentes dos de Cristo? Se causarmos de qualquer maneira dores e tristezas a outros, é nosso dever confessar nossa falta e procurar reconciliação. Esta é uma preparação essencial para nos podermos achegar pela fé a Deus para Lhe solicitar as bênçãos.

Há ainda outro ponto freqüentemente negligenciado por aqueles que procuram a Deus em oração. Tendes sido fiéis para com vosso Deus? O Senhor declara pelo profeta Malaquias: "Desde os dias de vossos pais, vos desviastes dos Meus estatutos e não os guardastes; tornai vós para Mim, e Eu tornarei para vós, diz o Senhor dos Exércitos; mas vós dizeis: Em que havemos de tornar? Roubará o homem a Deus? Todavia vós Me roubais e dizeis: Em que Te roubamos? Nos dízimos e nas ofertas alçadas." Malaquias 3:7, 8.

Como Doador de todas as bênçãos, Deus requer certa porção de tudo quanto possuímos. Esta é uma providência para sustentar a pregação do evangelho. Restituindo a Deus essa parte, testemunharemos nosso apreço por Suas dádivas. Como podemos, pois, reivindicar Suas bênçãos, se retemos o que Lhe pertence? Como podemos esperar que nos confie coisas celestiais, se somos mordomos infiéis das terrenas? Pode ser que nisso esteja o segredo das orações não atendidas.

Em Sua grande misericórdia, porém, o Senhor está pronto a perdoar, e diz: "Trazei todos os dízimos à casa do tesouro, para que haja mantimento na Minha casa, e depois fazei prova de Mim, ... se Eu não vos abrir as janelas do Céu e não derramar sobre vós uma bênção tal, que dela vos advenha a maior abastança. E, por causa de vós, repreenderei o devorador, para que não vos consuma o fruto da terra; e a vide no campo vos não será estéril. ... E todas as nações vos chamarão bem-aventurados; porque vós sereis uma terra deleitosa, diz o Senhor dos Exércitos." Malaquias 3:10-12.

O mesmo se dá com todos os reclamos de Deus. Todas as dádivas são prometidas sob a condição de obediência. Deus tem um Céu cheio de bênçãos para aqueles que com Ele cooperarem. Todos quantos Lhe são obedientes podem com confiança pedir o cumprimento de Suas promessas.

Devemos, porém, mostrar firme e inabalável confiança em Deus. Às vezes Ele tarda a responder para provar-nos a fé ou experimentar a sinceridade de nosso desejo. Havendo nós pedido em harmonia com Sua Palavra, devemos crer em Sua promessa, e insistir em nossas petições com determinação inabalável.

Deus não nos diz: Pedi uma vez, e dar-se-vos-á. Requer que peçamos. Persistir incansavelmente em oração. A súplica persistente põe o peticionário em atitude mais fervorosa, e dá-lhe maior desejo de receber o que pede. Junto ao túmulo de Lázaro, Cristo disse a Marta: "Não te hei dito que, se creres, verás a glória de Deus?" João 11:40.

Muitos, porém, não possuem fé viva. Esta é a razão de não provarem mais do poder de Deus. Sua fraqueza é conseqüência da incredulidade. Têm mais fé em seu próprio recurso do que na operação de Deus por eles. Procuram guardar-se a si mesmos. Planejam e arquitetam, mas oram pouco e têm pouca confiança real em Deus. Pensam possuir fé, mas é somente o impulso do momento. Por não reconhecerem sua própria necessidade ou a voluntariedade de Deus em dar, não perseveram em apresentar perante o Senhor suas súplicas.

Nossas orações devem ser tão fervorosas e persistentes, quanto a petição do amigo necessitado que solicitava os pães à meia-noite. Quanto mais sincera e perseverantemente pedirmos, tanto mais íntima será nossa união espiritual com Cristo. Receberemos maiores bênçãos, porque possuímos maior fé.

Nossa parte é orar e crer. Vigiai em oração. Vigiai e cooperai com o Deus que ouve as orações. Lembrai-vos de que "somos cooperadores de Deus". 1 Coríntios 3:9. Falai e procedei em harmonia com vossas orações. Fará diferença infinita para vós, se a provação manifestar que vossa fé é genuína, ou que vossas orações são apenas formais.

Quando surgirem perplexidades, e dificuldades vos confrontarem, não espereis auxílio de homens. Confiai inteiramente em Deus. O costume de contar as dificuldades a outros, só nos torna fracos e não lhes traz força. Sobrecarrega-os com o fardo de nossas fraquezas espirituais, que não podem remediar. Procuramos os recursos de homens errantes e finitos, quando poderíamos ter a força do Deus infalível e infinito.

Não precisamos ir aos extremos da Terra em busca de sabedoria, porque Deus está perto. Não é a capacidade que agora possuímos ou havemos de possuir, que nos dará êxito. É o que o Senhor pode fazer por nós. Deveríamos depositar muito menos confiança no que o homem é capaz de fazer, e muito mais no que Deus pode fazer para cada alma crente. Anseia Ele que Lhe estendamos as mãos pela fé. Anseia que esperemos grandes coisas dEle. Anela dar-nos sabedoria, tanto nos assuntos temporais como nos espirituais. Pode aguçar o intelecto. Pode dar tato e habilidade. Empreguemos nossos talentos na obra, peçamos a Deus sabedoria, e ser-nos-á dada.

Aceitemos a Palavra de Cristo como nossa segurança. Não nos convidou a ir a Ele? Nunca nos permitamos falar de modo desesperançado e desanimado. Perderemos muito, se o fizermos. Olhando as aparências e lamentando quando vêm dificuldades e angústias, damos prova de fé doentia e débil. Falemos e procedamos como se a vossa fé fosse invencível. O Senhor é rico em recursos; pertence-Lhe todo o mundo. Pela fé olhemos para o Céu. Contemplemos Aquele que tem luz e poder e eficiência.

Há na fé genuína, firmeza e constância de princípio, e estabilidade de propósito, que nem o tempo nem fadigas podem enfraquecer. "Os jovens se cansarão e se fatigarão, e os mancebos certamente cairão. Mas os que esperam no Senhor renovarão as suas forças e subirão com asas como águias; correrão e não se cansarão; caminharão e não se fatigarão." Isaías 40:30, 31.

Muitos há que anelam auxiliar a outros, mas sentem que não possuem capacidade ou luz espiritual para partilhar. Apresentem estes as suas petições perante o trono da graça. Rogue pelo Espírito Santo. Deus mantém cada promessa que fez. Com a Bíblia nas mãos, diga: Fiz como disseste. Apresento Tua promessa: "Pedi, e dar-se-vos-á; buscai, e achareis; batei, e abrir-se-vos-á." Lucas 11:9.

Precisamos não só pedir em nome de Cristo, mas também pela inspiração do Espírito Santo. Isto explica o que significa o dito de que: "O mesmo Espírito intercede por nós com gemidos inexprimíveis." Romanos 8:26. Tais orações Deus Se deleita em atender. Quando proferirmos uma oração com fervor e intensidade no nome de Cristo, há nessa mesma intensidade o penhor de Deus de que Ele está prestes a atender à nossa súplica "muito mais abundantemente além daquilo que pedimos ou pensamos". Efésios 3:20.

Cristo disse: "Tudo o que pedirdes, orando, crede que o recebereis e tê-lo-eis." Marcos 11:24.

"Tudo quanto pedirdes em Meu nome, Eu o farei, para que o Pai seja glorificado no Filho."

João 14:13. E o amado João, sob inspiração do Espírito Santo, diz com clareza e confiança: "Se pedirmos alguma coisa, segundo a Sua vontade, Ele nos ouve. E, se sabemos que nos ouve em tudo o que pedimos, sabemos que alcançamos as petições que Lhe fizemos." 1 João 5:14, 15. Portanto insistamos em nossas petições ao Pai em nome de Jesus. Deus honrará esse nome.

O arco-íris sobre o trono é a garantia de que Deus é verdadeiro e que nEle não há mudança nem sombra de variação. Temos pecado contra Ele e somos indignos de Seu favor; todavia Ele mesmo nos pôs nos lábios a mais maravilhosa de todas as petições: "Não nos rejeites por amor do Teu nome; não abatas o trono da Tua glória; lembra-Te e não anules o Teu concerto conosco." Jeremias 14:21. Quando a Ele formos confessando nossa indignidade e pecado, Ele Se comprometeu a atender-nos ao clamor. A honra de Seu trono foi-nos dada como penhor do cumprimento de Sua Palavra.

Como Arão, que simbolizava a Cristo, nosso Salvador no santuário celestial traz sobre o coração o nome de Seu povo. Nosso grande Sumo Sacerdote Se lembra de todas as palavras pelas quais nos animou a confiar. Lembra-Se continuamente de Seu concerto.

Todos os que O buscarem, O acharão. A todos os que batem será aberta a porta. Não será dada a desculpa: Não me importunes; a porta está cerrada; não desejo abri-la. Jamais será dito a alguém: Não vos posso auxiliar. Os que pedem pão à meia-noite para alimentar pessoas famintas, serão atendidos.

Na parábola, aquele que solicita pão para o estrangeiro, recebe "tudo o que houver mister". Lucas 11:8. E em que medida nos dará Deus, para que possamos compartilhar com outros? "Segundo a medida do dom de Cristo." Efésios 4:7. Anjos vigiam com intenso interesse para ver como os homens procedem com seu próximo.

Se notam que alguém demonstra para com os errantes simpatia semelhante à de Cristo, agrupam-se em torno dele e lembram-lhe palavras para proferir, que serão para a pessoa como o pão da vida. Assim, "Deus, segundo as Suas riquezas, suprirá todas as vossas necessidades em glória, por Cristo Jesus". Filipenses 4:19. Tornará vosso testemunho sincero e real, forte no poder da vida futura. A Palavra do Senhor será em vossa boca verdade e justiça.

Ao trabalho pessoal por outros, deve preceder muita oração particular, pois requer grande sabedoria o compreender a ciência da salvação de pessoas. Antes de comunicar-vos com os homens, comungai com Cristo. Junto ao trono da graça celestial preparai-vos para ministrar ao povo.

Quebrante-se-vos o coração pelo anelo que tem de Deus, do Deus vivo. A vida de Cristo mostrou o que a humanidade pode fazer se participar da natureza divina. Tudo quanto Cristo recebeu de Deus, podemos nós possuir também. Portanto, pedi e recebei. Com a perseverante fé de Jacó, com a invencível persistência de Elias reclamai tudo quanto Deus prometeu.

Que vossa mente seja possuída pelas gloriosas concepções de Deus. Una-se vossa vida, por elos ocultos, à vida de Jesus. Aquele que fez que das trevas resplandecesse a luz, deseja resplandecer em vosso coração para iluminação do conhecimento da glória de Deus, na face de Jesus Cristo. O Espírito Santo tomará as coisas de Deus e vo-las revelará, transmitindo-as como força viva ao coração obediente. Cristo vos conduzirá ao limiar do Infinito. Podeis contemplar a glória além do véu, e revelar aos homens a suficiência dAquele que vive eternamente para interceder por nós.

Capítulo 13—Um sinal de grandeza

Este capítulo é baseado em Lucas 18:9-14.

A uns que confiavam em si mesmos, crendo que eram justos, e desprezavam os outros, dirigiu Cristo a parábola do fariseu e do publicano. O fariseu sobe ao templo para adorar, não porque sente ser pecador necessitado de perdão, mas por julgar-se justo e esperar obter elogio. Considera sua adoração um ato meritório que o recomendará a Deus. Simultaneamente dará ao povo uma demonstração elevada de sua piedade. Esperava assegurar-se o favor de Deus e dos homens. Sua adoração é motivada pelo interesse próprio.

Está cheio de louvor próprio. Isto é evidente em seu olhar, porte e oração. Apartando-se dos outros, como se quisesse dizer: "Não vos chegueis a mim, porque sou mais santo do que vós", põe de pé e ora "consigo". Isaías 65:5. Todo satisfeito consigo mesmo, pensa que Deus e os homens o consideram com igual complacência.

"Ó Deus, graças Te dou", disse, "porque não sou como os demais homens, roubadores, injustos e adúlteros; nem ainda como este publicano." Lucas 18:11.

Julga seu caráter, não pelo caráter santo de Deus, mas pelo caráter de outros homens. Seu espírito desvia-se de Deus para a humanidade. Este é o segredo de sua satisfação própria.

Prossegue enumerando suas boas ações: "Jejuo duas vezes na semana e dou os dízimos de tudo quanto possuo." Lucas 18:12. A religião do fariseu não toca a pessoa. Não atenta para o caráter semelhante ao de Deus, nem para o coração cheio de amor e misericórdia. Dá-se por contente com uma religião que só se refere à vida exterior. Sua justiça lhe é própria -- é o fruto de suas próprias obras. E é julgada por um padrão humano.

Todo aquele que em si mesmo confia que é justo, desprezará os demais. Como o fariseu, julga a si próprio por outros homens, julga aos outros por si. Sua justiça é avaliada pela deles, e quanto piores, tanto mais justo parece ele. Sua justiça própria leva-o a acusar. "Os demais homens", condena ele como transgressores da lei de Deus. Deste modo manifesta o próprio espírito de Satanás, o acusador dos irmãos. Impossível lhe é neste espírito entrar em comunhão com Deus. Volta para sua casa destituído da bênção divina.

O publicano entrou no templo juntamente com outros adoradores, mas, como se fosse indigno de tomar parte na devoção, apartou-se logo deles. "Estando em pé, de longe, nem ainda queria levantar os olhos ao céu, mas batia no peito", em profunda angústia e aversão própria. Sentia que transgredira a lei de Deus e era pecador e poluído. Não podia esperar nem mesmo piedade dos circunstantes; porque todos o observavam com desprezo. Sabia que em si não tinha méritos para recomendá-lo a Deus, e em absoluto desespero, clamou: "Ó Deus, tem misericórdia de mim, pecador!" Lucas 18:13. Não se comparou com outros. Esmagado por um senso de culpa, estava como que só, na presença de Deus. Seu único desejo era alcançar paz e perdão; sua única súplica, a bênção de Deus. E foi abençoado. "Digo-vos", disse Cristo, "que este desceu justificado para sua casa, e não aquele." Lucas 18:14.

O fariseu e o publicano representam os dois grandes grupos em que se dividem os adoradores de Deus. Seus primeiros representantes encontram-se nos dois primeiros filhos nascidos neste mundo. Caim julgava-se justo, e foi a Deus com uma simples oferta de gratidão. Não fez confissão de pecado, nem reconheceu que carecia de misericórdia. Abel, porém, foi com o sangue que apontava ao Cordeiro de Deus. Foi como pecador que confessava estar perdido; sua única esperança era o imerecido amor de Deus. O Senhor Se agradou de seu sacrifício, mas de Caim e de sua oferta não Se agradou. A intuição de necessidade, o reconhecimento de nossa pobreza e pecado, é a primeira condição para sermos aceitos por Deus. "Bem-aventurados os pobres de espírito, porque deles é o reino dos Céus." Mateus 5:3.

Para cada um dos grupos representados pelo fariseu e o publicano, há uma lição na história do apóstolo Pedro. Na primeira parte de seu discipulado, Pedro tinha-se por forte. Semelhante ao fariseu, não era a seus olhos "como os demais homens". Lucas 18:11. Quando Cristo, na noite em que foi traído, preveniu Seus discípulos: "Todos vós esta noite vos escandalizareis em Mim", Pedro retrucou confiantemente: "Ainda que todos se escandalizem, nunca, porém, eu." Marcos 14:27, 29. Pedro não conhecia o perigo que o ameaçava. A confiança própria enganou-o. Julgou-se capaz de resistir à tentação; mas poucas horas depois veio a prova e, com blasfêmia e perjúrio, negou seu Senhor.

Quando o cantar do galo lhe lembrou as palavras de Cristo, surpreso e atônito pelo que acabava de fazer, voltou-se e olhou a seu Mestre. Simultaneamente Cristo olhou a Pedro e sob aquele olhar aflito em que se misturavam amor e compaixão por ele, Pedro conheceu-se. Saiu e chorou amargamente. Aquele olhar de Cristo lhe partiu o coração. Pedro chegara ao ponto decisivo, e amargamente se arrependeu de seu pecado. Foi como o publicano em sua contrição e arrependimento, e como o publicano achou também graça. O olhar de Cristo lhe assegurou o perdão.

Findou aí sua confiança própria. Nunca mais foram repetidas as velhas afirmações de auto-suficiência.

Depois da ressurreição, três vezes provou Cristo a Pedro. "Simão, filho de Jonas", disse, "amas-Me mais do que estes?" João 21:15. Pedro agora não se exaltou sobre os irmãos. Apelou Àquele que podia ler o coração. "Senhor", respondeu, "Tu sabes tudo; Tu sabes que eu Te amo." João 21:17.

Recebeu então Sua incumbência. Foi-lhe apontada uma obra mais ampla e mais delicada que antes. Cristo lhe ordenou apascentar as ovelhas e os cordeiros. Confiando-lhe ao cuidado as pessoas pelas quais o Salvador depusera a vida, deu Cristo a Pedro a maior prova de estar convencido de sua reabilitação. O discípulo outrora inquieto, orgulhoso, confiante em si mesmo, tornara-se submisso e contrito. Desde então, seguiu o seu Senhor em abnegação e sacrifício próprio. Era participante dos sofrimentos de Cristo; e quanto Ele Se assentar no trono de Sua glória, Pedro será um participante da mesma.

O mesmo mal que levou Pedro à queda e excluiu da comunhão com Deus o fariseu, torna-se hoje a ruína de milhares. Nada é tão ofensivo a Deus nem tão perigoso para o espírito humano como o orgulho e a presunção. De todos os pecados é o que menos esperança incute, e o mais irremediável. A queda de Pedro não foi repentina, mas gradual. A confiança em si mesmo induziu-o à crença de que estava salvo, e desceu passo a passo o caminho descendente até negar a Seu Mestre. Jamais podemos confiar seguramente em nós mesmos ou sentir, aquém do Céu, que estamos livres da tentação. Nunca se deve ensinar aos que aceitam o Salvador, conquanto sincera sua conversão, que digam ou sintam que estão salvos. Isso é enganoso. Deve-se ensinar cada pessoa a acariciar esperança e fé; mas, mesmo quando nos entregamos a Cristo e sabemos que Ele nos aceita não estamos fora do alcance da tentação. A Palavra de Deus declara: "Muitos serão purificados, e embranquecidos, e provados." Daniel 12:10. Só aquele que "sofre a tentação... receberá a coroa da vida". Tiago 1:12.

Os que aceitam a Cristo e dizem em sua primeira confiança: "Estou salvo!" estão em perigo de depositar confiança em si mesmos. Perdem de vista a sua fraqueza e necessidade constante do poder divino. Estão desapercebidos para as ciladas de Satanás, e quando tentados, muitos, como Pedro, caem nas profundezas do pecado. Somos advertidos: "Aquele, pois, que cuida estar em pé, olhe que não caia." 1 Coríntios 10:12. Nossa única segurança está na constante desconfiança de nós mesmos e na confiança em Cristo.

Era necessário que Pedro conhecesse seus próprios defeitos de caráter e a necessidade de receber de Cristo poder e graça. O Senhor não podia livrá-lo da tentação, mas sim salvá-lo da derrota. Estivesse Pedro disposto a aceitar a advertência de Cristo, teria vigiado em oração. Teria andado com temor e tremor para que seus pés não tropeçassem. E teria recebido auxílio divino, de modo que Satanás não teria alcançado a vitória.

Foi pela presunção que Pedro caiu; e por arrependimento e humilhação seus pés foram firmados novamente. No relatório de sua experiência todo pecador penitente pode achar encorajamento. Embora Pedro tivesse pecado gravemente, não foi abandonado. As palavras de Cristo: "Roguei por ti, para que a tua fé não desfaleça", estavam-lhe escritas no mais íntimo do ser. Lucas 22:32. Em sua amarga agonia de remorso, esta oração e a lembrança do terno e misericordioso olhar de Cristo, deram-lhe esperança. Depois da ressurreição, lembrou-se Cristo de Pedro e deu ao anjo a mensagem para as mulheres: "Ide, dizei a Seus discípulos e a Pedro que Ele vai adiante de vós para a Galiléia; ali O vereis." Marcos 16:7. O arrependimento de Pedro foi aceito pelo Salvador compassivo.

E a mesma compaixão manifestada para salvar a Pedro é oferecida a todo indivíduo que caiu em tentação. É o ardil especial de Satanás levar o homem ao pecado e, então, deixá-lo desamparado e tremente, receando suplicar perdão. Por que devemos temer, se Deus disse: "Que se apodere da Minha força e faça paz comigo; sim, que faça paz comigo."? Isaías 27:5. Foram tomadas todas as providências para nossas fraquezas e oferecido todo encorajamento para nos chegarmos a Cristo.

Cristo ofereceu Seu corpo quebrantado para readquirir a herança de Deus, para dar ao homem outra prova. "Portanto, pode também salvar perfeitamente os que por Ele se chegam a Deus, vivendo sempre para interceder por eles." Hebreus 7:25. Por Sua vida imaculada, obediência e morte na cruz do Calvário, intercedeu Cristo pela raça perdida. E agora o Príncipe de nossa salvação não intercede por nós como mero peticionário, mas como um Conquistador que reclama a vitória. Seu sacrifício está consumado e como nosso Intercessor cumpre a obra que a Si mesmo Se impôs, apresentando a Deus o incensário que contém os Seus méritos imaculados e as orações, confissões e ações de graças de Seu povo. Perfumados com a fragrância de Sua justiça, sobem como cheiro suave a Deus. A oferenda é inteiramente aceitável, e o perdão cobre todas as transgressões. Cristo Se comprometeu a ser nosso substituto e fiador, e não despreza ninguém. Ele, que não pôde ver seres humanos sujeitos à ruína eterna sem entregar Sua vida à morte por eles, contemplará com piedade e compaixão todo aquele que reconhece não poder salvar-se a si próprio. Não contemplará nenhum trêmulo suplicante, sem soerguê-lo. Ele, que pela expiação proveu ao homem um infinito tesouro de força moral, não deixará de empregar esse poder em nosso favor. Podemos depositar a Seus pés nossos pecados e cuidados; pois Ele nos ama. Mesmo Seu olhar e palavras despertam nossa confiança. Formará e moldará nosso caráter segundo Sua vontade.

Em todo o poderio satânico não há força para vencer uma única pessoa que se rende confiante a Cristo. "Dá vigor ao cansado e multiplica as forças ao que não tem nenhum vigor." Isaías 40:29.

"Se confessarmos os nossos pecados, Ele é fiel e justo para nos perdoar os pecados e nos purificar de toda injustiça." 1 João 1:9. O Senhor diz: "Somente reconhece a tua iniqüidade, que contra o Senhor, teu Deus, transgrediste." Jeremias 3:13. "Então, espalharei água pura sobre vós, e ficareis purificados; de todas as vossas imundícias e de todos os vossos ídolos vos purificarei." Ezequiel 36:25.

Todavia precisamos ter conhecimento de nós mesmos, conhecimento que resultará em contrição, antes de podermos achar perdão e paz. O fariseu não sentia convicção de pecado. O Espírito Santo não podia nele atuar. Sua vida apoiava-se numa couraça de justiça própria, a qual as setas de Deus, farpadas e desferidas pelos anjos, não podiam penetrar. Cristo só pode salvar quem reconhece ser pecador. Veio "a curar os quebrantados do coração, a apregoar liberdade aos cativos, e dar vista aos cegos, a pôr em liberdade os oprimidos". Lucas 4:18, 19. Mas "não necessitam de médico os que estão sãos". Lucas 5:31. Precisamos conhecer nossa verdadeira condição, do contrário não sentiremos nossa carência do auxílio de Cristo. Precisamos compreender nosso perigo, senão não correremos ao refúgio. Precisamos sentir a dor de nossas feridas, senão não desejaremos cura.

O Senhor diz: "Como dizes: Rico sou, e estou enriquecido, e de nada tenho falta (e não sabes que és um desgraçado, e miserável, e pobre, e cego, e nu), aconselho-te que de Mim compres ouro provado no fogo, para que te enriqueças, e vestes brancas, para que te vistas, e não apareça a vergonha da tua nudez; e que unjas os teus olhos com colírio, para que vejas." Apocalipse 3:17, 18. O ouro provado no fogo é a fé que opera por amor. Somente isto nos pode pôr em harmonia com Deus. Podemos ser ativos, podemos executar muito trabalho; mas sem o amor, amor como o que há no coração de Cristo, jamais podemos ser contados na família celestial. Nenhum homem pode de si mesmo entender seus erros. "Enganoso é o coração, mais do que todas as coisas, e perverso; quem o conhecerá?" Jeremias 17:9. Os lábios podem exprimir uma pobreza de espírito que o coração não reconhece. Ao passo que fala a Deus de pobreza de espírito, pode o coração ensoberbecer-se com a presunção de sua humildade superior e exaltada justiça. Só de um modo o verdadeiro conhecimento do próprio eu pode ser alcançado. Precisamos olhar a Cristo. O desconhecimento dEle é que dá aos homens uma tão alta idéia de sua própria justiça. Ao contemplarmos Sua pureza e excelência, veremos nossa fraqueza, pobreza e defeitos, como realmente são. Ver-nos-emos perdidos e sem esperança, vestidos com o manto da justiça própria, como qualquer pecador. Veremos que se afinal formos salvos, não será por nossa própria bondade, mas pela graça infinita de Deus.

A oração do publicano foi ouvida porque denotava submissão, empenhando-se para apoderar-se da Onipotência. O próprio eu nada parecia ao publicano senão vergonha. Assim precisa ser considerado por todos os que buscam a Deus. Pela fé -- fé que renuncia a toda confiança própria -- precisa o necessitado suplicante apropriar-se do poder infinito.

Nenhuma cerimônia exterior pode substituir a simples fé e a renúncia completa do eu. Todavia ninguém se pode esvaziar a si mesmo do eu. Somente podemos consentir em que Cristo execute a obra. Então a linguagem da alma será: Senhor, toma meu coração; pois não o posso dar. É Tua propriedade. Conserva-o puro; pois não posso conservá-lo para Ti. Salva-me a despeito de mim mesmo, tão fraco e tão dessemelhante de Cristo. Molda-me, forma-me e eleva-me a uma atmosfera pura e santa, onde a rica corrente de Teu amor possa fluir por minha alma.

Não é só no princípio da vida cristã que esta entrega do próprio eu deve ser feita. Deve ser renovada a cada passo dado em direção do Céu. Todas as nossas boas obras dependem de um poder que não está em nós. Portanto deve haver um contínuo almejar do coração após Deus, uma contínua, fervorosa, contrita confissão de pecado e humilhação da alma perante Ele. Só podemos caminhar com segurança por uma constante negação do próprio eu e confiança em Cristo.

Quanto mais nos achegarmos a Jesus e mais claramente discernirmos a pureza de Seu caráter, tanto mais claramente discerniremos a extraordinária malignidade do pecado, e tanto menos teremos a tendência de nos exaltar. Aqueles a quem o Céu considera santos, são os últimos a alardear sua própria bondade. O apóstolo Pedro tornou-se um fiel servo de Cristo e foi grandemente honrado com luz e poder divinos; e tomou parte ativa na edificação da igreja de Cristo; entretanto, Pedro jamais se esqueceu da tremenda experiência de sua humilhação; seu pecado foi perdoado; contudo bem sabia que unicamente a graça de Cristo lhe podia valer naquela fraqueza de caráter que lhe ocasionou a queda. Em si mesmo nada achava de que se gloriar.

Nenhum dos apóstolos e profetas jamais pretendeu estar isento de pecado. Homens que viveram mais achegados a Deus, homens que sacrificariam antes a vida a cometer conscientemente uma ação injusta, homens que Deus honrou com luz e poder divinos, confessaram a pecaminosidade de sua natureza. Nunca confiaram na carne, nunca pretenderam ser justos em si mesmos, mas confiaram inteiramente na justiça de Cristo. O mesmo se dará com todos os que contemplam a Cristo.

A cada avanço na experiência cristã nosso arrependimento aprofundar-se-á. Justamente àqueles a quem Deus perdoou e reconhece como Seu povo, diz Ele: "Então, vos lembrareis dos vossos maus caminhos e dos vossos feitos, que não foram bons; e tereis nojo em vós mesmos das vossas maldades e das vossas abominações." Ezequiel 36:31. Outra vez, diz: "Estabelecerei o Meu concerto contigo, e saberás que Eu sou o Senhor; para que te lembres, e te envergonhes, e nunca mais abras a tua boca, por causa da tua vergonha, quando Me reconciliar contigo de tudo quanto fizeste, diz o Senhor Jeová." Ezequiel 16:62, 63. Então nossos lábios não se abrirão para nos gloriarmos. Saberemos que só em Cristo temos suficiência. Faremos nossa a confissão do apóstolo: "Eu sei que em mim, isto é, na minha carne, não habita bem algum." Romanos 7:18. "Longe esteja de mim gloriar-me, a não ser na cruz de nosso Senhor Jesus Cristo, pela qual o mundo está crucificado para mim e eu, para o mundo." Gálatas 6:14.

Em harmonia com esta experiência está o mandamento: "Operai a vossa salvação com temor e tremor; porque Deus é o que opera em vós tanto o querer como o efetuar, segundo a Sua boa vontade." Filipenses 2:12, 13. Deus não vos ordena temer que deixará de cumprir Suas promessas, que Sua paciência se cansará ou que Sua compaixão há de faltar. Temei que vossa vontade não seja mantida em sujeição à vontade de Cristo, que vossos traços de caráter herdados e cultivados vos dominem a vida. "Porque Deus é o que opera em vós tanto o querer como o efetuar, segundo a Sua boa vontade." Temei que o próprio eu se interponha entre vosso espírito e o grande Artífice. Temei que vossa obstinação frustre o elevado propósito que, por vosso intermédio, Deus deseja alcançar. Temei confiar na própria força; temei retirar da mão de Cristo a vossa mão e tentar caminhar pela estrada da vida sem Sua presença permanente.

Precisamos evitar tudo quanto estimule o orgulho e a presunção; portanto, devemos acautelar-nos de fazer ou receber lisonjas ou louvores. Lisonjear é obra de Satanás. Procede ele tanto com bajulações, quanto acusando e condenando. Deste modo procura causar a ruína da alma. Aqueles que louvam os homens, são usados por Satanás como agentes seus. Esquivem-se os obreiros de Cristo de toda palavra de elogio. Elimine-se de vista o próprio eu. Cristo, somente, deve ser exaltado. Dirija-se todo olhar e ascenda o louvor de cada coração "Àquele que nos ama, e em Seu sangue no lavou dos nossos pecados". Apocalipse 1:5.

A vida em que é acariciado o temor do Senhor não será uma vida de tristeza e melancolia. É a ausência de Cristo que torna triste a fisionomia, e a vida uma peregrinação de gemidos. Quem muito se considera e está cheio de amor-próprio, não sente a necessidade de união vital e pessoal com Cristo. O coração que não caiu sobre a Rocha, vanglia-se de sua integridade. Os homens desejam uma religião dignificada. Desejam caminhar num caminho fácil para admitir seus bons predicados. Seu amor-próprio e sua ambição de popularidade e elogio excluem do coração o Salvador, e sem Ele só há melancolia e sombra. Mas Cristo habitando na vida é uma fonte de alegria. Para todos os que O aceitam, a nota predominante da Palavra de Deus é o regozijo.

"Porque assim diz o Alto e o Sublime, que habita na eternidade e cujo nome é santo: Em um alto e santo lugar habito e também com o contrito e abatido de espírito, para vivificar o espírito dos abatidos e para vivificar o coração dos contritos." Isaías 57:15.

Foi quando Moisés estava oculto na fenda da rocha, que mirou a glória de Deus. E quando nos escondemos na Rocha partida é que Cristo nos cobrirá com Sua mão traspassada e ouviremos o que o Senhor diz a Seus servos. A nós como a Moisés, Deus Se revelará como "misericordioso e piedoso, tardio em iras e grande em beneficência e verdade; que guarda a beneficência em milhares; que perdoa a iniqüidade, e a transgressão, e o pecado". Êxodo 34:6, 7.

A obra da redenção envolve conseqüências das quais é difícil ao homem ter qualquer concepção. "As coisas que o olho não viu, e o ouvido não ouviu, e não subiram ao coração do homem são as que Deus preparou para os que O amam." 1 Coríntios 2:9. Aproximando-se o pecador da cruz erguida, e prostrando-se junto à mesma, atraído pelo poder de Cristo, dá-se uma nova criação. É-lhe dado um novo coração. Torna-se uma nova criatura em Cristo Jesus. A santidade acha que nada mais há para requerer. Deus mesmo é "justificador daquele que tem fé em Jesus". Romanos 3:26. E "aos que justificou, a esses também glorificou". Romanos 8:30. Grande como seja a vergonha e degeneração pelo pecado ainda maior será a honra e exaltação pelo amor redentor. Aos seres humanos que lutam por conformidade com a imagem divina, será concedido um suprimento do tesouro celeste, uma excelência de poder que os colocarão acima dos próprios anjos que jamais caíram.

"Assim diz o Senhor, o Redentor de Israel, o seu Santo, à alma desprezada, ao que as nações abominam, ... os reis O verão e se levantarão; os príncipes diante de Ti se inclinarão, por amor do Senhor, que é fiel, e do Santo de Israel, que te escolheu." Isaías 49:7.

"Porque qualquer que a si mesmo se exalta será humilhado, e qualquer que a si mesmo se humilha será exaltado." Lucas 18:14.

Capítulo 14—A fonte do poder vencedor

Este capítulo é baseado em Lucas 18:1-8.

Cristo falara do período justamente antes de Sua segunda vinda e dos perigos que Seus seguidores teriam que atravessar. Com especial referência àquele tempo, relatou-lhes a parábola "sobre o dever de orar sempre e nunca desfalecer". Lucas 18:1.

"Havia numa cidade um certo juiz", disse, "que nem a Deus temia, nem respeitava homem algum. Havia também naquela mesma cidade uma certa viúva e ia ter com ele, dizendo: Faze-me justiça contra o meu adversário. E, por algum tempo, não quis; mas, depois, disse consigo: Ainda que não temo a Deus, nem respeito os homens, todavia, como esta viúva me molesta, hei de fazer-lhe justiça, para que enfim não volte e me importune muito. E disse o Senhor: Ouvi o que diz o injusto juiz. E Deus não fará justiça aos Seus escolhidos, que clamam a Ele de dia e de noite, ainda que tardio para com eles? Digo-vos que, depressa, lhes fará justiça." Lucas 18:2-8.

O juiz que nos é descrito, não tinha respeito ao direito, nem piedade pelos sofredores. A viúva que lhe apresentou sua causa com insistência, foi repelida pertinazmente. Repetidas vezes a ele apelara, porém, só para ser tratada com desprezo e expulsa do tribunal. O juiz sabia que a causa era justa, e poderia havê-la auxiliado imediatamente, mas não o quis. Desejava mostrar seu poder arbitrário, e comprazia-se em deixá-la suplicar e pedir em vão. Todavia ela não quis deixar-se desanimar. Apesar da indiferença e dureza de coração dele, tanto insistiu em sua petição, que o juiz enfim consentiu em atender sua causa. "Ainda que não temo a Deus, nem respeito os homens", disse, "todavia, como esta viúva me molesta, hei de fazer-lhe justiça, para que enfim não volte e me importune muito." Lucas 18:4, 5. Para preservar sua reputação e evitar tornar pública sua sentença arbitrária e parcial, fez justiça à perseverante mulher.

"E disse o Senhor: Ouvi o que diz o injusto juiz. E Deus não fará justiça aos Seus escolhidos, que clamam a Ele de dia e de noite, ainda que tardio para com eles? Digo-vos que, depressa, lhes fará justiça." Lucas 18:6-8. Cristo traça aqui um vivo contraste entre o juiz injusto e Deus. O juiz cedeu ao pedido da viúva só por egoísmo e para esquivar-se à contínua importunação. Não sentia por ela compaixão nem piedade; sua indigência lhe era indiferente. Que diversa é a atitude de Deus para com os que O procuram! Os apelos dos necessitados e aflitos são atendidos com infinita misericórdia.

A mulher que rogava ao juiz justiça, perdera o marido; pobre e sem amigos, não tinha meios para readquirir suas propriedades arruinadas. Assim, pelo pecado, o homem perdeu sua ligação com Deus. Em si mesmo não tem meios de salvação; entretanto, por Cristo, somos aproximados do Pai. Os eleitos de Deus são caros a Seu coração; são aqueles que chamou das trevas para a maravilhosa luz, para anunciar Seu louvor, e para brilhar como luzes em meio das trevas do mundo. O injusto juiz não tinha interesse particular na viúva que o importunava pelo veredicto; porém, para subtrair-se a suas súplicas comoventes, ouviu a petição, e fez-lhe justiça contra o adversário. Deus, porém, ama Seus filhos com infinito amor. O mais caro objeto na Terra Lhe é a Sua igreja.

"Porque a porção do Senhor é o Seu povo; Jacó é a parte da Sua herança. Achou-o na terra do deserto e num ermo solitário cheio de uivos; trouxe-o ao redor, instruiu-o, guardou-o como a menina do Seu olho." Deuteronômio 32:9, 10. "Porque assim diz o Senhor dos Exércitos: Depois da glória, Ele Me enviou às nações que vos despojaram; porque aquele que tocar em vós toca na menina do Seu olho." Zacarias 2:8.

A petição da viúva: "Faze-me justiça contra o meu adversário" (Lucas 18:3), representa a oração dos filhos de Deus. Satanás é o grande adversário. É "o acusador de nossos irmãos", que os acusa de dia e de noite perante Deus. Apocalipse 12:10. Instantemente trabalha para mal representar e acusar, para enganar e destruir o povo de Deus. Nesta parábola, Cristo ensina os discípulos a pedirem salvação do poder de Satanás e de seus instrumentos.

Na profecia de Zacarias é esclarecida a obra acusadora de Satanás e a obra de Cristo em resistir ao adversário de Seu povo. Diz o profeta: "E me mostrou o sumo sacerdote Josué, o qual estava diante do anjo do Senhor, e Satanás estava à sua mão direita, para se lhe opor. Mas o Senhor disse a Satanás: O Senhor te repreende, ó Satanás, sim, o Senhor, que escolheu Jerusalém, te repreende: não é este um tição tirado do fogo? Ora, Josué, vestido de vestes sujas, estava diante do anjo." Zacarias 3:1-3.

O povo de Deus é aqui representado como um delinqüente, em juízo. Josué como sumo sacerdote, pede uma bênção para seu povo que está em grande aflição. Enquanto suplica a Deus, Satanás está à sua direita, como antagonista. Acusa os filhos de Deus e faz seu caso parecer tão desesperador quanto possível. Expõe ao Senhor seus pecados e faltas. Aponta seus erros e fracassos, esperando que pareçam aos olhos de Cristo num caráter tal, que não lhes prestará auxílio em sua grande necessidade. Josué, como representante do povo de Deus, está sob condenação, cingido de vestes imundas. Consciente dos pecados de seu povo está opresso de desânimo. Satanás carrega a pessoa com um sentimento de culpa que a faz sentir-se quase sem esperança. Todavia, ali permanece como suplicante, com Satanás disposto contra ele.

A obra de Satanás como acusador, começou no Céu. Desde a queda do homem, esta tem sido sua obra na Terra, e sê-lo-á num sentido especial à medida que nos aproximarmos do fim da história deste mundo. Vendo que tem pouco tempo, trabalhará com maior fervor para iludi-los e destruí-los. Está irado porque vê aqui na Terra homens que, mesmo em sua fraqueza e pecaminosidade, manifestam respeito à lei de Jeová. Decidiu que não devem obedecer a Deus. Deleita-se em sua indignidade, e arma ciladas a cada alma para que todas sejam enredadas e alienadas de Deus. Tenta acusar e condenar a Deus e a todos os que se empenham em levar a efeito neste mundo Seus desígnios em graça e amor, compaixão e clemência.

Toda manifestação do poder de Deus em favor de Seu povo, provoca a inimizade de Satanás. Toda vez que Deus opera em prol deles, Satanás e seus anjos também operam com vigor renovado para lhes ocasionar a ruína. Inveja todos quantos fazem de Cristo sua força. Seu objetivo é instigar o mal, e se alcança êxito, lança toda a culpa sobre os tentados. Aponta-lhes as vestes imundas e o caráter imperfeito. Apresenta-lhes a sua fraqueza, loucura, os pecados de ingratidão e a dessemelhança de Cristo, a qual tem desonrado seu Redentor. Tudo isso expõe como argumento para provar o direito de destruí-los. Tenta terrificar o ser humano pelo pensamento de que seu caso é sem esperança, e nunca poderão ser lavadas as manchas de sua contaminação. Espera desse modo destruir-lhes a fé para que se rendam completamente à tentação e se desviem de sua fidelidade a Deus.

O povo do Senhor não pode por si mesmo refutar as acusações de Satanás. Ao olharem a si mesmos estão prestes a desesperar. Mas eles apelam para o Advogado divino. Invocam os méritos do Redentor. Deus pode ser "justo e justificador daquele que tem fé em Jesus". Romanos 3:26. Com confiança, os filhos de Deus a Ele clamam para silenciar as acusações de Satanás e aniquilar seus planos. "Faze-me justiça contra o meu adversário" (Lucas 18:3), oram; e com o poderoso argumento da cruz, Cristo faz calar o ousado acusador.

"O Senhor disse a Satanás: O Senhor te repreende; ó Satanás, sim, o Senhor, que escolheu Jerusalém, te repreende; não é este um tição tirado do fogo?" Zacarias 3:2. Em tentando Satanás denegrir os filhos de Deus e arruiná-los, Cristo Se interpõe. Embora tivessem pecado, Cristo tomou sobre a Sua própria alma a culpa de seus pecados. Arrebatou a humanidade como um tição do fogo. Pela natureza humana, está ligado ao homem, enquanto, pela divina, é um com o infinito Deus. É posto auxílio ao alcance das almas moribundas. O adversário é repreendido.

"Ora Josué, vestido de vestes sujas, estava diante do anjo. Então, falando, ordenou aos que estavam diante dele, dizendo: Tirai-lhe estas vestes sujas. E a ele lhe disse: Eis que tenho feito com que passe de ti a tua iniqüidade e te vestirei de vestes novas. E disse eu: Ponhamlhe uma mitra limpa sobre a sua cabeça. E puseram uma mitra limpa sobre sua cabeça e o vestiram de vestes." Zacarias 3:3-5. Com a autoridade do Senhor dos Exércitos protestou o anjo a Josué, o representante do povo, solenemente: "Se andares nos Meus caminhos e se observares as Minhas ordenanças, também tu julgarás a Minha casa e também guardarás os Meus átrios, e te darei lugar entre os que estão aqui" -- mesmo entre os anjos que circundam o trono de Deus. Zacarias 3:7.

A despeito das faltas do povo de Deus, Cristo não abandona o objeto de Seu cuidado. Tem poder para mudar-lhes as vestes. Remove as vestes imundas, envolve com Seu manto de justiça os crentes e arrependidos, e, junto a seus nomes, escreve nos relatórios do Céu o perdão. Confessa-os como Seus, perante o universo celeste. Satanás, o adversário, é desmascarado como acusador e enganador. Deus fará justiça a Seus escolhidos.

A petição: "Faze-me justiça contra o meu adversário" (Lucas 18:3), aplica-se não só a Satanás, como também aos agentes que instiga para mal representar, tentar e destruir os filhos de Deus. Aqueles que decidem prestar obediência aos mandamentos de Deus saberão, por experiência própria, que têm adversários dominados por um poder inferior. Tais adversários assaltavam Cristo a cada passo, e tão contínua e resolutamente como jamais nenhum ser humano poderá saber. Os discípulos de Cristo estão, como o Mestre, expostos a constantes tentações.

As Sagradas Escrituras descrevem as condições do mundo, justamente antes da segunda vinda de Cristo. O apóstolo Tiago descreve-nos a cobiça e a opressão que hão de prevalecer. Diz ele: "Eia, pois, agora vós, ricos. ... Entesourastes para os últimos dias. Eis que o salário dos trabalhadores que ceifaram as vossas terras e que por vós foi diminuído clama; e os clamores dos que ceifaram entraram nos ouvidos do Senhor dos Exércitos. Deliciosamente, vivestes sobre a Terra, e vos deleitastes, e cevastes o vosso coração, como num dia de matança. Condenastes e matastes o justo; ele não vos resistiu." Tiago 5:1, 3-6. É este o quadro das condições modernas. Exercendo os homens opressão e extorsão de toda espécie, acumulam fortunas colossais, enquanto sobem a Deus os clamores da humanidade abatida.

"Pelo que o juízo se tornou atrás, e a justiça se pôs longe, porque a verdade anda tropeçando pelas ruas, e a eqüidade não pode entrar. Sim, a verdade desfalece, e quem se desvia do mal arrisca-se a ser despojado." Isaías 59:14, 15. Isso se cumpriu na vida de Cristo na Terra. Foi leal aos mandamentos de Deus, pondo de parte tradições e exigências humanas que tinham sido elevadas ao primeiro plano. Por esse motivo foi odiado e perseguido. A história repete-se. Leis e tradições de homens são exaltadas acima da lei de Deus, e quem é fiel aos mandamentos de Deus sofre vexame e perseguição. Por Sua fidelidade a Deus, Cristo foi incriminado de ser transgressor do sábado e blasfemo. Diziam que estava possuído do diabo, e foi denunciado como Belzebu. Da mesma maneira serão acusados Seus seguidores e expostos em uma falsa luz. Satanás espera, por esse meio, induzi-los a pecar e desonrar a Deus.

O caráter do juiz, na parábola, que não temia a Deus nem respeitava os homens, foi apresentado por Cristo para mostrar a espécie de justiça então exercida, e que seria brevemente testemunhada em Seu julgamento. Deseja que, em todo o tempo, os Seus reconheçam quão pouco, no dia da adversidade, podem confiar em governantes e juízes terrestres. Freqüentemente o povo eleito de Deus precisa comparecer perante homens que desempenham funções oficiais, e não fazem da Palavra de Deus seu guia e conselheiro, antes seguem seus próprios impulsos não consagrados nem disciplinados.

Na parábola do juiz injusto, mostrou Cristo o que devemos fazer. "E Deus não fará justiça a Seus escolhidos, que clamam a Ele de dia e de noite?" Lucas 18:7. Cristo, nosso exemplo, nada fez para Se justificar e livrar. Confiou Sua causa a Deus. Assim Seus seguidores não devem acusar nem condenar, ou recorrer à violência, para se livrarem.

Se surgem provações que parecem inexplicáveis, não devemos permitir que nossa paz nos seja roubada. Conquanto sejamos tratados injustamente, não demonstremos raiva. Alimentando o espírito de represália, prejudicamo-nos a nós mesmos. Destruímos nossa confiança em Deus e entristecemos o Espírito Santo. Ao nosso lado está uma Testemunha, um Mensageiro celestial, que levantará o estandarte contra o inimigo. Envolver-nos-á com os brilhantes raios do Sol da Justiça. Além disso, Satanás não pode penetrar. Não pode atravessar esse escudo de luz sagrada.

Enquanto o mundo progride na perversidade, nenhum de nós se lisonjeie de que não terá dificuldades. Todavia, justamente essas dificuldades nos levam à sala de audiência do Altíssimo. Podemos pedir conselho Àquele que é infinito em sabedoria.

O Senhor diz: "Invoca-Me no dia da angústia." Salmos 50:15. Convida-nos a Lhe expormos nossas perplexidades e carências, e nossa necessidade de auxílio divino. Exorta-nos a perseverar na oração. Logo que surjam dificuldades, devemos apresentar-Lhe nossas petições sinceras e francas. Pelas orações insistentes evidenciamos nossa forte confiança em Deus. O senso de nossa necessidade nos induz a orar com fervor, e nosso Pai celestial é movido por nossas súplicas.

Muitas vezes aqueles que por sua fé sofrem afrontas e perseguições, são tentados a pensar que Deus os esqueceu. Aos olhos dos homens são a minoria. Segundo toda a aparência, os inimigos triunfarão sobre eles. Entretanto, não devem violentar a consciência. Aquele que por eles padeceu e suportou suas aflições e cuidados, não os desamparou.

Os filhos de Deus não foram deixados sós e indefesos. A oração move o braço do Onipotente. As orações "venceram reinos, praticaram a justiça, alcançaram promessas, fecharam as bocas dos leões, apagaram a força do fogo" -- saberemos o que isto significa, quando ouvirmos o relato de mártires que morreram por sua fé -- "puseram em fugida os exércitos dos estranhos". Hebreus 11:33, 34. Se consagrarmos a vida a Seu serviço, nunca chegaremos a situações para as quais Deus não haja feito provisão. Qualquer que seja nossa situação, temos um Guia para nos dirigir o caminho; quaisquer que sejam nossas perplexidades, temos um conselheiro infalível; quaisquer que sejam nossas aflições, privações ou solidão, temos um Amigo compassivo. Se em nossa ignorância dermos passos errados, Cristo não nos abandona. Ouviremos Sua voz clara e distinta: "Eu sou o caminho, e a verdade, e a vida." João 14:6. "Livrará ao necessitado quando clamar, como também ao aflito e ao que não tem quem o ajude." Salmos 72:12.

O Senhor declara que é honrado por aqueles que a Ele se achegam e O servem fielmente. "Tu conservarás em paz aquele cuja mente está firme em Ti; porque ele confia em Ti." Isaías 26:3. O braço do Todo-poderoso está estendido para nos conduzir avante e sempre avante. Avançai, diz o Senhor, enviar-vos-ei socorro. Para a glória de Meu nome é que pedis e vos será concedido. Serei honrado diante daqueles que espreitam vosso fracasso. Eles verão Minha Palavra triunfar gloriosamente. "E tudo o que pedirdes na oração, crendo, o recebereis." Mateus 21:22.

Invoquem a Deus todos os que estão em tribulações ou são maltratados. Desviai-vos daqueles cujo coração é como o aço, e tornai conhecidas as vossas petições ao vosso Criador. Ele jamais repele alguém que a Ele recorre com coração contrito. Nenhuma oração sincera se perde. Em meio das antífonas do coro celestial, Deus ouve o clamor do mais débil ser humano. Derramamos o desejo do nosso coração em secreto, murmuramos uma oração enquanto seguimos nosso caminho, e nossas palavras atingem o trono do Monarca do Universo. Podem não ser audíveis aos ouvidos humanos, porém não podem morrer no silêncio, nem perder-se no tumulto dos afazeres diários. Nada pode sufocar o desejo da alma. Alça-se sobre o barulho das ruas e a confusão da multidão, às cortes celestiais. É a Deus que falamos e nossa oração é atendida.

Você que se sente o mais indigno, não tema confiar seu caso a Deus. Quando Se entregou a Si mesmo em Cristo pelos pecados do mundo, assumiu Ele o caso de todo pecador. "Aquele que nem mesmo a Seu próprio Filho poupou, antes, O entregou por todos nós, como nos não dará também com Ele todas as coisas?" Romanos 8:32. Não cumprirá Ele a graciosa palavra que nos deu para nos animar e fortalecer?

Cristo nada mais anela que redimir do domínio de Satanás Sua herança. Todavia, antes de sermos libertos do poder de Satanás exteriormente, precisamos ser redimidos de seu poder interior. O Senhor permite provações, para sermos purificados do mundanismo, do egoísmo, de traços de caráter grosseiros e não semelhantes aos de Cristo. Tolera que passem sobre nosso ser as águas profundas da tribulação, para que O conheçamos, e a Jesus Cristo, a quem enviou, para que experimentemos o desejo intenso de ser purificados de toda a contaminação, e saiamos da prova mais puros, santos e felizes. Muitas vezes entramos na fornalha da provação com a alma entenebrecida pelo egoísmo; se, porém, permanecermos pacientes sob a prova cruciante, refletiremos, ao dela sair, o caráter divino. Se Seu propósito na aflição for alcançado, "fará sobressair a tua justiça como a luz; e o teu juízo, como o meio-dia". Salmos 37:6.

Não há perigo de que o Senhor despreze as orações de Seu povo. O perigo está em que desanimem na tentação e prova e deixem de perseverar em oração.

O Salvador demonstrou divina compaixão para com a mulher siro-fenícia. Comoveu-Se-Lhe o coração ao ver sua aflição. Anelava dar-lhe imediata segurança de que sua oração fora atendida; porém desejava dar aos discípulos uma lição, e por um tempo pareceu desprezar o clamor daquele coração torturado. Depois de ser manifesta a Sua fé, falou-lhe palavras de louvor e enviou-a com a preciosa bênção pela qual orava. Os discípulos jamais esqueceram essa lição; e foi registrada para mostrar o resultado da oração perseverante.

Cristo mesmo colocou no coração daquela mãe a persistência que não se deixa repelir. Cristo foi quem deu àquela suplicante viúva, ânimo e resolução perante o juiz. Cristo foi quem, séculos atrás, no misterioso conflito junto ao Jaboque, inspirou a Jacó a mesma perseverante fé; e não deixou de recompensar a confiança que Ele mesmo implantara. Ele, que mora no santuário celeste, julga justamente. Tem mais prazer em Seus filhos que pelejam com as tentações num mundo de pecado, do que na multidão de anjos que Lhe circunda o trono.

Nesta pequena Terra manifesta todo o universo celeste o maior interesse; pois Cristo pagou preço infinito pelas almas que aqui habitam. O Redentor do mundo ligou a Terra ao Céu por laços de compreensão; pois aqui estão os remidos do Senhor. Seres celestiais ainda visitam a Terra, como nos dias que andavam e falavam com Abraão e Moisés. Em meio da atividade rumorosa das grandes cidades, por entre as multidões que se apinham nas ruas e casas de negócio, onde os homens trabalham da manhã à noite, como se negócio, esporte e prazer fossem tudo na vida, onde tão poucos contemplam as realidades invisíveis -- mesmo aqui tem o Céu os seus vigias e santos. Agentes invisíveis observam cada palavra e ação dos seres humanos. Em toda assembléia de negócio ou prazer, em toda reunião de culto, há mais ouvintes que os que podem ser vistos pelos olhos naturais. Freqüentemente os seres celestiais retiram o véu que tolda o mundo invisível, para que nossos pensamentos se retraiam do burburinho da vida e considerem que há testemunhas invisíveis de tudo quanto fazemos ou dizemos.

Devemos compreender melhor a missão dos visitantes angélicos. Bem faremos em meditar que em toda a nossa obra temos a cooperação e o cuidado de seres celestiais. Invisíveis esquadrões de luz e poder acompanham os mansos e humildes crentes que reclamam as promessas de Deus. Querubins, serafins e anjos excelsos em poder -- miríades de miríades e milhares de milhares -- estão à Sua destra, "todos eles espíritos ministradores, enviados para servir a favor daqueles que hão de herdar a salvação". Hebreus 1:14. Por esses mensageiros é mantido um relato fiel das palavras e atos dos filhos dos homens. Cada ação cruel ou injusta contra os filhos de Deus, tudo que precisam sofrer pelo poder dos ímpios, é registrado no Céu.

"Deus não fará justiça aos Seus escolhidos, que clamam a Ele de dia e de noite, ainda que tardio para com eles? Digo-vos que, depressa, lhes fará justiça." Lucas 18:7, 8.

"Não abandoneis, portanto, a vossa confiança; ela tem grande galardão. Com efeito, tendes necessidade de perseverança, para que, havendo feito a vontade de Deus, alcanceis a promessa. Porque, ainda dentro de pouco tempo, Aquele que vem virá e não tardará." Hebreus 10:35-37. "Eis que o lavrador espera o precioso fruto da terra, aguardando-o com paciência, até que receba a chuva temporã e serôdia. Sede vós também pacientes, fortalecei o vosso coração; porque já a vinda do Senhor está próxima." Tiago 5:7, 8.

A longanimidade de Deus é maravilhosa. Longamente espera a justiça enquanto a graça intercede com o pecador. Mas "justiça e juízo são a base do Seu trono". Salmos 97:2. "O Senhor é tardio em irar-Se, mas grande em força e ao culpado não tem por inocente; o Senhor tem o Seu caminho na tormenta e na tempestade, e as nuvens são o pó dos Seus pés." Naum 1:3.

O mundo tornou-se ousado na transgressão da lei de Deus. Por causa de Sua longa clemência os homens Lhe espezinharam a autoridade. Fortaleceram-se na opressão e crueldade contra Sua herança, dizendo: "Como o sabe Deus? Ou: Há conhecimento no Altíssimo?" Salmos 73:11. Há, porém, um limite além do qual não podem passar. Próximo está o tempo em que atingirão o limite prescrito. Mesmo agora quase excederam os termos da longanimidade de Deus, e a medida de Sua graça e misericórdia. O Senhor Se interporá para vindicar Sua própria honra, para livrar Seu povo e reprimir os excessos da injustiça.

Nos tempos de Noé os homens desprezaram a lei de Deus, até que a lembrança do Criador fora quase banida da Terra. Sua iniqüidade tornara-se tão grande que o Senhor fez vir um dilúvio sobre a Terra e consumiu seus ímpios habitantes.

De tempos a tempos o Senhor tornou pública a maneira de Seu proceder. Ao sobrevir uma crise, revelou-Se e interpôs-Se para impedir a execução do plano de Satanás. Muitas vezes deixou que uma crise chegasse aos povos, famílias e indivíduos, para que Sua intervenção se tornasse notada. Então manifestava que havia um Deus em Israel que mantinha Suas leis e vindicava Seu povo.

Neste tempo, em que prevalece a iniqüidade, podemos saber que a grande e última crise está à porta. Quando o desafio da lei de Deus for quase universal, quando o Seu povo for oprimido e atormentado por seus semelhantes, o Senhor intervirá.

Próximo está o tempo em que dirá: "Vai, pois, povo Meu, entra nos teus quartos e fecha as tuas portas sobre ti; esconde-te só por um momento, até que passe a ira. Porque eis que o Senhor sairá do Seu lugar para castigar os moradores da Terra, por causa da sua iniqüidade; e a Terra descobrirá o seu sangue e não encobrirá mais aqueles que foram mortos." Isaías 26:20, 21. Homens que pretendem ser cristãos podem defraudar e oprimir os pobres; podem roubar aos órfãos e viúvas; condescender com seu ódio satânico por não poderem dominar a consciência dos filhos de Deus; porém Deus trará tudo isto a juízo. "Porque o juízo será sem misericórdia sobre aquele que não fez misericórdia." Tiago 2:13. Brevemente estarão perante o Juiz de toda a Terra, para prestar contas pelos sofrimentos físicos e morais infligidos à Sua herança. Podem agora entregar-se a acusações falsas, podem injuriar os que Deus apontou para Sua obra, podem entregar os crentes à prisão, aos grilhões, ao desterro e à morte; todavia serão argüidos por toda a agonia de sofrimento e toda lágrima vertida. Deus lhes pagará dobradamente por seus pecados. Referente a Babilônia, o símbolo da igreja apóstata, diz a Seus ministros de juízo: "Os seus pecados se acumularam até ao Céu, e Deus Se lembrou das iniqüidades dela. Tornai-lhe a dar como ela vos tem dado e retribuí-lhe em dobro conforme as suas obras; no cálice em que vos deu de beber, dai-lhe a ela em dobro." Apocalipse 18:5, 6.

Da Índia, da África, da China, das ilhas do mar, dos milhões de oprimidos dos países chamados cristãos, sobe para Deus o clamor do tormento humano. Esse clamor não permanecerá muito tempo sem ser atendido. Deus purificará a Terra da corrupção moral, porém não por um mar de água como nos dias de Noé, mas com um mar de fogo, que não será apagado por artifício humano algum.

"Haverá um tempo de angústia, qual nunca houve, desde que houve nação até àquele tempo; mas, naquele tempo, livrar-se-á o Teu povo, todo aquele que se achar escrito no livro." Daniel 12:1.

  De cortiços, de pobres choças, de prisões, de cadafalsos, das montanhas e desertos, das cavernas da Terra e dos abismos do mar, Cristo recolherá Seus filhos. Na Terra tinham sido destituídos, afligidos e atormentados. Milhões baixaram ao túmulo carregados de infâmia, porque recusaram render-se às enganosas pretensões de Satanás. Por tribunais humanos os filhos de Deus foram condenados como os mais vis criminosos. Mas próximo está o dia em que "Deus mesmo é o juiz". Salmos 50:6. Então as sentenças dadas na Terra serão invertidas. Então "tirará o opróbrio do Seu povo de toda a Terra". Isaías 25:8. Vestes brancas dar-se-ão a todos eles. Apocalipse 6:11. "E chamar-lhes-ão povo santo, os remidos do Senhor." Isaías 62:12. Qualquer que tenha sido a cruz que suportaram, quaisquer as perdas sofridas, qualquer a perseguição que padeceram, mesmo a perda da vida temporal, os filhos de Deus serão amplamente recompensados. "Verão o Seu rosto, e na sua testa estará o Seu nome." Apocalipse 22:4.

Capítulo 15—A esperança da vida

Este capítulo é baseado em Lucas 15:1-10.

Congregando-se os "publicanos e pecadores" em volta de Cristo, os rabinos exprimiram seu desagrado. "Este recebe pecadores", disseram, "e come com eles." Lucas 15:1, 2.

Por esta acusação insinuaram que Cristo tinha prazer em associar-Se com os pecadores e vis, e era insensível à sua impiedade. Os rabinos ficaram desapontados com Jesus. Por que era que Aquele que pretendia ter tão elevado caráter não Se relacionava com eles, e não seguia seus métodos de ensino? Por que andava tão despretensiosamente, atuando entre todas as classes? Se fosse profeta verdadeiro, diziam, estaria em harmonia com eles e trataria os publicanos e pecadores com a indiferença que mereciam. Irritava a esses guardiões da sociedade, que Aquele com quem tinham constantes disputas, cuja pureza de vida os aterrorizava e condenava, Se relacionasse em aparente simpatia com os párias da sociedade. Não Lhe aprovavam os métodos. Consideravam-se muito ilustrados, cultos e preeminentemente religiosos; mas o exemplo de Cristo lhes desmascarou o egoísmo. Enfadava-os também que os que manifestavam unicamente desprezo aos rabinos, e nunca eram vistos nas sinagogas, se agregassem ao redor de Jesus e, com atenção arrebatada, Lhe escutassem as palavras. Os escribas e fariseus sentiam-se reprovados naquela presença pura; mas como se podia dar que os publicanos e pecadores se sentissem atraídos a Jesus?

Não sabiam que a explicação estava justamente nas palavras que pronunciaram, como insultuosa acusação: "Este recebe pecadores." Lucas 15:2. As pessoas que iam ter com Jesus sentiam em Sua presença que mesmo para elas havia escape do abismo do pecado. Os fariseus para elas só tinham escárnio e condenação; Cristo, porém, as saudava como filhos de Deus, que na verdade se afastaram da casa paterna, mas não foram esquecidas pelo coração do Pai. Justamente sua miséria e pecados os tornavam tanto mais o objeto de Sua compaixão. Quanto mais dEle se haviam desviado, tanto mais ardoroso o desejo e maior o sacrifício para salvá-los.

Tudo isto os mestres de Israel podiam ter estudado no Sagrado Volume de que se gloriavam ser os guardas e expositores. Não escrevera Davi -- Davi que caíra em pecado mortal: "Desgarrei-me como a ovelha perdida; busca o Teu servo"? Salmos 119:176. Não revelara Miquéias o amor de Deus aos pecadores, dizendo: "Quem, ó Deus, é semelhante a Ti, que perdoas a iniqüidade e que Te esqueces da rebelião do restante da Tua herança? O

Senhor não retém a Sua ira para sempre, porque tem prazer na benignidade." Miquéias 7:18.

A ovelha perdida

Cristo não lembrou aos Seus ouvintes desta vez as palavras da Escritura. Apelou ao testemunho de sua própria experiência. Os planaltos que se estendiam ao longe, ao oriente do Jordão, ofereceriam abundantes pastagens para rebanhos, e, pelos desfiladeiros e colinas arborizadas, desgarrava-se muita ovelha perdida, para ser procurada e trazida de volta pelo cuidado do pastor. Entre a multidão que rodeava a Jesus, havia pastores e também homens que investiam dinheiro em rebanhos e gado; e todos podiam apreciar Sua ilustração. "Que homem dentre vós, tendo cem ovelhas e perdendo uma delas, não deixa no deserto as noventa e nove e não vai após a perdida até que venha a achá-la?" Lucas 15:4.

Estas almas que vós desprezais, dizia Jesus, são propriedade de Deus. Pertencem-Lhe pela criação e redenção, e a Seus olhos são de grande valor. Assim como o pastor ama as ovelhas e não pode sossegar enquanto uma única lhe falta, também Deus, em grau infinitamente mais alto, ama todo perdido. Os homens podem negar as reivindicações de Seu amor. Podem dEle desviar-se, podem escolher outro mestre; contudo, pertencem a Deus, e Ele anela recuperar Sua propriedade. Diz: "Como o pastor busca o seu rebanho, no dia em que está no meio das suas ovelhas dispersas, assim buscarei as Minhas ovelhas; e as farei voltar de todos os lugares por onde andam espalhadas no dia de nuvens e de escuridão." Ezequiel 34:12.

Na parábola, o pastor sai em busca de uma ovelha -- o mínimo que pode ser numerado. Assim, se houvesse apenas uma alma perdida, Cristo por ela teria morrido.

A ovelha desgarrada do rebanho é a mais desamparada de todas as criaturas. Precisa ser procurada pelo pastor, pois não pode, sozinha, encontrar o caminho de volta. O mesmo se dá com a alma que se desviou de Deus; está tão desamparada quanto a ovelha perdida, e se o amor divino não fosse salvá-la, jamais poderia achar o caminho para Deus.

O pastor que descobre a ausência de uma ovelha, não contempla indiferentemente o rebanho que está seguro no redil, dizendo: "Tenho noventa e nove, e custar-me-á muita perturbação ir em busca da desgarrada. Ela que volte; abrir-lhe-ei a porta do redil e a deixarei entrar." Não; logo que a ovelha se afasta, o pastor enche-se de cuidados e apreensões. Conta e reconta o rebanho. Quando se certifica de que realmente uma ovelha se perdeu, não dormita. Deixa as noventa e nove no redil, e sai em busca da ovelha desgarrada. Quanto mais escura e tempestuosa a noite, e quanto mais perigoso o caminho, tanto maior é a apreensão do pastor e tanto mais diligentemente a procura. Faz todos os esforços possíveis para encontrar a ovelha perdida.

Com que alívio ouve a distância o primeiro fraco balido! Seguindo o som, sobe às mais íngremes alturas, chega, com o perigo da própria vida, até à borda do precipício. Deste modo procura, enquanto o balido mais e mais fraco lhe diz que a ovelha está prestes a sucumbir. Por fim seu esforço é recompensado; achou a perdida. Não a repreende por lhe haver causado tanta fadiga; não a bate com chicote, nem tenta guiá-la para casa. Em sua alegria toma sobre os ombros a criatura trêmula; se está magoada, acolhe-a nos braços, e aperta-a de encontro ao peito para que o calor de seu próprio coração lhe comunique vida. Jubiloso porque sua diligência não foi em vão, carrega-a de volta ao redil.

Graças a Deus, Ele não nos apresentou à imaginação o quadro de um pastor aflito, voltando sem a ovelha. A parábola não fala de fracasso, mas de êxito e alegria pela recuperação. Eis a garantia divina, de que nenhuma das ovelhas extraviadas do redil de Deus é desprezada, nem abandonada sem socorro. Cristo salvará a cada um que se queira deixar redimir do abismo da corrupção e dos espinheiros do pecado.

Alma abatida, anime-se, embora tendo procedido impiamente. Não pense que Deus talvez lhe perdoe as transgressões e permita ir à Sua presença. Deus deu o primeiro passo. Enquanto você estava em rebelião contra Ele, saiu a sua procura. Com o terno coração de Pastor, deixou as noventa e nove e foi ao deserto para buscar a que se perdera. Envolve em Seus braços de amor a alma ferida e quebrantada, prestes a perecer e leva-a com alegria ao aprisco seguro.

Os judeus ensinavam que o pecador devia arrepender-se antes de lhe ser oferecido o amor de Deus. A seu parecer, o arrependimento é obra pela qual os homens ganham o favor do Céu. Foi esse pensamento que induziu os fariseus atônitos e irados a exclamarem: "Este recebe pecadores." Lucas 15:2. Conforme sua suposição, não devia permitir que pessoa alguma a Ele se achegasse sem se ter arrependido. Mas na parábola da ovelha perdida, Cristo ensina que a salvação não é alcançada por procurarmos a Deus, mas porque Deus nos procura. "Não há ninguém que entenda; não há ninguém que busque a Deus. Todos se extraviaram." Romanos 3:11, 12. Não nos arrependemos para que Deus nos ame, porém Ele nos revela Seu amor para que nos arrependamos.

Quando a ovelha extraviada é recolhida afinal, o júbilo do pastor se exprime em cânticos melodiosos de regozijo. Convoca seus amigos e vizinhos e lhes diz: "Alegrai-vos comigo, porque já achei a minha ovelha perdida." Lucas 15:6. Igualmente o Céu e a Terra unem-se em ações de graças e júbilo quando um pecador é achado pelo grande Pastor de ovelhas.

"Assim haverá alegria no Céu por um pecador que se arrepende, mais do que por noventa e nove justos que não necessitam de arrependimento." Lucas 15:7. Vós, fariseus, disse Cristo, vos considerais os favoritos do Céu. Julgai-vos seguros na vossa própria justiça. Sabei, pois, que se não necessitais de arrependimento, Minha missão não é para vós. Estas pobres almas que sentem sua destituição e pecaminosidade, são justamente aquelas, para cuja salvação Eu vim. Os anjos celestiais estão interessados nos perdidos que desprezais. Murmurais e zombais quando uma dessas almas vem a Mim; sabei, porém, que os anjos se regozijam e nas arcadas celestes ecoa o cântico de triunfo.

Os rabinos tinham um dito, segundo o qual há alegria no Céu, quando alguém que pecou contra Deus é destruído; contudo Jesus ensinava que a obra de destruição é estranha a Deus. Aquilo em que todo o Céu se compraz é a restauração da imagem de Deus nos homens por Ele criados.

Quando alguém que vagou longe no pecado procura voltar para Deus, encontrará suspeita e crítica. Há os que duvidarão de que o arrependimento seja genuíno, ou insinuarão: "Ele não tem estabilidade; não creio que resista." Tais pessoas não fazem a obra de Deus, porém a de Satanás, que é o acusador dos irmãos. Por suas críticas, o maligno espera desencorajá-las, afastá-las ainda mais da esperança e de Deus. Contemple o pecador arrependido a alegria do Céu pela volta daquele que se perdera. Confie no amor de Deus e não desanime de maneira alguma pelo escárnio e suspeita dos fariseus.

Os rabinos compreendiam que a parábola de Cristo se aplicava aos publicanos e pecadores; mas tinha uma significação mais ampla. Cristo representava pela ovelha perdida, não somente o pecador individual, mas o mundo que apostatou e se arruinou pelo pecado. Este mundo é apenas um átomo no vasto domínio sobre que Deus preside; contudo este pequeno mundo perdido -- a única ovelha extraviada -- é mais precioso a Seus olhos, que as noventa e nove que não se desviaram do redil. Cristo, o amado Comandante das cortes celestiais, desceu de Sua alta posição, depôs a glória que possuía junto ao Pai, para salvar o único mundo perdido. Por este, deixou os mundos sem pecado nas alturas, os noventa e nove que O amavam, e veio à Terra para ser "ferido pelas nossas transgressões e moído pelas nossas iniqüidades". Isaías 53:5. Deus Se entregou a Si mesmo em Seu Filho, para que tivesse a alegria de recuperar a ovelha que se perdera.

"Vede quão grande caridade nos tem concedido o Pai: que fôssemos chamados filhos de Deus." 1 João 3:1. E Cristo diz: "Assim como Tu Me enviaste ao mundo, também Eu os enviei ao mundo" (João 17:18), para que cumpram "o resto das aflições de Cristo, pelo Seu corpo, que é a igreja". Colossences 1:24. Todo pecador que Cristo salvou, é chamado a atuar em Seu nome pela salvação dos perdidos. Essa obra fora negligenciada em Israel. Não é também hoje negligenciada pelos que professam ser seguidores de Cristo?

Quantos afastados, caro leitor, procuraste e trouxeste ao redil? Reconheces que desprezas os que Cristo procura, quando te desvias dos que parecem pouco promissores e não atraentes? Justamente no momento em que te esquivas deles, podem carecer muito de tua compaixão. Em toda assembléia de culto, há os que anseiam descanso e paz. Podem parecer como se vivessem indiferentemente, mas não são insensíveis à influência do Espírito Santo. Muitos deles podem ser ganhos para Cristo.

Se a ovelha perdida não é trazida ao aprisco, vagueia até perecer. E muitas almas descem à ruína pela falta de uma mão estendida para salvá-las. Estes errantes podem aparentar ser endurecidos e indiferentes, mas se tivessem tido os mesmos privilégios que outros, poderiam ter revelado muito maior nobreza de caráter e maior talento para utilidade. Os anjos se compadecem desses errantes. Eles choram, enquanto os olhos humanos estão enxutos e os corações cerrados à compaixão.

Oh, que falta de profunda e tocante simpatia pelos tentados e errantes! Oh, se houvesse mais do espírito de Cristo e menos, muito menos do próprio eu!

Os fariseus entenderam a parábola de Cristo como uma repreensão a eles feita. Em vez de aceitar a crítica de Sua obra, reprovou-lhes a negligência dos publicanos e pecadores. Não o fez abertamente, para que contra Ele não cerrassem o coração; todavia a ilustração lhes apresentava justamente a obra que Deus deles exigia e tinham deixado de executar. Se fossem verdadeiros pastores, esses guias de Israel teriam efetuado a obra de um pastor. Teriam manifestado a misericórdia e amor de Cristo, e ter-se-iam unido a Ele em Sua missão. Sua recusa de fazê-lo demonstrou a falsidade de sua pretensa piedade. Muitos rejeitaram, então, a reprovação de Cristo; mas alguns se convenceram por Suas palavras. Sobre estes veio o Espírito Santo, depois de Sua ascensão, e uniram-se aos discípulos na mesma obra esboçada na parábola da ovelha perdida.

A dracma perdida

Depois de dar a parábola da ovelha perdida, Cristo pronunciou outra, dizendo: "Qual a mulher que, tendo dez dracmas, se perder uma dracma, não acende a candeia, e varre a casa, e busca com diligência até a achar?" Lucas 15:8.

No oriente, as casas dos pobres consistiam usualmente em um único quarto freqüentemente sem janelas, e escuro. O quarto raramente era varrido, e uma moeda que caísse era facilmente coberta pelo pó e lixo. Para encontrá-la, mesmo durante o dia era preciso acender uma candeia e varrer a casa diligentemente.

O dote de casamento da mulher comumente consistia em moedas que ela guardava cuidadosamente como seu maior tesouro, para transmitir às filhas. A perda de uma dessas moedas era considerada séria calamidade, e sua recuperação era causa de grande alegria, de que as vizinhas participavam prontamente.

"E, achando-a", disse Cristo, "convoca as amigas e vizinhas, dizendo: Alegrai-vos comigo, porque já achei a dracma perdida. Assim vos digo que há alegria diante dos anjos de Deus por um pecador que se arrepende." Lucas 15:9, 10.

Essa parábola, como a anterior, descreve a perda de alguma coisa que por diligente procura, pode ser recobrada, e isto com grande alegria. As duas parábolas representam classes diversas. A ovelha perdida sabe que está perdida. Deixou o pastor e o rebanho, e não pode salvar-se por si. Representa os que reconhecem estar separados de Deus, e estão numa nuvem de perplexidades, em humilhação e muito tentados. A dracma perdida representa os que estão perdidos em delitos e pecados, mas não estão conscientes de sua condição. Estão alienados de Deus, mas não o sabem. Sua vida está em perigo, porém estão disso inconscientes e "Desgarrei-me como a ovelha perdida; busca o teu servo, pois não me esqueci dos Teus mandamentos." Salmos 119:176. descuidados. Nesta parábola Cristo ensina que mesmo os que são indiferentes às reivindicações de Deus são objeto de Seu amor piedoso. Precisam ser procurados para serem reconduzidos a Deus.

A ovelha afastou-se do redil; vagava no deserto ou nas montanhas. A dracma foi perdida em casa. Estava próxima. Contudo só podia ser descoberta por meio de busca diligente.

Nesta parábola há uma lição para as famílias. No círculo familiar há muitas vezes grande indiferença quanto à condição espiritual de seus componentes. Pode haver um dentre eles que esteja separado de Deus; mas quão pouca ansiedade é sentida na família, pela perda de uma das dádivas confiadas por Deus!

Embora esteja sob pó e lixo, a moeda é ainda de prata. O possuidor procura-a porque é de valor. Assim todo ser humano, embora degradado pelo pecado, é precioso aos olhos de Deus. Como a moeda traz a imagem e a inscrição do poder reinante, igualmente, quando foi criado, o homem trazia a imagem e a inscrição de Deus. E conquanto agora manchada e desfigurada pela influência do pecado, permanecem em toda alma os traços dessa inscrição. Deus deseja recobrar essa alma e sobre ela gravar Sua própria imagem em justiça e santidade.

A mulher da parábola busca diligentemente a dracma perdida. Acende a candeia e varre a casa. Remove tudo que possa impedir sua procura. Embora uma única dracma esteja perdida, não cessam seus esforços até encontrá-la. Semelhantemente na família, se algum membro estiver perdido para Deus, deve ser empregado todo meio possível para recuperá-lo. Por parte de todos, haja um diligente e cuidadoso exame próprio. Observem-se os costumes de vida. Vede se não se comete uma falta ou erro no governo do lar, pelo qual se confirme na impenitência. Se na família um filho não estiver consciente de sua condição pecaminosa, os pais não devem descansar. Acenda-se a candeia! Examinai a Palavra de Deus e à sua luz procurai diligentemente tudo que houver na casa, para ver por que esse filho está perdido. Examinem os pais o próprio coração e esquadrinhem seus hábitos e costumes. Os filhos são a herança do Senhor e Lhe somos responsáveis pela administração de Sua propriedade.

Há pais e mães que anelam trabalhar em qualquer missão estrangeira; muitos há que são ativos no serviço cristão fora da família, enquanto para seus próprios filhos são estranhos o Salvador e Sua compaixão. A obra de ganhar os filhos para Cristo muitos pais confiam ao pastor ou ao professor da Escola Sabatina; porém, assim fazendo, negligenciam a responsabilidade imposta por Deus. A educação e instrução dos filhos para serem cristãos é o mais elevado serviço que os pais podem prestar a Deus. É uma tarefa que requer paciência, esforço de toda a vida, diligente e perseverante. Pela negligência desse trabalho a nós confiado provamo-nos mordomos infiéis, e Deus não a desculpará.

Todavia os que incorreram em tal desleixo, não desesperem. A mulher que perdeu a dracma, procurou-a até achá-la. Trabalhem igualmente os pais para a família com amor, fé e oração, até que possam ir a Deus com alegria e dizer: "Eis-me aqui, com os filhos que me deu o Senhor." Isaías 8:18.

Isto é verdadeiro serviço missionário no lar, e é tão útil para os que o fazem, como para aqueles por quem é feito. Por interesse fiel pelo círculo do lar, nós nos tornamos aptos para trabalhar pelos membros da família de Deus, com os quais, se permanecermos leais a Cristo, viveremos durante toda a eternidade. Devemos manifestar, pelos irmãos e irmãs em Cristo, o mesmo interesse que demonstramos em família.

É plano de Deus que tudo isso nos habilite a trabalhar por outros ainda. Ampliando-se-nos a simpatia e engrandecendo o amor, acharemos em toda parte alguma obra. A grande família humana de Deus abrange o mundo, e nenhum de seus membros deve ser esquecido por menosprezo.

Onde quer que estejamos, a dracma perdida espera nossa procura. Procuramo-la? Dia após dia encontramo-nos com pessoas que não tomam interesse em coisas religiosas; falamos com as mesmas e as visitamos; manifestamos interesse pelo seu bem-estar espiritual? Expomos-lhes Cristo como um Salvador que perdoa os pecados? Falamos-lhes do amor de Cristo que nos inflamou o coração? Se não, como as enfrentaremos -- perdidas, eternamente perdidas -- quando juntos estivermos perante o trono de Deus?

Quem pode calcular o valor de uma pessoa? Se quiserdes conhecê-lo, ide ao Getsêmani, e vigiai lá com Cristo durante aquelas horas de angústia, quando suava grandes gotas de sangue. Contemplai o Salvador crucificado! Ouvi o brado de desespero: "Deus Meu, Deus Meu, por que Me desamparaste?" Marcos 15:34. Vede a fronte ferida, o lado traspassado, os pés perfurados! Lembrai que Cristo tudo arriscou! Para a nossa redenção o próprio Céu esteve em jogo. Meditando junto à cruz, que Cristo teria dado Sua vida por um único pecador, podeis apreciar o valor de uma pessoa. Se você estiver em comunhão com Cristo, valorizará todo ser humano como Ele o fez. Sentirá pelos outros o mesmo profundo amor que Cristo sentiu por você. Então estará apto para cativar e não afugentar, atrair e não repelir aqueles por quem Ele morreu. Ninguém seria jamais reconduzido a Deus se Cristo por ele não fizesse um esforço pessoal; e é por esse trabalho pessoal que podemos salvá-lo. Quando você vir os que baixam à sepultura, não descansará em tranqüila indiferença e sossego. Quanto maior o pecado deles e mais profunda sua miséria, tanto mais sinceros e ternos serão os esforços para sua recuperação. Discernirá a necessidade dos que sofrem, que pecaram contra Deus e são oprimidos pelo fardo da culpa. Seu coração transbordará de simpatia por eles, e estender-lhes-á uma mão auxiliadora. Nos braços de sua fé e amor levá-los-á a Cristo. Cuidará deles e os animará, e sua simpatia e confiança tornar-lhes-á difícil cair de sua estabilidade.

Nesta obra todos os anjos do Céu estão prontos a cooperar. Todos os recursos do Céu estão à disposição dos que procuram salvar os perdidos. Os anjos o auxiliarão a alcançar os mais indiferentes e empedernidos. E quando alguém é reconduzido a Deus, todo o Céu se alegra; serafins e querubins tocam suas harpas douradas, e cantam louvores a Deus e ao Cordeiro, por Seu amor e misericórdia pelos filhos dos homens.

Capítulo 16—A reabilitação do homem

Este capítulo é baseado em Lucas 15:11-32.

As parábolas da ovelha e da dracma perdidas, e do filho pródigo, apresentam em traços claros, o misericordioso amor de Deus para com os que dEle se desviam. Embora se tenham dEle apartado, Deus não os abandona na miséria. Está cheio de amor e terna compaixão para com todos os que estão expostos às tentações do astucioso inimigo.

Na parábola do filho pródigo é-nos apresentado o procedimento do Senhor com aqueles que uma vez conheceram o amor paterno, mas consentiram ao tentador levá-los cativos a sua vontade.

"Um certo homem tinha dois filhos. E o mais moço deles disse ao pai: Pai, dá-me a parte da fazenda que me pertence. E ele repartiu por eles a fazenda. E, poucos dias depois, o filho mais novo, ajuntando tudo, partiu para uma terra longínqua." Lucas 15:11-13.

O filho mais novo cansara-se das restrições da casa paterna. Pensou que sua liberdade era reprimida. O amor e cuidado do pai foram mal-interpretados, e determinou seguir os ditames de sua própria inclinação. O jovem não reconhece qualquer obrigação para com o pai, e não exprime gratidão, contudo reclama o privilégio de filho para participar dos bens de seu pai. Deseja receber logo a herança que lhe caberia pela morte do pai. Pensa só na alegria presente, e não se preocupa com o futuro.

Depois de receber seu patrimônio, sai da casa paterna para "uma terra longínqua". Com dinheiro em profusão e podendo fazer o que bem entende, lisonjeia-se de ter alcançado o desejo de seu coração. Ninguém há, agora, que lhe diga: não faças isto porque há de prejudicar-te, ou: faze aquilo porque é bom. Maus companheiros ajudam-no a abismar-se mais e mais no pecado; e "desperdiçou a sua fazenda, vivendo dissolutamente".

A Bíblia fala de homens que "dizendo-se sábios, tornaram-se loucos". Romanos 1:22. E esta é a história do jovem da parábola. A fazenda que de forma egoísta pedira de seu pai, dissipou com meretrizes. Os tesouros de sua varonilidade foram esbanjados. Os preciosos anos de vida, a força do intelecto, as brilhantes visões da juventude, as aspirações espirituais -- tudo foi consumido no fogo do prazer.

Houve uma grande fome na Terra; ele começou a padecer necessidade, e foi-se a um cidadão do país, que o mandou ao campo para apascentar porcos. Para um judeu esta ocupação era a mais vil e degradante. O jovem que se gloriava de sua liberdade, vê-se agora escravo. Está na pior das escravaturas -- "com as cordas do seu pecado, será detido". Provérbios 5:22. O brilho falso que o atraía desapareceu, e sente o peso dos seus grilhões. Naquela terra desolada e atingida pela fome, sentado no chão, sem outros companheiros senão os porcos, é constrangido a encher o estômago com as bolotas com que eram alimentados os animais. De todos os alegres companheiros que o rodeavam nos seus dias prósperos, e que comiam e bebiam a sua custa, nem um único ficou para animá-lo. A que se reduziu a sua orgíaca alegria? Sufocando a consciência e aturdindo os sentimentos, achava-se feliz; porém agora, sem dinheiro, com fome não saciada, com o orgulho humilhado, a natureza moral atrofiada, a vontade enfraquecida e indigna de confiança, seus sentimentos mais nobres aparentemente mortos, é o mais miserável dos mortais.

Que quadro nos é apresentado da condição do pecador! Embora envolto pelas bênçãos do amor de Deus, nada há que o pecador, inclinado à satisfação própria e aos prazeres pecaminosos, mais deseje do que a separação de Deus. Como o filho ingrato, reclama as boas coisas de Deus, como suas por direito. Recebe-as como coisa muito natural, não agradece nem presta serviço algum de amor. Como Caim saiu da presença do Senhor para procurar morada; como o filho pródigo partiu "para uma terra longínqua" (Lucas 15:13), assim, no esquecimento de Deus, procuram os pecadores a felicidade. Romanos 1:28.

Qualquer que seja a aparência, toda vida centralizada no eu, está arruinada. Todo aquele que procura viver separado de Deus, dissipa seus bens. Desperdiça os preciosos anos, esbanja as forças do intelecto, do coração e da alma, e trabalha para a sua eterna perdição. O homem que se aliena de Deus, para servir a si mesmo, é escravo de Mamom. A mente, que Deus criou para a companhia de anjos, degradou-se no serviço do que é terreno e animal. Este é o fim a que tende quem serve o próprio eu.

Se você escolheu uma tal vida, sabe então que gasta dinheiro com o que não é pão, e trabalho com o que não satisfaz. Virão dias em que reconhecerá a sua degradação. Só, na longínqua terra, você sente a miséria, e brada em desespero: "Miserável homem que eu sou! Quem me livrará do corpo desta morte?" Romanos 7:24. As palavras do profeta contêm a afirmação de uma verdade universal: "Maldito o homem que confia no homem, e faz da carne o seu braço, e aparta o seu coração do Senhor! Porque será como a tamargueira no deserto e não sentirá quando vem o bem; antes, morará nos lugares secos do deserto, na terra salgada e inabitável." Jeremias 17:5, 6. Deus "faz que o Seu Sol se levante sobre maus e bons, e a chuva desça sobre justos e injustos". Mateus 5:45. O homem, porém, tem o poder de se retrair do Sol e da chuva. Semelhantemente, quando o Sol da Justiça brilha, e os chuveiros da graça caem indiscriminadamente sobre todos, podemos, separando-nos de

Deus, ser "como a tamargueira no deserto".

O amor de Deus anela sempre aquele que dEle se afastou, e põe em operação influências para fazê-lo tornar à casa paterna. O filho pródigo, em sua miséria, voltou a si. O poder ilusório que Satanás sobre ele exerce, foi quebrado. Viu que o sofrimento era conseqüência de sua própria loucura, e disse: "Quantos trabalhadores de meu pai têm abundância de pão, e eu aqui pereço de fome! Levantar-me-ei, e irei ter com meu pai." Lucas 15:17, 18. Miserável como era, o pródigo achou esperança na convicção do amor do pai. Era aquele amor que o estava impelindo para o lar. Assim, a certeza do amor de Deus é que move o pecador a voltar para Ele. "A benignidade de Deus te leva ao arrependimento." Romanos 2:4. Uma cadeia dourada, a graça e compaixão do amor divino, é atada ao redor de toda pessoa em perigo. O Senhor declara: "Com amor eterno te amei; também com amorável benignidade te atraí." Jeremias 31:3.

O filho resolve confessar sua culpa. Quer ir ter com o pai e dizer-lhe: "Pai, pequei contra o Céu e perante ti. Já não sou digno de ser chamado teu filho." Mas, mostrando como é limitada a sua concepção do amor do pai, acrescenta: "Faze-me como um dos teus trabalhadores." Lucas 15:18, 19.

O jovem volta-se da manada de porcos e das bolotas, e dirige o olhar para casa. Tremente de fraqueza e abatido pela fome, põe-se a caminho com diligência. Não tem uma capa para ocultar suas vestes esfarrapadas; mas sua miséria venceu o orgulho e apressa-se a suplicar a posição de trabalhador, onde outrora estava como filho.

O jovem, alegre e despreocupado, quando abandonou a mansão paterna, pouco imaginou a dor e saudade deixadas no coração do pai. Quando dançava e folgava com os companheiros devassos, pouco meditava na sombra que caíra sobre a casa paterna. E agora, enquanto percorre o caminho de volta, com cansados e doloridos passos, não sabe que alguém aguarda a sua volta. Mas "quando ainda estava longe" o pai distingue o vulto. O amor tem bons olhos. Nem o definhamento causado pelos anos de pecados pode ocultar o filho aos olhos do pai. "E se moveu de íntima compaixão, e, correndo, lançou-se-lhe ao pescoço" num abraço terno e amoroso. Lucas 15:20.

O pai não permite que olhos desdenhosos vejam a miséria e as vestes esfarrapadas do filho. Toma de seus próprios ombros o manto amplo e valioso, e lança-o em volta do corpo combalido do filho, e o jovem soluça seu arrependimento, dizendo: "Pai, pequei contra o Céu e perante ti e já não sou digno de ser chamado teu filho." Lucas 15:21. O pai toma-o consigo e leva-o para casa. Não lhe é dada a oportunidade de pedir a posição do trabalhador. É um filho que deve ser honrado com o melhor que a casa pode oferecer, e ser servido e respeitado pelos criados e criadas.

O pai diz aos servos: "Trazei depressa a melhor roupa, e vesti-lho, e ponde-lhe um anel na mão e sandálias nos pés, e trazei o bezerro cevado, e matai-o; e comamos e alegremo-nos, porque este meu filho estava morto e reviveu; tinha-se perdido e foi achado. E começaram a alegrar-se." Lucas 15:22-24.

Em sua irrequieta juventude, o filho pródigo considerava o pai inflexível e austero. Que diferente é sua concepção dele agora! Assim também os engodados por Satanás consideram Deus áspero e severo. Vêem-nO esperando para os denunciar e condenar, como se não tivesse vontade de receber o pecador enquanto houver uma desculpa legítima para não o auxiliar. Consideram Sua lei uma restrição à felicidade humana, jugo opressor de que se alegram em escapar. Todavia o homem cujos olhos foram abertos por Cristo, reconhecerá a Deus como cheio de compaixão. Não lhe parece um tirano inexorável, mas um pai ansioso por abraçar o filho arrependido. O pecador, com o salmista, exclamará: "Como um pai se compadece de seus filhos, assim o Senhor Se compadece daqueles que O temem." Salmos 103:13.

Na parábola não é acusada nem censurada a má conduta do filho pródigo. O filho sente que o passado está perdoado, esquecido e apagado para sempre. E assim fala Deus ao pecador: "Desfaço as tuas transgressões como a névoa, e os teus pecados, como a nuvem." Isaías 44:22. "Porque perdoarei a sua maldade e nunca mais Me lembrarei dos seus pecados." Jeremias 31:34. "Deixe o ímpio o seu caminho, e o homem maligno, os seus pensamentos e se converta ao Senhor, que Se compadecerá dele; torne para o nosso Deus, porque grandioso é em perdoar." Isaías 55:7. "Naqueles dias e naquele tempo, diz o Senhor, buscar-se-á a maldade de Israel e não será achada; e os pecados de Judá, mas não se acharão." Jeremias 50:20.

Que segurança da voluntariedade de Deus em receber o pecador arrependido! Escolheste, caro leitor, teu próprio caminho? Vagaste longe de Deus? Aspiraste desfrutar os frutos da transgressão, só para vê-los desfazerem-se em cinzas nos lábios? E agora que os teus bens estão dissipados, teus planos malogrados e mortas as tuas esperanças, estás solitário e desolado? Agora, aquela voz que te falou longamente ao coração, mas para a qual não atentaste, chega a ti clara e distinta: "Levantai-vos e andai, porque não será aqui o vosso descanso; por causa da corrupção que destrói, sim, que destrói grandemente." Miquéias 2:10. Volta ao lar do Pai. Ele te convida, dizendo: "Torna-te para Mim, porque Eu te remi." Isaías 44:22.

Não dê ouvidos à sugestão do inimigo, de permanecer afastado de Cristo até que se faça melhor, até que você seja bastante bom para ir a Deus. Se esperar até lá, nunca você irá a Ele. Se Satanás te apontar as vestes imundas, repete a promessa de Jesus: "O que vem a Mim de maneira nenhuma o lançarei fora." João 6:37. Dize ao inimigo que o sangue de Cristo purifica de todo o pecado. Faze tua a oração de Davi: "Purifica-me com hissopo, e ficarei puro; lava-me, e ficarei mais alvo do que a neve." Salmos 51:7.

Levante-se e vá ter com seu Pai. Ele irá ao seu encontro quando ainda estiver longe. Se aproximar-se um passo que seja, em arrependimento, Ele se apressará para cingi-lo com os braços de infinito amor. Seu ouvido está aberto ao clamor da alma contrita. O primeiro anseio do coração por Deus Lhe é conhecido. Jamais é proferida uma oração, por vacilante que seja, jamais uma lágrima vertida, por mais secreta, e jamais alimentado um sincero anelo de Deus, embora débil, que o Espírito de Deus não saia a satisfazê-lo. Antes mesmo de ser pronunciada a oração, ou expresso o desejo do coração, sai graça de Cristo para juntar-se à graça que opera na pessoa.

Seu Pai celestial te tirará as vestes manchadas de pecados. Na bela profecia de Zacarias, o sumo sacerdote Josué, que estava em pé diante do anjo do Senhor, com vestimentas imundas, representa o pecador. E o Senhor disse: "Tirai-lhe estas vestes sujas. E a ele lhe disse: Eis que tenho feito com que passe de ti a tua iniqüidade e te vestirei de vestes novas. ... E puseram uma mitra limpa sobre sua cabeça e o vestiram de vestes." Zacarias 3:4, 5. Assim Deus o vestirá de "vestes de salvação", e o cobrirá com o "manto da justiça". Isaías 61:10. "Ainda que vos deiteis entre redis, sereis como as asas de uma pomba, cobertas de prata, com as suas penas de ouro amarelo." Salmos 68:13.

Levá-lo-á à sala do banquete, e o Seu estandarte sobre você será o amor. Cantares 2:4. "Se andares nos Meus caminhos", declara, "te darei lugar entre os que estão aqui", mesmo entre os santos anjos que circundam Seu trono. Zacarias 3:7.

"E, como o noivo se alegra com a noiva, assim Se alegrará contigo o teu Deus." Isaías 62:5. "Ele Se deleitará em ti com alegria; calar-Se-á por Seu amor, regozijar-Se-á em ti com júbilo." Sofonias 3:17. E o Céu e a Terra unir-se-ão ao Pai em cânticos de alegria: "Porque este meu filho estava morto e reviveu; tinha-se perdido e foi achado." Lucas 15:24.

Até aqui, na parábola do Salvador, não há nota discordante para destoar a harmonia da cena de júbilo; agora, porém, Cristo introduz novo elemento. Ao voltar o filho pródigo, o primogênito estava "no campo"; e chegando-se à casa ouviu a música e a dança. Lucas 15:25. Chamou um dos criados e perguntou-lhe que significavam essas coisas. Retrucou-lhe este: "Veio teu irmão; e teu pai matou o bezerro cevado, porque o recebeu são e salvo. Mas ele se indignou e não queria entrar." Lucas 15:27, 28. Este irmão mais velho não participara da ansiedade e expectativa do pai por aquele que se perdera. Não partilha por isso da alegria paterna pela volta do errante. Os cânticos de alegria não lhe inflamam contentamento ao coração. Pergunta a um servo pelo motivo da festa, e a resposta aviva-lhe o ciúme. Não quer entrar para dar as boas-vindas ao irmão perdido. O favor mostrado ao pródigo, considera-o um insulto a si próprio.

Quando o pai sai para argumentar com ele, o orgulho e maldade de sua natureza são revelados. Expõe sua vida na casa paterna como um ciclo de serviço não reconhecido, e então contrasta de modo ingrato o favor mostrado ao filho que acabava de voltar. Demonstra que seu serviço era antes o de servo e não de filho. Ao passo que devia ter constante alegria na presença do pai, seus pensamentos estavam dirigidos aos lucros a serem acumulados por sua vida circunspecta. Suas palavras mostram que por essa razão se privou dos prazeres do pecado. Agora esse irmão deve partilhar das dádivas do pai, o filho mais velho julga que lhe fazem injustiça. Inveja a boa acolhida proporcionada ao irmão. Mostra claramente que se estivesse na posição do pai não receberia o pródigo. Nem mesmo o reconhece como irmão, porém dele fala friamente como "teu filho". Lucas 15:30.

Contudo, o pai tratou-o com brandura. "Filho", diz ele "tu sempre estás comigo, e todas as minhas coisas são tuas." Lucas 15:31. Durante todos esses anos da vida dissoluta de teu irmão, não tiveste o privilégio de minha companhia?

Tudo que podia favorecer a felicidade de seus filhos, estava-lhes à disposição. O filho não precisa esperar uma recompensa ou dádiva. "Todas as minhas coisas são tuas." Só deves confiar em meu amor, e tomar o dom que é oferecido gratuitamente.

Um filho rompera algum tempo com a família por não discernir o amor do pai. Mas agora voltara, e a onda de alegria varre todo pensamento perturbante. "Este teu irmão estava morto e reviveu; tinha-se perdido e foi achado." Lucas 15:32.

Foi levado o irmão mais velho a ver seu espírito mesquinho e ingrato? Chegou a reconhecer, que embora o irmão tivesse agido impiamente, era, ainda e sempre, seu irmão? Arrependeu-se o irmão mais velho de seu amor-próprio e dureza de coração? Com referência a isso, Jesus guardou silêncio. A parábola ainda não terminara, e restava que os ouvintes determinassem qual seria o epílogo.

Pelo irmão mais velho foram representados os impenitentes judeus contemporâneos de Cristo, como também os fariseus de todas as épocas, que olhavam com desprezo àqueles que consideravam publicanos e pecadores. Porque eles mesmos não caíram no mais degradante vício, enchiam-se de justiça própria. Jesus enfrentou essa gente ardilosa em seu próprio terreno. Como o filho mais velho da parábola, desfrutavam de especiais privilégios de Deus. Diziam-se filhos na casa de Deus, mas tinham o espírito de mercenários. Não trabalhavam movidos por amor, mas pela esperança de recompensa. A seus olhos, Deus era um feitor severo. Viam como Cristo convidava os publicanos e pecadores para receber livremente as dádivas de Sua graça -- dádivas que os rabinos pensavam assegurar-se somente por trabalho e penitência -- e ofenderam-se. A volta do filho pródigo, que encheu o coração paterno de alegria, provocava-lhes o ciúme.

Na parábola, a intercessão do pai junto do primogênito era o terno apelo do Céu aos fariseus. "Todas as Minhas coisas são tuas" -- não como salário mas como dádiva. Como o pródigo, somente podeis recebê-las como concessões imerecidas do amor paterno.

A justiça própria conduz os homens não somente a representar a Deus falsamente, como os torna impiedosos e críticos para com seus irmãos. O filho mais velho, em seu egoísmo e inveja, estava pronto a observar o irmão, criticar todas as suas ações, e culpá-lo da menor falta. Acusaria todo engano e exageraria quanto possível todo ato errado. Desse modo pretendia justificar seu espírito irreconciliável. Muitos fazem hoje o mesmo. Enquanto a pessoa enfrenta a primeira luta contra um turbilhão de tentações, estão ao lado de zombeteiros, obstinados, reclamando e acusando. Podem professar ser filhos de Deus, mas manifestam o espírito de Satanás. Por seu procedimento para com os irmãos, estes acusadores se colocam onde Deus não pode fazer brilhar a luz de Seu semblante.

Quantos não perguntam constantemente: "Com que me apresentarei ao Senhor e me inclinarei ante o Deus altíssimo? Virei perante Ele com holocaustos, com bezerros de um ano? Agradar-Se-á o Senhor de milhares de carneiros? De dez mil ribeiros de azeite?" Miquéias 6:6, 7. Mas "Ele te declarou, ó homem, o que é bom; e que é o que o Senhor pede de ti, senão que pratiques a justiça, e ames a beneficência, e andes humildemente com o teu Deus?" Miquéias 6:8.

Esse é o culto que o Senhor escolheu: "Que soltes as ligaduras da impiedade, que desfaças as ataduras do jugo, e que deixes livres os quebrantados, e que despedaces todo o jugo... e não te escondas daquele que é da tua carne." Isaías 58:6, 7. Quando vos considerardes pecadores salvos unicamente pelo amor do Pai celestial, então tereis amor e compaixão por outros que sofrem no pecado. Então não mais defrontareis a miséria e o arrependimento com ciúme e censura. Quando o gelo do amor-próprio se derreter de vosso coração, estareis em simpatia com Deus, e partilhareis de Sua alegria na salvação do perdido.

Verdade é que professas ser filho de Deus; porém, se esta declaração for verdade, é "teu irmão", que estava "morto e reviveu; tinha-se perdido e foi achado". Lucas 15:32. Ele se acha ligado a ti pelos vínculos mais íntimos; porque Deus o reconhece como filho. Nega teu parentesco com ele, e mostrarás que és apenas mais um empregado na casa paterna, não um filho da família de Deus.

Embora não te associes à recepção ao pródigo, a alegria prosseguirá, o restaurado tomará seu lugar ao lado do Pai e em Sua obra. Aquele a quem muito se perdoou, ama também muito. Tu, porém, estarás fora, nas trevas; pois "aquele que não ama não conhece a Deus, porque Deus é amor". 1 João 4:8.

Capítulo 17—Alento nas dificuldades

Este capítulo é baseado em Lucas 13:1-9.

Em Seus ensinos Cristo relacionava com a advertência de juízo o convite da graça. "O Filho do homem não veio", disse Ele, "para destruir as almas dos homens, mas para salvá-las." Lucas 9:56. "Porque Deus enviou o Seu Filho ao mundo não para que condenasse o mundo, mas para que o mundo fosse salvo por Ele." João 3:17. Sua misericordiosa missão, no que se refere à justiça e ao juízo divinos, é ilustrada pela parábola da figueira estéril.

Cristo advertira os homens da vinda do Reino dos Céus, e censurara-lhes severamente a ignorância e indiferença. Os sinais no céu que prediziam o tempo, reconheciam rapidamente, mas os sinais do tempo que apontavam tão claramente Sua missão, não eram discernidos.

Os homens de então estavam tão prontos, porém, como hoje estão, para concluir que são os favoritos do Céu, e que a mensagem de advertência destina-se para os outros. Os ouvintes contaram a Jesus de um acontecimento que acabava de causar grande sensação. Algumas medidas de Pôncio Pilatos, o governador da Judéia, escandalizaram o povo. Houvera um levante em Jerusalém, e Pilatos tentara sufocá-lo pela violência. Numa ocasião seus soldados invadiram o átrio do templo, e degolaram alguns peregrinos galileus, no ato de oferecer seus sacrifícios. Os judeus consideravam a calamidade um castigo motivado pelos pecados das vítimas; e aqueles que narravam esse ato de violência, faziam-no com satisfação íntima. Segundo seu modo de ver, sua felicidade era prova de serem muito melhores, e por isso mais favorecidos de Deus do que aqueles galileus. Esperavam ouvir de Jesus palavras de condenação sobre esses homens que, sem dúvida, haveriam merecido a pena.

Os discípulos de Jesus não aventuravam exprimir sua própria opinião sem ter ouvido a de seu Mestre. Ele lhes dera lições adequadas no tocante a julgar o caráter de outros homens e a medir a retribuição conforme seu juízo acanhado. Contudo esperavam que Cristo denunciasse esses homens como mais pecadores que os demais. Grande foi sua surpresa pela resposta.

Voltando-se para a multidão, o Salvador disse: "Cuidais vós que esses galileus foram mais pecadores do que todos os galileus, por terem padecido tais coisas? Não, vos digo; antes, se vos não arrependerdes, todos de igual modo perecereis." Lucas 13:2, 3. Estas terríveis calamidades tinham por finalidade induzi-los a humilhar o coração e arrepender-se de seus pecados. A tempestade da vingança acumulava-se, para desencadear-se logo sobre todos os que não acharam refúgio em Cristo.

Falando Jesus aos discípulos e à multidão, olhava com visão profética para o futuro, e via Jerusalém sitiada por exércitos. Ouvia o barulho dos estranhos que marchavam contra a cidade escolhida, e via-os, aos milhares, perecendo no cerco. Muitos judeus eram então assassinados como aqueles galileus no átrio do templo, no próprio ato de oferecerem o sacrifício. As calamidades que sobrevieram a alguns indivíduos, eram advertências divinas a uma nação igualmente culpada. "Se vos não arrependerdes", disse Jesus, "todos de igual modo perecereis." O tempo da graça duraria ainda um pouco para eles. Ainda podiam conhecer as coisas que diziam respeito à sua paz.

"Um certo homem", prosseguiu Ele, "tinha uma figueira plantada na sua vinha e foi procurar nela fruto, não o achando. E disse ao vinhateiro: Eis que há três anos venho procurar fruto nesta figueira e não o acho; corta-a. Por que ocupa ainda a terra inutilmente?" Lucas 13:6, 7.

Os ouvintes de Cristo não podiam interpretar mal a aplicação de Suas palavras. Davi cantara de Israel como uma vide tirada do Egito. Isaías escrevera: "Porque a vinha do Senhor dos Exércitos é a casa de Israel, e os homens de Judá são a planta das Suas delícias." Isaías 5:7. A geração à qual o Salvador tinha vindo, era representada pela figueira na vinha do Senhor, dentro do círculo de Seus cuidados e bênçãos especiais.

O propósito de Deus para com Seu povo, e as gloriosas possibilidades que tinham perante si foram descritos nas belas palavras: "A fim de que se chamem árvores de justiça, plantação do Senhor, para que Ele seja glorificado." Isaías 61:3. Jacó, agonizante, dissera de seu filho predileto, por inspiração do Espírito: "José é um ramo frutífero, ramo frutífero junto à fonte; seus ramos correm sobre o muro." Gênesis 49:22. Mais adiante diz: "Pelo Deus de teu Pai, o qual te ajudará, e pelo Todo-poderoso, o qual te abençoará com bênçãos dos Céus de cima, com bênçãos do abismo que está debaixo." Gênesis 49:25. Assim Deus plantara a Israel como uma vide frutífera junto à fonte da vida. Tinha Sua "vinha em um outeiro fértil. E a cercou, e a limpou das pedras, e a plantou de excelentes vides". Isaías 5:1, 2.

"E esperava que desse uvas boas, mas deu uvas bravas." Isaías 5:2. O povo do tempo de Cristo fazia maior ostentação de piedade do que os judeus de épocas anteriores; porém eram ainda mais destituídos das suaves graças do Espírito de Deus. Os preciosos frutos de caráter, que tornaram a vida de José tão fragrante e bela, não se manifestavam no povo judeu.

Deus, por Seu Filho, procurara frutos mas não encontrou nenhum. Israel era um estorvo à terra. Toda a sua existência era uma maldição, pois ocupava na vinha o lugar que uma árvore frutífera poderia preencher. Roubava o mundo das bênçãos que Deus intencionava dar. Os israelitas mal representavam Deus aos povos. Não eram somente inúteis, mas decididamente um embaraço. Sua vida religiosa iludia em alto grau, e em vez de salvação acarretava ruína.

Na parábola, o vinhateiro não questiona a sentença de que se a árvore permanecesse infrutífera, deveria ser decepada; porém, conhece e partilha do interesse do proprietário na árvore estéril. Nada lhe podia dar mais alegria que vê-la crescer e frutificar. Responde ao desejo do proprietário, dizendo: "Senhor, deixa-a este ano, até que eu a escave e a esterque; e, se der fruto, ficará." Lucas 13:8, 9.

O jardineiro não recusa trabalhar numa planta tão pouco promissora; está pronto a prestar-lhe ainda maiores cuidados.

"Julgai, vos peço, entre Mim e a Minha vinha. Que mais se podia fazer à Minha vinha, que Eu lhe não tenha feito? E como, esperando Eu que desse uvas boas, veio a produzir uvas bravas?" Isaías 5:3, 4. Quer tornar o ambiente mais propício, e prodigalizar-lhe maior atenção.

O proprietário e o vinhateiro têm o mesmo interesse na figueira. Assim o Pai e o Filho eram um no amor ao povo escolhido. Cristo dizia aos ouvintes que lhes seriam dadas maiores oportunidades. Todo meio que o amor de Deus podia sugerir, seria empregado para tornarem-se árvores de justiça, e produzirem frutos para bênção do mundo.

Jesus não disse, na parábola, qual seria o resultado do trabalho do jardineiro. Neste ponto, interrompeu a história. A conclusão dependia da geração que Lhe ouvia as palavras. À mesma foi dada a severa advertência: "Se não, depois a mandarás cortar." Dependia deles se estas palavras irrevogáveis seriam pronunciadas. O dia da vingança estava próximo. Pelas calamidades sobrevindas a Israel, o proprietário da vinha advertia-os misericordiosamente da aniquilação da árvore estéril.

Esta advertência é também dirigida a nós que vivemos nesta geração. És tu, ó coração indiferente, uma árvore infrutífera na vinha do Senhor? Será esta sentença endereçada em breve a ti? Quanto tempo recebeste Suas dádivas? Quanto tempo tem Ele vigiado e esperado uma retribuição de amor? Que privilégio tens, em ser plantado em Sua vinha, e estar sob a proteção do jardineiro! Com quanta freqüência a terna mensagem do evangelho te comoveu o coração! Tomaste o nome de Cristo, exteriormente és membro da igreja que é Seu corpo; contudo estás consciente de nenhuma ligação viva com o grande coração de amor. A corrente de Sua vida não flui através de ti; as doces graças de Seu caráter, "os frutos do Espírito", não são vistos em tua vida. A árvore estéril recebe a chuva, os raios do Sol e os cuidados do jardineiro; suga alimento do solo. Mas seus ramos infrutíferos só ensombram o chão, de modo que árvores produtoras não podem florescer sob sua copa. Igualmente as dádivas de Deus a ti concedidas não transmitem bênçãos para o mundo. Roubas a outros o privilégio que, se não fosse teu, seria deles.

Embora talvez obscuramente, reconheces que és um empecilho ao solo. Contudo, Deus em Sua grande misericórdia não te cortou. Não te contempla friamente. Não Se volta com indiferença, nem te abandona à destruição. Olhando a ti, clama, como clamou há tantos séculos, referindo-se a Israel, "Como te deixaria, ó Efraim? Como te entregaria, ó Israel? ... Não executarei o furor da Minha ira; não voltarei para destruir a Efraim, porque Eu sou Deus e não homem." Oséias 11:8, 9. O misericordioso Salvador diz, concernente a ti: Poupa-a ainda este ano, até que Eu a escave e a esterque. Com que incansável amor Cristo servia ao povo de Israel durante o adicional período de graça! Na cruz, orava: "Pai, perdoa-lhes, porque não sabem o que fazem." Lucas 23:34. Depois da ascensão, o evangelho foi pregado primeiramente em Jerusalém. Ali foi derramado o Espírito Santo. Ali a primeira igreja revelou o poder do Salvador ressurreto. Ali testemunhou Estêvão -- "seu rosto como o rosto de um anjo" -- e depôs sua vida. Atos dos Apóstolos 6:15. Tudo que o Céu podia dar foi prodigalizado. "Que mais se podia fazer à Minha vinha", disse Cristo, "que Eu lhe não tenha feito?" Isaías 5:4. Assim Seu cuidado e trabalho não foi diminuído, porém aumentado. Ainda hoje diz: "Eu, o Senhor, a guardo e, a cada momento, a regarei; para que ninguém lhe faça dano, de noite e de dia a guardarei." Isaías 27:3.

"Se der fruto, ficará; e, se não, depois..." Lucas 13:9.

O coração que não atende às instâncias divinas se endurece até tornar-se insensível à influência do Espírito Santo. Então, sim, é dito: "Corta-a. Por que ela ocupa ainda a terra inutilmente?" Lucas 13:7.

Hoje te convida: "Converte-te-; ó Israel, ao Senhor teu Deus. ... Eu sararei a sua perversão, Eu voluntariamente os amarei. ... Eu serei, para Israel, como orvalho; ele florescerá como o lírio e espalhará as suas raízes como o Líbano. ... Voltarão os que se assentarem à sua sombra; serão vivificados como o trigo e florescerão como a vide. ... De Mim é achado o teu fruto." Oséias 14:1, 4, 5, 7, 8.

Capítulo 18—Um convite generoso

Este capítulo é baseado em Lucas 14:1, 12-24.

O Salvador era convidado no banquete de um fariseu. Aceitava convites tanto de ricos como de pobres, e consoante Seu costume, vinculava com Suas lições da verdade a cena que tinha diante de Si. Entre os judeus o banquete sagrado era associado com todas as suas épocas de júbilo nacional e religioso. Era-lhes um tipo das bênçãos da vida eterna. O grande banquete em que se assentariam à mesa com Abraão, Isaque e Jacó, enquanto os gentios estariam de fora, olhando cobiçosamente, era tema sobre que se deleitavam em falar. A lição de advertência e instrução que Cristo desejava dar, ilustrou agora pela parábola da grande ceia. Os judeus pretendiam circunscrever a si as bênçãos divinas para esta vida e a futura. Negavam a misericórdia de Deus para com os gentios. Pela parábola Cristo mostrou que nesse mesmo momento eles rejeitavam o convite de misericórdia, a chamada para o reino de Deus. Demonstrou que o convite que desdenhavam estava para ser dirigido àqueles a quem desprezavam, e de quem se retraíam como de leprosos.

Na escolha dos convidados para o banquete, consultara o fariseu o próprio interesse egoísta. Cristo lhe disse: "Quando deres um jantar ou uma ceia, não chames os teus amigos, nem os teus irmãos, nem os teus parentes, nem vizinhos ricos, para que não suceda que também eles te tornem a convidar, e te seja isso recompensado. Mas, quando fizeres convite, chama os pobres, aleijados, mancos e cegos e serás bem-aventurado; porque eles não têm com que to recompensar; mas recompensado serás na ressurreição dos justos." Lucas 14:12-14.

Cristo repetia aqui as instruções que dera a Israel por Moisés. Em seus banquetes sagrados ordenara o Senhor que "o estrangeiro, e o órfão, e a viúva, que estão dentro das tuas portas", viessem, comessem e se saciassem. Deuteronômio 14:29. Essas reuniões deveriam ser para Israel lições objetivas. Sendo ensinada deste modo a alegria da verdadeira hospitalidade, o povo deveria cuidar durante todo o ano dos pobres e indigentes. E essas ceias encerravam uma lição mais ampla. As bênçãos espirituais, prodigalizadas a Israel, não eram para eles somente. Deus lhes dera o pão da vida, para que o repartissem com o mundo.

Essa tarefa não executaram. As palavras de Cristo eram-lhes uma censura ao egoísmo. Desagradavam aos fariseus. Desejando desviar o rumo da conversa, um deles exclamou com ares de beato: "Bem-aventurado o que comer pão no reino de Deus!" Lucas 14:15. Esse homem falou com grande confiança, como se estivesse certo de um lugar no reino. Sua atitude era semelhante à dos que se alegram com ser salvos por Cristo, conquanto não preencham as condições sob que a salvação é prometida. Seu espírito era idêntico ao de Balaão, quando orava: "A minha alma morra da morte dos justos, e seja o meu fim como o seu." Números 23:10. O fariseu não pensava em sua aptidão para o Céu, mas naquilo em que esperava deleitar-se lá. Sua observação destinava-se a desviar do tema de seus deveres práticos, a atenção dos convidados à ceia. Desejava dirigi-los da vida presente ao remoto tempo da ressurreição dos justos.

Cristo leu o coração do dissimulador e, dirigindo-lhe o olhar, expôs aos convidados o caráter e o valor de seus privilégios presentes. Indicou-lhes que, a fim de partilharem das bem-aventuranças futuras, tinham uma obra para fazer neste tempo.

"Um certo homem", disse, "fez uma grande ceia e convidou a muitos." Lucas 14:16. Chegado o tempo da celebração, o que convidava enviou seus servos com uma segunda mensagem aos hóspedes esperados: "Vinde, que já tudo está preparado." Lucas 14:17. Estranha indiferença manifestou-se, porém. "Todos à uma começaram a escusar-se. Disse-lhe o primeiro: Comprei um campo e preciso ir vê-lo; rogo-te que me hajas por escusado. E outro disse: Comprei cinco juntas de bois e vou experimentá-los; rogo-te que me hajas por escusado. E outro disse: Casei e, portanto, não posso ir." Lucas 14:18-20.

Nenhuma das escusas tinha base em necessidade real. O homem que precisava sair a ver seu campo, já o comprara. Sua pressa de ir vê-lo era devida a que seu interesse estava absorvido pela aquisição. Os bois, também, tinham sido comprados. O exame dos mesmos só devia satisfazer à curiosidade do comprador. Também a terceira desculpa não tinha melhor motivo. A circunstância de o convidado haver contraído núpcias, não precisava impedir sua presença à festa. Sua esposa também seria bem-vinda. Fizera, porém, seus próprios planos de prazer, e estes lhe pareciam mais desejáveis do que comparecer à festa, como prometera. Aprendera a achar prazer noutra companhia que não a do anfitrião. Não pediu desculpas, nem mesmo usou de cortesia em escusar-se. O "não posso ir" era unicamente um véu para a verdade -- "não faço questão de ir".

Todas as escusas denunciavam espírito preocupado. Estes convidados ficaram absortos pelo interesse em outras coisas. O convite que se comprometeram a aceitar, foi rejeitado, e o generoso amigo, ofendido por sua indiferença.

Pela grande ceia, Cristo representa as bênçãos oferecidas pelo evangelho. A provisão é nada menos que o próprio Cristo. Ele é o pão que desceu do Céu; e dEle procedem as torrentes da salvação. Os mensageiros do Senhor anunciaram aos judeus a vinda do

Salvador, apontaram a Cristo como "o Cordeiro de Deus, que tira o pecado do mundo". João 1:29. No banquete que preparou, Deus lhes ofereceu a maior dádiva que o Céu podia conceder -- uma dádiva que excede todo o entendimento. O amor de Deus supriu o custoso banquete, e proveu inesgotáveis recursos. "Se alguém comer desse pão", disse Cristo, "viverá para sempre." João 6:51.

Todavia, para aceitar o convite ao banquete do evangelho, precisariam subordinar seus interesses materiais ao propósito de receber a Cristo e Sua justiça. Deus prodigalizou tudo ao homem, e lhe pede colocar Seu serviço acima de todas as considerações terrenas e egoístas. Não pode aceitar um coração indiferente. O coração absorto em afeições terrenas não pode ser entregue a Deus. A lição é para todo o tempo. Devemos seguir o Cordeiro de Deus, aonde quer que vá. Deve ser escolhida Sua direção, e Sua companhia apreciada mais que a de amigos terrenos. Cristo diz: "Quem ama o pai ou a mãe mais do que a Mim não é digno de Mim; e quem ama o filho ou a filha mais do que a Mim não é digno de Mim." Mateus 10:37.

Ao redor da mesa, quando partiam o pão cotidiano, muitos repetiam, nos dias de Cristo, as palavras: "Bem-aventurado o que comer pão no reino de Deus!" Lucas 14:15. Mas Cristo mostra como é difícil encontrar hóspedes à mesa provida por preço infinito. Aqueles que Lhe escutavam as palavras sabiam que tinham desprezado o misericordioso convite. Posses terrenas, riquezas e prazeres eram-lhes todo-absorventes. De consenso unânime escusaram-se.

O mesmo se dá hoje. As desculpas apresentadas ao recusar o convite para o banquete encerram todos os motivos apresentados para recusar o convite do evangelho. Declaram que não podem prejudicar suas perspectivas materiais dando ouvidos às reivindicações do evangelho. Consideram seus propósitos temporais de maior valor que as coisas da eternidade. Justamente as bênçãos que receberam de Deus se tornam um empecilho que lhes separa a alma do Criador e Redentor. Não querem ser interrompidas em suas empresas mundanas, e dizem ao mensageiro da graça: "Por agora, vai-te, e, em tendo oportunidade, te chamarei." Atos dos Apóstolos 24:25. Outros insistem nas dificuldades que surgiriam nas relações sociais se obedecessem ao convite de Deus. Dizem que não podem estar em desarmonia com seus parentes e conhecidos. Deste modo denunciam fazer o mesmo que os descritos na parábola. O anfitrião considera-lhes as desculpas fúteis, e demonstrativas de desprezo ao convite.

O homem que disse: "Casei e, portanto, não posso ir" (Lucas 14:20), representa uma grande classe. Muitos há que permitem que a esposa ou o marido os impeçam de atender ao convite de Deus. Diz o esposo: "Não posso seguir minha convicção do dever enquanto minha senhora é a isso contrária. Sua influência me tornaria excessivamente difícil fazê-lo." A esposa ouve o misericordioso convite: "Vinde, que tudo já está preparado", e diz: "Rogo-Te que me hajas por escusada. Meu marido recusa o convite de misericórdia. Diz que seu negócio é um embaraço. Preciso acompanhar meu marido, e por isso não posso ir." O coração dos filhos é impressionado. Desejam ir. Mas, amam o pai e a mãe, e como estes não atendem ao convite do evangelho, pensam que sua presença não é esperada. Também dizem: "Gostaria de ser dispensado."

Todos esses não atendem ao convite do Salvador, porque temem causar divisão no círculo da família. Pensam que negando obediência a Deus, asseguram a paz e a prosperidade do lar; porém, isto é uma ilusão. Quem semeia egoísmo, colherá egoísmo. Rejeitando o amor de Cristo rejeitam aquilo que, somente, pode emprestar ao amor humano pureza e estabilidade. Não só perderão o Céu como também a verdadeira felicidade pela qual o Céu foi sacrificado.

Na parábola, o doador da ceia ouviu como seu convite fora recebido, e, "indignado, disse ao seu servo: Sai depressa pelas ruas e bairros da cidade e traze aqui os pobres, e os aleijados, e os mancos, e os cegos". Lucas 14:21.

O hospedeiro voltou-se daqueles que menosprezaram sua bondade e convidou uma classe não privilegiada, que não possuía casas nem terras. Convidou os pobres e

"Disseram-Lhe, pois: ... Nossos pais comeram o maná no deserto, como está escrito: Deu-lhes a comer o pão do Céu. Disse-lhes, pois, Jesus: Na verdade, na verdade vos digo que Moisés não vos deu o pão do Céu, mas Meu Pai vos dá o verdadeiro pão do Céu. Porque o pão de Deus é Aquele que desce do Céu e dá vida ao mundo. ... Eu sou o pão da vida; aquele que vem a Mim não terá fome; e quem crê em Mim nunca terá sede." João 6:30-33, 35. famintos, que apreciariam a generosidade. "Os publicanos e as meretrizes", disse Cristo, "entram adiante de vós no reino de Deus." Mateus 21:31. Por mais miseráveis que sejam os espécimes da humanidade, de quem outros zombam e se retraem, não são baixos, nem miseráveis demais para a atenção e amor de Deus. Cristo anseia que homens aflitos, cansados e opressos, a Ele vão. Anseia dar-lhes luz, alegria e paz não encontradas em qualquer outra parte. Os piores pecadores são objeto da Sua profunda, ardente misericórdia e amor. Envia o Espírito Santo para sobre eles vigiar com ternura, procurando atraí-los a Si.

O servo que fez entrar os pobres e cegos, disse ao Mestre: "Senhor, feito está como mandaste, e ainda há lugar. E disse o senhor ao servo: Sai pelos caminhos e atalhos e força-os a entrar, para que a minha casa se encha." Lucas 14:22, 23. Cristo apontou aqui a obra do evangelho fora dos limites do judaísmo, nos caminhos e valados do mundo.

Obedientes a este mandado, Paulo e Barnabé declaravam aos judeus: "Era mister que a vós se vos pregasse primeiro a Palavra de Deus; mas, visto que a rejeitais, e vos não julgais dignos da vida eterna, eis que nos voltamos para os gentios. Porque o Senhor assim no-lo mandou: Eu te pus para luz dos gentios, para que sejas de salvação até aos confins da Terra. E os gentios, ouvindo isto, alegraram-se e glorificavam a Palavra do Senhor, e creram todos quantos estavam ordenados para a vida eterna." Atos dos Apóstolos 13:46-48.

A mensagem evangélica, pregada pelos discípulos de Cristo, era a anunciação de Sua primeira vinda ao mundo. Trouxe aos homens as boas-novas de salvação pela fé nEle. Apontava para Sua segunda vinda em glória para redimir Seu povo, e deu aos homens a esperança de partilhar da herança dos santos na luz pela fé e obediência. Esta mensagem é dada à humanidade hoje em dia, e, neste tempo, está ligada à anunciação da breve volta de Cristo. Os sinais de Sua vinda dados por Ele mesmo, cumpriram-se; e assim, pelos ensinos da Palavra de Deus podemos saber que o Senhor está à porta.

João, no Apocalipse, prediz a proclamação da mensagem do evangelho, justamente antes da vinda de Cristo. Viu "outro anjo voar pelo meio do céu, e tinha o evangelho eterno, para o proclamar aos que habitam sobre a Terra, e a toda a nação, e tribo, e língua, e povo, dizendo com grande voz: Temei a Deus e dai-Lhe glória, porque vinda é a hora do Seu juízo." Apocalipse 14:6, 7.

A esta advertência do Juízo e às mensagens com ela relacionadas segue-se, na profecia, a volta do Filho do homem nas nuvens do céu. A proclamação do Juízo é uma anunciação de que a segunda vinda de Cristo está próxima. E esta proclamação é chamada o evangelho eterno. Deste modo é mostrado que a pregação da segunda vinda de Cristo ou a anunciação de sua brevidade, é parte essencial da mensagem evangélica.

A Bíblia declara que nos últimos tempos os homens estariam absortos em empresas mundanas, prazeres e enriquecimento. Estariam cegos para as realidades eternas. Cristo diz: "E, como foi nos dias de Noé, assim será também a vinda do Filho do homem. Porquanto, assim como, nos dias anteriores ao dilúvio, comiam, bebiam, casavam e davam-se em casamento, até ao dia em que Noé entrou na arca, e não o perceberam, até que veio o dilúvio, e os levou a todos, assim será também a vinda do Filho do homem." Mateus 24:37-39.

O mesmo se dá hoje. Os homens lançam-se à caça de lucro e satisfação própria como se não houvesse Deus, nem Céu, nem vida futura. Nos dias de Noé foi dada a advertência do dilúvio vindouro para despertar os homens de sua impiedade e convidá-los ao arrependimento. Assim a mensagem da próxima vinda de Cristo visa a despertar os homens de seu enlevo nas coisas temporais. Destina-se a acordá-los para o senso das realidades eternas, para que atendam ao convite para a ceia do Senhor.

O convite do evangelho deve ser dado a todo o mundo -- "a toda nação, e tribo, e língua, e povo". Apocalipse 14:6. A última mensagem de advertência e misericórdia deve iluminar com sua glória toda a Terra. Deve alcançar todas as classes sociais -- ricos e pobres, elevados e humildes. "Sai pelos caminhos e atalhos", diz Cristo, "e força-os a entrar, para que a Minha casa se encha." Lucas 14:23.

O mundo perece pela carência do evangelho. Há fome da Palavra de Deus. Poucos pregam a Palavra não misturada com tradições humanas. Embora tenham os homens nas mãos a Bíblia, não recebem as bênçãos que, para eles, Deus nela colocou. O Senhor chama Seus servos para levar a mensagem ao povo. A Palavra da vida eterna deve ser dada aos que perecem em seus pecados.

Na ordem de ir pelos caminhos e valados, Cristo apresenta a tarefa, a todos os que chama, de ministrar em Seu nome. Todo o mundo é o campo para os ministros de Cristo. Toda a família humana está compreendida em sua congregação. O Senhor deseja que Sua Palavra de misericórdia seja levada a toda pessoa.

Isso deve ocorrer principalmente pelo serviço pessoal. Era o método de Cristo. Sua obra consistia grandemente em entrevistas pessoais. Tinha fiel consideração pelo auditório de uma só pessoa. Por esse único ouvinte, a mensagem, muitas vezes, era proclamada a milhares.

Não devemos esperar que as pessoas venham a nós; precisamos procurá-las onde estiverem. Quando a Palavra é pregada do púlpito, o trabalho apenas começou. Há multidões que nunca serão alcançadas pelo evangelho se ele não lhes for levado.

O convite para o banquete foi dado primeiramente ao povo judeu, ao povo que fora escolhido para ser professor e guia entre os homens, ao povo em cujas mãos estavam os escritos proféticos que prediziam o advento de Cristo, e a quem fora confiado o serviço simbólico que prefigurava Sua missão. Tivessem os sacerdotes e o povo atendido ao convite, ter-se-iam unido aos mensageiros de Cristo para estender ao mundo o convite evangélico. A verdade foi-lhes enviada para que a comunicassem a outros. Escusando-se ao convite, foi este enviado aos pobres, aleijados, mancos e cegos. Publicanos e pecadores aceitaram o convite. Quando o convite do evangelho é dirigido aos gentios, continua o mesmo plano de trabalho. A mensagem deve ser proclamada primeiramente "pelos caminhos" -- aos homens que têm parte ativa no trabalho do mundo, aos mestres e guias do povo.

Os mensageiros do Senhor devem manter isto em mente. Deve atingir os pastores do rebanho, os mestres divinamente ordenados, como uma advertência a ser atendida. Aqueles que pertencem às camadas sociais mais elevadas devem ser procurados com terna afeição e respeito fraternal. Homens de negócios, em altas posições de confiança, homens de faculdades inventivas e intuição científica, intelectuais, mestres do evangelho, cuja atenção não foi dirigida para as verdades especiais deste tempo -- esses devem ser os primeiros a ouvir o convite. A eles deve ser feito o convite.

Há uma obra que deve ser feita em prol dos ricos. Precisam ser despertados para reconhecer sua responsabilidade como a quem foram confiados dons do Céu. Devem ser lembrados de que precisam prestar contas Àquele que julgará os vivos e os mortos. Os ricos necessitam de seu trabalho no amor e temor de Deus. Muitíssimas vezes confiam eles nas riquezas, e não sentem o perigo. Seus olhos da mente precisam ser atraídos para as coisas de valor duradouro. Precisam reconhecer a autoridade da verdadeira bondade, que diz: "Vinde a Mim, todos os que estais cansados e oprimidos, e Eu vos aliviarei. Tomai sobre vós o Meu jugo, e aprendei de Mim, que sou manso e humilde de coração, e encontrareis descanso para a vossa alma. Porque o Meu jugo é suave, e o Meu fardo é leve." Mateus 11:28-30.

Aqueles que por sua instrução, riqueza ou fama, ocupam posição saliente no mundo, raramente são abordados pessoalmente sobre os interesses da alma. Muitos obreiros cristãos hesitam em aproximar-se destas classes. Mas isto não deve acontecer. Se um homem se estivesse afogando, não permaneceríamos imóveis, vendo-o perecer, porque é advogado, negociante ou juiz. Se víssemos pessoas rolando a um precipício, não hesitaríamos em socorrê-las, qualquer que fosse sua posição ou profissão. Semelhantemente, não devemos hesitar em advertir os homens do perigo da alma.

Ninguém deve ser negligenciado por causa da aparente devoção às coisas materiais. Muitos da alta camada social estão pesarosos e cansados da vaidade; anseiam uma paz que não possuem. Nas mais elevadas classes da sociedade há homens que têm fome e sede de salvação. Muitos receberiam auxílio se os obreiros do Senhor deles se aproximassem pessoalmente de maneira cortês, com o coração sensibilizado pelo amor de Cristo.

O êxito da mensagem evangélica não depende de discursos estudados, de testemunhos eloqüentes nem de argumentos profundos. Depende da simplicidade da mensagem e de sua adaptação às almas que têm fome do pão da vida. "Que é necessário que eu faça para me salvar?" (Atos dos Apóstolos 16:30) -- é a necessidade da alma.

Milhares podem ser alcançados pelo modo mais simples e modesto. Os mais intelectuais, considerados os homens e mulheres mais prendados do mundo, são muitas vezes refrigerados pelas palavras simples de alguém que ama a Deus e fala desse amor tão naturalmente como os mundanos o fazem das coisas que mais profundamente lhes interessam.

Freqüentemente as palavras bem preparadas e estudadas têm pouca influência. Mas a expressão verdadeira e sincera de um filho ou filha de Deus, dita em simplicidade natural, tem poder para abrir a porta do coração que durante muito tempo esteve cerrada para Cristo e Seu amor.

Lembrem os obreiros de Cristo que não têm que trabalhar em sua própria força. Apoderem-se do trono de Deus com fé em Seu poder de salvar. Instem com Deus em oração, e trabalhem então com todas as facilidades que Deus lhes proporcionou. O Espírito Santo é provido como sua eficiência. Anjos ministradores estarão a seu lado para impressionar os corações.

Que centro missionário não seria Jerusalém, se seus guias e mestres houvessem recebido a verdade por Cristo! O Israel apóstata teria sido convertido. Um grande exército se teria congregado para o Senhor. Com que rapidez não teriam levado o evangelho a todas as partes do mundo! Assim, agora, que obra não poderia ser realizada para levantar os caídos, asilar os desterrados e pregar as boas-novas da salvação, se homens influentes e de grande capacidade fossem ganhos para Cristo! Rapidamente poderia ser feito o convite, e reunidos os convidados para a mesa do Senhor.

Contudo, não devemos pensar somente nos grandes e talentosos homens com desprezo das classes mais pobres. Cristo instrui Seus mensageiros para ir também pelos caminhos e valados, aos pobres e humildes da Terra. Nos cortiços e vielas das grandes cidades, nos caminhos solitários do campo, há famílias e indivíduos -- talvez estrangeiros em Terra estranha -- que não pertencem a nenhuma igreja, e na solidão chegam a sentir que Deus deles Se esqueceu. Não sabem o que devem fazer para serem salvos. Muitos sucumbem no pecado. Muitos estão acabrunhados. Estão opressos pelos sofrimentos e dificuldades, incredulidade e desespero. Acometem-nos doenças de toda espécie, da alma e do corpo. Anelam encontrar consolo para os tormentos, e Satanás tenta-os a procurá-lo nos prazeres e divertimentos que conduzem à ruína e morte. Oferece-lhes os pomos de Sodoma, que se reduzirão a cinzas em seus lábios. Gastam dinheiro naquilo que não é pão, e trabalham por aquilo que não satisfaz.

Devemos ver nesses sofredores aqueles a quem Cristo veio salvar. Seu convite é: "Ó vós todos os que tendes sede, vinde às águas, e vós que não tendes dinheiro, vinde, comprai e comei; sim, vinde e comprai, sem dinheiro e sem preço, vinho e leite. ... Ouvi-Me atentamente e comei o que é bom, e a vossa alma se deleite com a gordura. Inclinai os ouvidos e vinde a Mim; ouvi, e a vossa alma viverá." Isaías 55:1-3.

Deus deu um mandamento especial, pelo qual devemos estimar o estrangeiro, o desterrado, e as pobres almas destituídas de poder moral. Muitos que aparentam completa indiferença pelas coisas religiosas, no coração anseiam descanso e paz. Embora tenham caído no mais profundo abismo do pecado, há possibilidades de salvá-los.

Os servos de Cristo devem seguir-Lhe o exemplo. Andando de lugar em lugar, consolava Ele os sofredores e curava os enfermos. Apresentava-lhes, então, as grandes verdades sobre Seu reino. Esta é a obra de Seus seguidores. Aliviando os sofrimentos do corpo, achareis caminho para socorrer as necessidades da alma. Podereis apontar ao Salvador exaltado, e contar do amor do grande Médico, que, unicamente, tem o poder de restaurar.

Diga aos pobres desanimados e corrompidos, que não desesperem. Embora hajam errado, e não tenham formado bom caráter, Deus tem alegria em restabelecer-lhes a alegria da salvação. Compraz-Se em tomar material aparentemente sem esperança -- aqueles por quem Satanás operou -- e fazê-los súditos de Sua graça. Deleita-Se em livrá-los da ira que virá sobre o desobediente. Dizei-lhes que há purificação e salvação para todo ser humano. Há um lugar para eles à mesa do Senhor. Ele espera dar-lhes as boas-vindas.

Quem sai pelos caminhos e valados, encontrará outros de caráter inteiramente oposto, que necessitam de seu auxílio. Há homens que vivem em harmonia com toda a luz que possuem, e servem a Deus da melhor maneira que sabem. Mas reconhecem que há uma grande obra para ser feita em proveito deles e dos que os cercam. Anelam maior conhecimento de Deus, porém apenas começaram a ter um vislumbre de maior luz. Oram com lágrimas para que Deus lhes envie a bênção que vislumbram ao longe, pela fé! Em meio da impiedade dos grandes centros podem ser encontradas muitas dessas pessoas. Algumas estão em ambiente humilde, e por isso são desconhecidas ao mundo. Há muitas, das quais nada sabem ministros e igrejas; porém, são testemunhas do Senhor nos lugares humildes e miseráveis. Podem ter tido pouca luz e poucas oportunidades de instrução cristã, mas em meio à nudez, fome e frio, procuram ministrar a outros. Procurem estas almas os mordomos da múltipla graça de Deus; visitem seus lares e, pelo poder do Espírito Santo, remedeiem suas dificuldades. Estudai com elas a Bíblia e orai com elas com aquela simplicidade que o Espírito Santo inspira. Cristo dará aos Seus servos uma mensagem que será, para a alma, o pão do Céu. A preciosa bênção será levada de coração a coração, de família a família.

A ordem dada na parábola, "força-os a entrar" (Lucas 14:23), tem sido freqüentemente mal-interpretada. Tirou-se daí a conclusão de que deveríamos obrigar os homens a aceitarem o evangelho. Denota, porém, de preferência, a urgência do convite e a eficácia dos estímulos apresentados. O evangelho jamais emprega força para conduzir homens a Cristo. Sua mensagem é: "Ó vós todos os que tendes sede, vinde às águas." Isaías 55:1. "E o Espírito e a esposa dizem: Vem! ... E quem quiser tome de graça da água da vida." Apocalipse 22:17. O poder do amor e da graça de Deus nos constrange a aceitar o convite.

O Salvador diz: "Eis que estou à porta e bato; se alguém ouvir a Minha voz e abrir a porta, entrarei em sua casa e com ele cearei, e ele, comigo." Apocalipse 3:20. Não é repelido por menosprezo nem desviado por ameaças, antes procura constantemente o perdido, e diz: "Como te deixaria?" Oséias 11:8. Embora Seu amor seja repelido pelo coração obstinado, volta a suplicar com mais força: "Eis que estou à porta e bato." Apocalipse 3:20. O poder prevalecente de Seu amor, impele a alma a entrar; e diz a Cristo: "A Tua mansidão me engrandeceu." Salmos 18:35.

Cristo quer implantar nos mensageiros o mesmo amor comovente que tem em procurar os perdidos. Não só devemos dizer: "Vem!" Há homens que escutam o convite; porém, seus ouvidos são demasiado surdos para compreender. Seus olhos são muito cegos para ver alguma coisa boa reservada para eles. Muitos reconhecem sua grande degradação. Dizem: Não posso mais ser socorrido, deixai-me sozinho. Mas os obreiros não devem desistir. Com terno e piedoso amor, aproximai-vos. Dêem-lhes seu ânimo, sua esperança, sua força. Bondosamente impele-os a entrar. "E apiedai-vos de alguns que estão duvidosos; e salvai alguns, arrebatando-os do fogo." Judas 22, 23.

Se os servos de Deus com Ele andarem pela fé, Ele lhes dará força à mensagem. Estarão aptos para apresentar de tal modo Seu amor e o perigo da rejeição da graça de Deus, que os homens serão constrangidos a aceitar o evangelho. Cristo realizará milagres maravilhosos, se os homens executarem a tarefa dada por Deus. Pode ser operada uma tão grande transformação no coração humano, hoje em dia, como o foi sempre nas gerações passadas. João Bunyan foi redimido da impiedade e orgia, João Newton do tráfico de escravos, para proclamar o Salvador exaltado. Um Bunyan e um Newton podem ser redimidos dentre os homens, hoje em dia. Por agentes humanos que cooperam com os divinos, muito pobre desterrado poderá ser ganho, e por sua vez procurará restaurar a imagem de Deus em outros. Aos que tiveram poucas oportunidades, e andaram no caminho do mal por não conhecerem um melhor, advirão raios de luz. Como a Palavra de Cristo veio a Zaqueu: "Hoje, Me convém pousar em tua casa" (Lucas 19:5), assim a Palavra virá a eles; e aqueles que eram considerados pecadores inveterados, serão achados com coração terno como o de uma criança, porque Cristo Se dignou notá-los. Muitos volverão do mais vil erro e pecado, e tomarão o lugar de outros que tiveram privilégios e oportunidades, mas não os apreciaram. Serão contados entre os escolhidos do Senhor, eleitos e preciosos; e quando Cristo vier em Seu reino, estarão junto ao Seu trono.

Mas, "vede que não rejeiteis ao que fala". Hebreus 12:25. Jesus disse: "Nenhum daqueles varões que foram convidados provará a Minha ceia." Lucas 14:24. Rejeitaram o convite e nenhum deles seria convidado novamente. Rejeitando a Cristo, os judeus endureciam o coração e entregavam-se ao poder de Satanás, de modo que se lhes tornaria impossível aceitar a graça de Jesus. O mesmo acontece hoje em dia. Se o amor de Deus não for apreciado, e não se tornar um princípio que habite em nós, para abrandar e sujeitar a alma, estaremos completamente perdidos. O Senhor não pode proporcionar maior revelação de amor que a por Ele demonstrada. Se o amor de Jesus não sensibilizar o coração, não há outro meio pelo qual podemos ser alcançados.

Toda vez que recusais ouvir a mensagem da graça, fortificai-vos na incredulidade. Toda vez que deixardes de abrir a porta do coração para Cristo, ficareis menos e menos inclinados a atender à voz dAquele que fala. Diminuis as probabilidades de atender ao último apelo da graça. Não seja escrito de vós como do antigo Israel: "Efraim está entregue aos ídolos; deixa-o." Oséias 4:17. Não deixeis Jesus chorar por vós, como chorou por Jerusalém, dizendo: "Quantas vezes quis Eu ajuntar os teus filhos, como a galinha ajunta os seus pintos debaixo das asas, e não quiseste? Eis que a vossa casa se vos deixará deserta." Lucas 13:34, 35.

Vivemos no tempo em que a última mensagem da graça, o convite final, está sendo enviado aos homens. A ordem "sai pelos caminhos e atalhos" (Lucas 14:23), está atingindo seu cumprimento final. A toda pessoa será apresentado o convite de Cristo. Os mensageiros estão dizendo: "Vinde, que já tudo está preparado." Lucas 14:17. Os anjos celestes ainda cooperam com os agentes humanos. O Espírito Santo apresenta todo o estímulo para vos constranger a ir. Cristo aguarda algum sinal que demonstre que o ferrolho está sendo puxado, e a porta de vosso coração Lhe está sendo aberta. Os anjos esperam levar para o Céu a boa nova de que outro pecador perdido foi achado. Os exércitos celestiais aguardam, prontos para tocar suas harpas e cantar um hino de alegria, porque mais um pecador aceitou o convite para a ceia do evangelho.

Capítulo 19—Como se alcança o perdão

Este capítulo é baseado em Mateus 18:21-35.

Pedro se achegou a Cristo, com a pergunta: "Até quantas vezes pecará meu irmão contra mim, e eu lhe perdoarei? Até sete?" Mateus 18:21. Limitavam os rabinos o exercício do perdão até três ofensas. Pedro, que, como cuidava, seguia os ensinos de Cristo, ampliou-o até sete, o número que indica perfeição. Cristo, porém, ensinou que nunca nos devemos fatigar de perdoar. Não "até sete", disse Ele, "mas até setenta vezes sete". Mateus 18:22.

Mostrou, então, o verdadeiro motivo pelo qual o perdão deve ser concedido, e o perigo de acariciar espírito irreconciliável. Numa parábola, contou o procedimento de um rei para com os oficiais que administravam os negócios de seu domínio. Alguns desses oficiais recebiam grandes somas de dinheiro pertencentes ao Estado. E quando o rei investigava a administração desse depósito, foi-lhe apresentado um homem cuja conta mostrava uma dívida para com seu senhor, da imensa soma de dez mil talentos. Nada tinha ele com que pagar e, segundo o costume, o rei ordenou que fosse vendido com tudo quanto tinha, para que se fizesse o pagamento. Terrificado, porém, o homem prostrou-se aos seus pés, e suplicou-lhe, dizendo: "Senhor, sê generoso para comigo, e tudo te pagarei. Então, o senhor daquele servo, movido de íntima compaixão, soltou-o e perdoou-lhe a dívida.

"Saindo, porém, aquele servo, encontrou um dos seus conservos que lhe devia cem dinheiros e, lançando mão dele, sufocava-o, dizendo: Paga-me o que me deves. Então, o seu companheiro, prostrando-se aos seus pés, rogava-lhe, dizendo: Sê generoso para comigo, e tudo te pagarei. Ele, porém, não quis, antes foi encerrá-lo na prisão, até que pagasse a dívida. Vendo, pois, os seus conservos o que acontecia, contristaram-se muito e foram declarar ao seu senhor tudo o que se passara. Então, o seu senhor, chamando-o à sua presença, disse-lhe: Servo malvado, perdoei-te toda aquela dívida, porque me suplicaste. Não devias tu, igualmente, ter compaixão do teu companheiro, como eu também tive misericórdia de ti? E, indignado, o seu senhor o entregou aos atormentadores, até que pagasse tudo o que devia." Mateus 18:26-34.

Esta parábola apresenta pormenores necessários ao remate do quadro, mas não têm homólogos em sua significação espiritual. A atenção não deve ser divergida para eles. São ilustradas certas verdades importantes, e estas devemos entender.

O perdão concedido por esse rei representa o perdão divino de todo pecado. Cristo é representado pelo rei que, movido de compaixão, perdoou a dívida de seu servo. O homem estava sob a condenação da lei quebrantada. Não podia salvar-se por si mesmo, e por esse motivo veio Cristo ao mundo, velando Sua divindade com a humanidade, e deu Sua vida -- o Justo pelo injusto. Entregou-Se por nossos pecados, e oferece livremente a todos o perdão comprado com Seu sangue. "No Senhor há misericórdia, e nEle há abundante redenção." Salmos 130:7.

Eis a razão por que devemos ter compaixão de pecadores como nós também. "Se Deus assim nos amou, também nós devemos amar uns aos outros." 1 João 4:11. "De graça recebestes", diz Cristo, "de graça dai." Mateus 10:8.

Na parábola, quando o devedor solicitou um prazo, com a promessa: "Sê generoso para comigo, e tudo te pagarei", a sentença foi revogada. Foi cancelada toda a dívida. E logo lhe foi concedida a oportunidade de seguir o exemplo do mestre que lhe tinha perdoado. Saindo, encontrou um conservo que lhe devia uma pequena soma. A ele lhe haviam sido perdoados dez mil talentos, o conservo devia-lhe cem dinheiros. Todavia, ele que havia sido tratado tão misericordiosamente, procedeu com o conservo de maneira inteiramente oposta. O devedor fez-lhe um apelo semelhante ao que fizera ao rei, porém, com resultado diferente. Ele, que fora perdoado recentemente, não foi magnânimo nem piedoso. O perdão que lhe foi demonstrado, não o exerceu em relação a seu conservo. Não atendeu ao pedido de ser generoso. A diminuta soma a ele devida era tudo o que pensava o servo ingrato. Exigiu tudo que cuidava lhe ser devido, e levou a efeito uma sentença idêntica à que lhe fora revogada tão graciosamente.

Quantos hoje em dia não manifestam o mesmo espírito! Quando o devedor pediu ao seu senhor misericórdia, não tinha verdadeiro conhecimento do vulto da dívida. Não reconheceu seu estado irremediável. Tinha esperança de livrar-se a si mesmo. "Sê generoso para comigo", disse ele, "e tudo te pagarei." Assim há muitos que esperam por suas próprias obras merecer a graça de Deus. Não reconhecem a própria incapacidade. Não aceitam como dádiva liberal a graça de Deus, antes procuram apoiar-se em justiça própria. Seu coração não está quebrantado nem humilhado por causa do pecado, e são severos e irreconciliáveis para com os outros. Seus próprios pecados contra Deus, comparados com os do irmão para com eles, são como dez mil talentos contra cem dinheiros -- quase um milhão contra um, e ainda ousam ser irreconciliáveis.

Na parábola, o senhor intimou à sua presença o devedor malvado e disse-lhe: "Servo malvado, perdoei-te toda aquela dívida, porque me suplicaste. Não devias tu, igualmente, ter compaixão do teu companheiro, como eu também tive misericórdia de ti? E, indignado, o seu senhor o entregou aos atormentadores, até que pagasse tudo o que devia." Mateus

18:32-34. "Assim", disse Jesus, "vos fará também Meu Pai celestial, se do coração não perdoardes, cada um a seu irmão, as suas ofensas." Mateus 18:35. Aquele que recusa perdoar, rejeita a única esperança de perdão.

Os ensinos dessa parábola não devem ser mal-aplicados, porém. O perdão de Deus não nos diminui de modo algum o nosso dever de obedecer-Lhe. Assim também o espírito de perdão para com nosso próximo não diminui o direito de justa obrigação. Na oração que Cristo ensinou aos discípulos, disse: "Perdoa-nos as nossas dívidas, assim como nós perdoamos aos nossos devedores." Mateus 6:12. Com isso não queria Ele dizer que para nos serem perdoados os pecados não devemos requerer de nossos devedores nossos justos direitos. Se não puderem pagar, embora isso seja o resultado de má administração, não devem ser lançados na prisão, oprimidos ou mesmo tratados severamente; todavia a parábola tampouco nos ensina a animar a indolência. A Palavra de Deus declara: "Se alguém não quiser trabalhar, não coma também." 2 Tessalonicenses 3:10. O Senhor não requer do trabalhador diligente que suporte outros na ociosidade. Para muitos, a causa de sua pobreza é um desperdício de tempo, uma falta de esforço. Se essas faltas não forem corrigidas por aqueles que com elas condescendem, tudo que se fizer em seu auxílio será como pôr riquezas em saco sem fundo. Todavia há uma pobreza inevitável, e devemos manifestar ternura e compaixão para com os desafortunados. Devemos tratar os outros como quereríamos ser tratados sob circunstâncias idênticas.

Diz-nos o Espírito Santo, pelo apóstolo Paulo: "Portanto, se há algum conforto em Cristo, se alguma consolação de amor, se alguma comunhão no Espírito, se alguns entranháveis afetos e compaixões, completai o meu gozo, para que sintais o mesmo, tendo o mesmo amor, o mesmo ânimo, sentindo uma mesma coisa. Nada façais por contenda ou por vanglória, mas por humildade; cada um considere os outros superiores a si mesmo. Não atente cada um para o que é propriamente seu, mas cada qual também para o que é dos outros. De sorte que haja entre vós o mesmo sentimento que houve também em Cristo Jesus." Filipenses 2:1-5.

Mas, não se deve fazer pouco caso do pecado. O Senhor nos ordenou não tolerar injustiça em nosso irmão. Diz: "Se teu irmão pecar contra ti, repreende-o." Lucas 17:3. O pecado deve ser chamado pelo verdadeiro nome, e deve ser claramente exposto ao delinquente.

Na admoestação a Timóteo, Paulo diz, por inspiração do Espírito Santo: "Instes a tempo e fora de tempo, redarguas, repreendas, exortes, com toda a longanimidade e doutrina." 2 Timóteo 4:2. E a Tito escreve: "Há muitos desordenados, faladores, vãos e enganadores. ... Portanto, repreende-os severamente, para que sejam sãos na fé." Tito 1:10, 13. "Se teu irmão pecar contra ti", disse Cristo "vai, e repreende-o entre ti e ele só; se te ouvir, ganhaste a teu irmão. Mas, se não te ouvir, leva ainda contigo um ou dois, para que, pela boca de duas ou três testemunhas, toda palavra seja confirmada. E, se não as escutar, dize-o à igreja; e, se também não escutar a igreja, considera-o como um gentio e publicano." Mateus 18:15-17.

Nosso Senhor ensina que dificuldades entre cristãos devem ser resolvidas dentro da igreja. Não devem ser declaradas aos que não temem a Deus. Se um cristão for ofendido por seu irmão, não deve ir a um tribunal apelar a incrédulos. Siga a instrução dada por Cristo. Em vez de procurar vindicar-se, procure salvar o irmão. Deus protegerá os interesses dos que O temem e amam; e podemos entregar com toda a confiança nosso caso Àquele que julga justamente.

Freqüentemente demais, quando faltas são cometidas vez após vez, e o ofensor confessa sua culpa, o ofendido se cansa, e pensa que já perdoou demais. Mas o Salvador disse claramente como devemos tratar os faltosos: "Se teu irmão pecar contra ti, repreende-o; e, se ele se arrepender, perdoa-lhe." Lucas 17:3. Não o consideres indigno de confiança. Olha "por ti mesmo, para que não sejas também tentado". Gálatas 6:1.

Se vossos irmãos erram, deveis perdoar-lhes. Quando vos procuram com confissão, não deveis dizer: Não creio que são bastante humildes. Não creio que sintam a confissão. Que direito tendes de julgá-los como se pudésseis ler o coração? A Palavra de Deus diz: "Se ele se arrepender, perdoa-lhe; e, se pecar contra ti sete vezes no dia e sete vezes no dia vier ter contigo, dizendo: Arrependo-me, perdoa-lhe." Lucas 17:3, 4. E não somente sete vezes, porém setenta vezes sete -- tantas vezes quantas Deus te perdoa a ti.

Nós mesmos devemos tudo à livre graça de Deus. A graça do concerto é que prescreveu nossa adoção. A graça do Salvador efetua nossa redenção, regeneração e exaltação a co-herdeiros de Cristo. Que esta graça seja revelada a outros.

Não dê ao perdido ocasião para desânimo. Não permita intervir uma severidade farisaica para ferir seu irmão. Não surja amargo escárnio no espírito ou no coração. Não manifeste sinal de desprezo na voz. Se falar uma palavra de você mesmo, se tomar atitude de indiferença, ou denotar suspeita ou desconfiança, poderá causar a ruína de uma vida. Carece ela de um irmão com o coração simpatizante do Irmão mais velho para que lhe toque o coração humano. Sinta ela o aperto de uma mão simpatizante, e ouça o sussurro: Oremos. Deus dará rica experiência a ambos. A oração une-nos um ao outro e a Deus. A oração traz Jesus ao nosso lado, e dá à alma fatigada e perplexa novas forças para vencer o mundo, a carne e o diabo. A oração desvia os ataques de Satanás.

Quando alguém se volta da imperfeição humana para contemplar a Jesus, dá-se uma divina transformação no caráter. O Espírito de Cristo que opera no coração conforma-o a Sua imagem. Seja pois vosso esforço exaltar a Jesus. Que os olhos do espírito se dirijam ao "Cordeiro de Deus, que tira o pecado do mundo". João 1:29. Empenhando-vos nesta obra, lembrai-vos de que "aquele que fizer converter do erro do seu caminho um pecador salvará da morte uma alma e cobrirá uma multidão de pecados". Tiago 5:20.

"Se, porém, não perdoardes aos homens as suas ofensas, também vosso Pai vos não perdoará as vossas ofensas." Mateus 6:15. Nada pode justificar o espírito irreconciliável. Aquele que não é misericordioso para com os outros, mostra não ser participante da graça perdoadora de Deus. No perdão de Deus, o coração do perdido é atraído ao grande coração do Infinito Amor. A torrente da compaixão divina derrama-se no espírito do pecador e, dele, na de outros. A benignidade e misericórdia que em Sua própria vida preciosa Cristo revelou, serão vistas também naqueles que se tornam participantes de Sua graça. "Mas, se alguém não tem o Espírito de Cristo, esse tal não é dEle." Romanos 8:9. Está alienado de Deus e apto unicamente para a eterna separação dEle.

É verdade que pode uma vez haver sido perdoado; porém, seu espírito impiedoso mostra que agora rejeita o amor perdoador de Deus. Está separado de Deus e na mesma condição em que estava antes de ser perdoado. Desmentiu seu arrependimento, e os pecados sobre ele estão como se não se tivesse arrependido.

Mas a grande lição da parábola está no contraste entre a compaixão de Deus e a dureza de coração do homem -- no fato de que a misericórdia perdoadora de Deus deve ser a medida da nossa própria. "Não devias tu, igualmente, ter compaixão do teu companheiro, como eu também tive misericórdia de ti?" Mateus 18:33.

Não nos é perdoado porque perdoamos, porém, como o fazemos. O motivo de todo perdão acha-se no imerecido amor de Deus; mas, por nossa atitude para com os outros denotamos se estamos possuídos desse amor. Por isto Cristo diz: "Com o juízo com que julgardes sereis julgados, e com a medida com que tiverdes medido vos hão de medir a vós." Mateus 7:2.

Capítulo 20—O maior perigo do homem

Este capítulo é baseado em Lucas 12:13-21.

Cristo estava ensinando, e, como de costume, reuniram-se em redor outras pessoas, além dos discípulos. Falara aos discípulos de cenas em que em breve tomariam parte. Deviam proclamar as verdades a eles confiadas, e seriam levados a conflitos com os governantes deste mundo. Por Sua causa seriam intimados a tribunais, e perante juízes e reis. Prometeu-lhes sabedoria que ninguém poderia contradizer. Suas palavras que moviam o coração da multidão e confundiam os sagazes adversários, testemunhavam do poder daquele Espírito imanente, que prometera a Seus seguidores.

Havia muitos, porém, que ansiavam a graça do Céu unicamente para servir a seus propósitos egoístas. Reconheciam o maravilhoso poder de Cristo de expor a verdade em clara luz. Ouviam a promessa a Seus seguidores, de sabedoria para falar perante governadores e juízes. Não lhes concederia também poder para seu proveito material?

"E disse-Lhe um da multidão: Mestre, dize a meu irmão que reparta comigo a herança." Lucas 12:13. Deus dera por Moisés instruções a respeito da transmissão de propriedade. O primogênito recebia uma porção dobrada das posses do pai (Deuteronômio 21:17), enquanto os mais jovens recebiam o restante em partes iguais. Este homem julga que seu irmão o defraudou de sua herança. Seus próprios esforços falharam para ganhar o que considerava seu de direito; porém, se Cristo Se interpusesse, a intenção certamente seria alcançada. Ele ouvira os fortes apelos de Cristo e Suas solenes denúncias contra os escribas e fariseus. Se palavras de tal autoridade fossem dirigidas a este irmão, não ousaria recusar ao queixoso sua cota.

No meio da solene instrução que Cristo dera, este homem revelou sua disposição egoísta. Podia apreciar aquela habilidade do Senhor que serviria à promoção de seus negócios temporais; porém, as verdades espirituais não lhe impressionavam a mente nem o coração. A obtenção da herança era o tema que o enlevava. Jesus, o Rei da glória, que era rico mas por nossa causa Se tornou pobre, lhe estava abrindo os tesouros do amor divino. O Espírito Santo com ele pleiteava para que se tornasse herdeiro do tesouro "incorruptível, incontaminável e que se não pode murchar". 1 Pedro 1:4. Vira as evidências do amor de Cristo. Agora tinha a oportunidade de falar ao grande Mestre e de exprimir o mais íntimo desejo do coração. Como o homem com o ancinho na alegoria de Bunyan, seus olhos estavam fixos na Terra. Não viu a coroa sobre sua cabeça. Como Simão Mago, estimava a dádiva de Deus como meio de alcançar lucros materiais.

A missão do Salvador na Terra estava próxima do fim. Restavam-Lhe poucos meses para concluir aquilo a que viera, isto é, estabelecer o reino de Sua graça. Contudo, a cobiça humana tentava desviá-Lo de Sua obra para resolver a contenda sobre um pedaço de terra. Mas Jesus não podia ser distraído de Sua missão. Retrucou: "Homem, quem Me pôs a Mim por juiz ou repartidor entre vós?" Lucas 12:14.

Jesus podia ter dito a esse homem justamente o que era correto. Sabia quem neste caso tinha razão; porém os irmãos estavam em desavença porque eram avarentos. Cristo disse, com efeito: Não Me compete a Mim a tarefa de decidir controvérsias de tal espécie. Viera com outro propósito, isto é, pregar o evangelho e assim despertar os homens para o senso das realidades eternas.

Na atitude de Cristo nesse caso há uma lição para todos os que ministram em Seu nome. Quando enviou os doze, disse: "E, indo, pregai, dizendo: É chegado o reino dos Céus. Curai os enfermos, limpai os leprosos, ressuscitai os mortos, expulsai os demônios; de graça recebestes, de graça dai." Mateus 10:7, 8. Não tinham que resolver as questões temporais do povo. Sua obra era persuadir os homens para que se reconciliassem com Deus. Nesta obra consistia seu poder para abençoar a humanidade. O único remédio para os pecados e sofrimentos dos homens é Cristo. Unicamente o evangelho de Sua graça pode curar os males que amaldiçoam a sociedade. A injustiça do rico para com o pobre, e o ódio dos pobres para com os ricos, ambos têm a raiz no egoísmo; e este, somente pode ser desarraigado pela submissão a Cristo. Ele, unicamente, substitui o cobiçoso coração do pecado pelo novo coração de amor. Preguem os servos de Cristo o evangelho com o Espírito enviado do Céu e como Ele trabalhem para o benefício dos homens. Então, hão de se manifestar no abençoar e soerguer a humanidade, resultados cuja realização seria totalmente impossível pelo poder humano.

Nosso Senhor bateu na raiz da questão que turbava este interlocutor e de todas as disputas semelhantes, dizendo: "Acautelai-vos e guardai-vos da avareza, porque a vida de qualquer não consiste na abundância do que possui." Lucas 12:15.

"E lhes proferiu ainda uma parábola, dizendo: O campo de um homem rico produziu com abundância. E arrazoava consigo mesmo, dizendo: Que farei, pois não tenho onde recolher os meus frutos? E disse: Farei isto: destruirei os meus celeiros, reconstruí-los-ei maiores e aí recolherei todo o meu produto e todos os meus bens. Então, direi à minha alma: tens em depósito muitos bens para muitos anos; descansa, come, bebe e regala-te. Mas Deus lhe disse: Louco, esta noite te pedirão a tua alma; e o que tens preparado, para quem será? Assim é o que entesoura para si mesmo e não é rico para com Deus." Lucas 12:16-21.

Pela parábola do rico insensato mostrou Cristo a loucura dos que fazem do mundo seu tudo. Este homem recebera tudo de Deus. Ao Sol fora permitido brilhar sobre sua propriedade; pois seus raios caem sobre justos e injustos. A chuva desce do céu do mesmo modo sobre maus e bons. O Senhor fizera que a vegetação florescesse e os campos produzissem abundantemente. O rico estava em perplexidade sobre o que devia fazer com a colheita. Seus celeiros estavam superabarrotados, e não tinha lugar para o excedente. Não pensou em Deus, de quem vieram todas as dádivas. Não reconheceu que Deus o fizera mordomo de Seus bens, para que socorresse os necessitados. Tinha a abençoada oportunidade de se tornar distribuidor das bênçãos de Deus, porém unicamente pensou em administrar ao próprio conforto.

A situação do pobre, do órfão, da viúva, do enfermo, do aflito, foi trazida à atenção desse rico. Havia muitos lares nos quais distribuir seus bens. Podia ele facilmente privar-se de uma porção de sua abundância e muitas famílias poderiam ser libertas das privações, muito faminto poderia ser saciado, vestido muito nu, muito coração alegrado, respondida muita súplica por pão e roupa, e uma melodia de louvor teria ascendido ao Céu. O Senhor ouvira a oração do necessitado, e em Sua bondade tomara providência para o pobre. Salmos 68:10. Havia na bênção outorgada ao rico abundante provisão para a indigência de muitos. Cerrou ele, porém, o coração ao clamor do indigente, e disse aos servos: "Farei isto: destruirei os meus celeiros, reconstruí-los-ei maiores e aí recolherei todo o meu produto e todos os meus bens. Então, direi à minha alma: tens em depósito muitos bens para muitos anos; descansa, come, bebe e regala-te.." Lucas 12:18, 19.

A aspiração desse homem não era mais elevada que a das bestas que perecem. Vivia como se não houvesse Deus, nem Céu, nem vida futura; como se tudo que possuía lhe pertencesse, e nada devesse a Deus nem aos homens. Descreve o salmista esse rico, ao dizer: "Disseram os néscios no seu coração: Não há Deus." Salmos 14:1.

Esse homem vivera e planejara para o eu. Vê que há bastante provisão para o futuro; nada mais lhe resta agora senão entesourar e desfrutar o fruto de seu trabalho. Considera-se favorecido sobre os outros homens, e confere a si mesmo a honra de ter administrado sabiamente. É honrado pelos concidadãos como homem de bom discernimento e próspero. Porque "os homens" te louvam, "quando faz bem a si mesmo". Salmos 49:18.

Mas "a sabedoria deste mundo é loucura diante de Deus". 1 Coríntios 3:19. Enquanto o rico está prevendo anos de prazeres, o Senhor faz planos muito diferentes. Veio a este mordomo infiel a mensagem: "Louco, esta noite te pedirão a tua alma." Eis uma exigência que o dinheiro não pode satisfazer. O tesouro por ele acumulado não pode alcançar revogação. Num momento torna-se sem valor aquilo para cujo ganho trabalhara a vida toda. "E o que tens preparado para quem será?" Lucas 12:20. Seus largos campos e celeiros abarrotados escapam a seu controle. "Amontoam riquezas e não sabem quem as levará." Salmos 39:6.

A única coisa que lhe seria de valor agora, não a adquiriu. Vivendo para o próprio eu, rejeitou o amor divino, que fluiria em misericórdia para com seus concidadãos. Assim obrando, rejeitou a vida; porque Deus é amor, e amor é vida. Este homem escolheu o material em vez do espiritual, e com o material tem que sucumbir. "O homem que está em honra, e não tem entendimento, é semelhante aos animais, que perecem." Salmos 49:20. "Assim é aquele que para si ajunta tesouros, e não é rico para com Deus." Lucas 12:21. A ilustração é aplicável a todos os tempos. Podeis planejar meramente para a própria satisfação egoísta, acumular tesouros, construir mansões grandes e altas como os arquitetos da antiga Babilônia; porém, não podeis arquitetar um muro tão alto e um portal tão forte que exclua os mensageiros da vingança. O rei Belsazar dava um grande banquete, e louvava "aos deuses de ouro, de prata, de cobre, de ferro, de madeira e de pedra". Daniel 5:4. Mas a mão do Invisível escreveu na parede aquelas palavras de condenação, e o ruído do exército inimigo foi ouvido nos portões do palácio. "Naquela mesma noite, foi morto Belsazar, rei dos caldeus", e um rei estrangeiro subiu ao trono. Daniel 5:30.

Viver para si mesmo é perecer. A avareza, o desejo de beneficiar a si próprio, compromete a vida. É de Satanás o espírito de ganhar e atrair para si. De Cristo é o espírito de dar e sacrificar-se em benefício dos outros. "E o testemunho é este: que Deus nos deu a vida eterna; e esta vida está em Seu Filho. Quem tem o Filho tem a vida; quem não tem o Filho de Deus não tem a vida." 1 João 5:11, 12.

Portanto diz: "Acautelai-vos e guardai-vos da avareza, porque a vida de qualquer não consiste na abundância do que possui." Lucas 12:15.

Capítulo 21—Como se decide o nosso destino

Este capítulo é baseado em Lucas 16:19-31.

Na parábola do rico e Lázaro, Cristo mostra que nesta vida os homens decidem seu destino eterno. Durante o tempo da graça de Deus, esta é oferecida a toda a humanidade. Mas, se os homens desperdiçam as oportunidades na satisfação própria, afastam-se da vida eterna. Não lhes será concedida nova oportunidade. Por sua própria escolha cavaram entre eles e Deus um abismo intransponível.

Essa parábola traça um contraste entre o rico que não confiara em Deus e o pobre que nEle depositara confiança. Cristo mostra que se está aproximando o tempo em que a posição das duas classes será invertida. Os que, embora pobres nos bens deste mundo confiam em Deus e são pacientes no sofrimento, um dia serão exaltados sobre os que agora ocupam as mais elevadas posições que o mundo pode dar, mas não submeteram sua vida a Deus.

"Ora, havia um homem rico", disse Cristo, "e vestia-se de púrpura e de linho finíssimo, e vivia todos os dias regalada e esplendidamente. Havia também um certo mendigo, chamado Lázaro, que jazia cheio de chagas à porta daquele. E desejava alimentar-se com as migalhas que caíam da mesa do rico." Lucas 16:19-21.

O rico não pertencia à classe representada pelo juiz injusto, que declarava abertamente seu desrespeito a Deus e ao homem. Professava ser filho de Abraão. Não maltratava o mendigo nem exigia que se retirasse porque sua aparência lhe era repugnante. Se este pobre e asqueroso espécime da humanidade era confortado por contemplá-lo ao passar os portais, o rico consentia que lá permanecesse. Mas era de forma egoísta indiferente às necessidades de seu irmão sofredor.

Não havia então hospitais onde os enfermos pudessem ser cuidados. Os sofredores e necessitados eram trazidos ao conhecimento daqueles a quem Deus confiara riquezas, para que deles recebessem auxílio e simpatia. Assim se dava com o mendigo e o rico. Lázaro estava em grande necessidade, pois não tinha amigos, casa, dinheiro, nem alimento. Contudo era deixado ficar nesse estado dia após dia, enquanto toda necessidade do nobre rico era suprida. Ele, a quem seria tão fácil aliviar os sofrimentos de seu próximo, vivia para si mesmo, como o fazem muitos hoje em dia.

Hoje, em nossa vizinhança, muitos há famintos, nus e sem teto. Se negligenciarmos repartir nossos meios com esses necessitados e sofredores, pomos sobre nós um fardo de culpa, que um dia temeremos enfrentar. Toda avareza é condenada como idolatria. Toda condescendência egoísta é aos olhos de Deus uma ofensa.

Deus fizera do rico um mordomo de Seus meios, com a obrigação de atender justamente a casos tais como o do mendigo. Fora dada a ordem: "Amarás, pois, o Senhor, teu Deus, de todo o teu coração, e de toda a tua alma, e de todo o teu poder" (Deuteronômio 6:5); e "amarás o teu próximo como a ti mesmo". Levítico 19:18. O rico era judeu, e como tal conhecia os mandamentos de Deus. Esqueceu, porém, que teria que prestar contas pelo uso dos meios e capacidades a ele concedidos. As bênçãos do Senhor sobre ele repousavam abundantemente, mas as empregou de forma egoísta para a própria honra e não de seu Criador. Proporcional à abundância era a sua obrigação de usar as dádivas para erguer a humanidade. Este era o mandamento do Senhor. Mas o rico não pensara na obrigação para com Deus. Emprestava dinheiro e recebia juros do mesmo, mas não devolvia juros do que Deus lhe emprestara. Possuía conhecimento e talentos, mas não os aperfeiçoava. Esquecendo sua responsabilidade para com Deus, devotara todas as energias ao prazer. Tudo de que era rodeado, o círculo de divertimentos, os louvores e lisonjas de seus amigos, lhe satisfazia o prazer egoísta. Tão enlevado estava na companhia dos amigos, que perdeu todo o senso da responsabilidade de cooperar com Deus em Seu ministério de misericórdia. Tinha oportunidade de compreender a Palavra de Deus e praticar seus ensinos, mas a sociedade amante de prazeres que escolhera lhe ocupava tanto o tempo, que esqueceu o Deus da eternidade.

Veio o tempo em que se deu uma mudança na condição dos dois homens. O pobre sofrera dia após dia, porém suportara com paciência e tranqüilidade. Afinal morreu e foi sepultado. Ninguém por ele chorou, porém testemunhara de Cristo pela paciência no sofrimento, suportara a prova de sua fé, e na morte nos é representado como havendo sido levado pelos anjos ao seio de Abraão.

Lázaro representa o pobre sofredor que crê em Cristo. Quando a trombeta soar e todos os que estão nas sepulturas ouvirem a voz de Cristo e ressurgirem, receberão a recompensa; pois sua fé em Deus não era mera teoria, mas realidade. "E morreu também o rico e foi sepultado. E, no Hades, ergueu os olhos, estando em tormentos, e viu ao longe Abraão e Lázaro, no seu seio. E, clamando, disse: Abraão, meu pai, tem misericórdia de mim e manda a Lázaro que molhe na água a ponta do seu dedo e me refresque a língua, porque estou atormentado nesta chama." Lucas 16:22-24.

Nesta parábola Cristo Se acercava do povo no próprio terreno deles. A doutrina de um estado consciente de existência entre a morte e a ressurreição era mantida por muitos dos que ouviam as palavras de Cristo. O Salvador lhes conhecia as idéias e compôs Sua parábola de modo a inculcar verdades importantes em lugar dessas opiniões preconcebidas. Apresentou aos ouvintes um espelho em que se pudessem ver em sua verdadeira relação para com Deus. Usou a opinião predominante para exprimir a idéia de que desejava todos ficassem imbuídos, isto é, que nenhum homem é apreciado por suas posses; porque tudo que lhe pertence é unicamente emprestado por Deus. O mau emprego destas dádivas colocá-lo-á abaixo dos mais pobres e afligidos que amam a Deus, e nEle confiam.

Cristo desejava que Seus ouvintes compreendessem a impossibilidade do homem assegurar-se a salvação da alma depois da morte. Abraão é apresentado como a responder: "Filho, lembra-te de que recebeste os teus bens em tua vida, e Lázaro, somente males; e, agora, este é consolado, e tu, atormentado. E, além disso, está posto um grande abismo entre nós e vós, de sorte que os que quisessem passar daqui para vós não poderiam, nem tampouco os de lá, passar para cá." Lucas 16:25, 26. Deste modo Cristo mostra a completa falta de esperança em aguardar uma segunda oportunidade. Esta vida é o único tempo dado ao homem para preparar-se para a eternidade.

O rico não abandonara a crença de ser filho de Abraão, e em sua aflição é apresentado como a pedir-lhe socorro. "Abraão, meu pai", orou ele, "tem misericórdia de mim." Lucas 16:24. Não orou a Deus, mas a Abraão. Assim mostrava que colocava Abraão acima de Deus, e confiava na salvação pelo parentesco com ele. O ladrão na cruz endereçou sua oração a Cristo. "Senhor, lembra-Te de mim, quando entrares no Teu reino" (Lucas 23:42), disse ele, e imediatamente veio a resposta: Na verdade, na verdade te digo hoje (quando estou suspenso na cruz, em humilhação e sofrimento), estarás comigo no Paraíso. O rico, porém, orou a Abraão, e sua petição não foi atendida. Cristo somente está exaltado a "Príncipe e Salvador, para dar a Israel o arrependimento e remissão dos pecados". Atos dos Apóstolos 5:31. "E em nenhum outro há salvação." Atos dos Apóstolos 4:12.

O rico passara a vida em complacência própria, e demasiado tarde viu que não fizera provisão para a eternidade. Reconheceu sua loucura, e pensou nos irmãos que como ele procederiam, vivendo para se comprazerem. Suplicou, então: "Rogo-te, pois, ó pai, que o mandes [Lázaro] à casa de meu pai, pois tenho cinco irmãos, para que lhes dê testemunho, a fim de que não venham para este lugar de tormento." Mas "disse-lhe Abraão: Eles têm Moisés e os profetas; ouçam-nos. E disse ele: Não, Abraão, meu pai; mas, se algum dos mortos fosse ter com eles, arrepender-se-iam. Porém Abraão lhe disse: Se não ouvem a Moisés e aos profetas, tampouco acreditarão, ainda que algum dos mortos ressuscite."

Lucas 16:27-31. Quando o rico solicitava evidência adicional para seus irmãos foi-lhe dito claramente que mesmo que esta evidência fosse dada, não seriam persuadidos. Seu pedido lançava uma injúria a Deus. Era como se o rico dissesse: Se me tivesses advertido mais cabalmente, eu não estaria aqui agora. Por sua resposta, Abraão é apresentado como a dizer: Teus irmãos têm sido suficientemente advertidos. Foi-lhes dada luz, porém não quiseram ver; foi-lhes apresentada a verdade, porém não quiseram ouvir. "Se não ouvem a Moisés e aos profetas, tampouco acreditarão, ainda que algum dos mortos ressuscite." Lucas 16:31. Essas palavras demonstraram-se verdadeiras na história da nação judaica. O último e mais importante milagre de Cristo foi a ressurreição de Lázaro de Betânia, após estar morto quatro dias. Aos judeus foi concedida esta maravilhosa demonstração da divindade do Salvador, mas rejeitaram-na. Lázaro ressurgiu dentre os mortos e apresentou-lhes seu testemunho, porém eles empederniram o coração contra toda evidência, e até tentavam tirar-lhe a vida. João 12:9-11.

A lei e os profetas são os meios designados por Deus para a salvação dos homens. Cristo disse: Atentem para estas evidências. Se não ouvem a voz de Deus em Sua Palavra, o testemunho de alguém que se levantasse dentre os mortos não seria atendido.

Aqueles que ouvem a Moisés e aos profetas não requererão maior luz que a que Deus deu; mas se os homens rejeitam a luz e deixam de apreciar as oportunidades a eles proporcionadas, não escutariam alguém que, dentre os mortos, se lhes acercasse com uma mensagem. Não seriam convencidos nem por esta evidência; porque os que rejeitam a lei e os profetas, endurecem o coração, ao ponto de repelir toda a luz.

A conversação entre Abraão e o homem outrora rico é figurativa. A lição a ser tirada dela é que a todo homem é dada suficiente luz para o desempenho dos deveres dele exigidos. As responsabilidades do homem são proporcionais às suas oportunidades e privilégios. Deus outorga a todos luz e graça suficientes para executar a obra que lhes deu para fazer. Se o homem deixar de fazer o que uma pequena luz mostra ser seu dever, maior luz somente revelaria infidelidade e negligência no aperfeiçoamento das bênçãos concedidas. "Quem é fiel no mínimo também é fiel no muito; quem é injusto no mínimo também é injusto no muito." Lucas 16:10. Quem recusa ser iluminado por Moisés e pelos profetas, e pede a execução de algum milagre maravilhoso, não seria persuadido se seu desejo se cumprisse.

A parábola do rico e Lázaro mostra como são avaliadas as duas classes representadas por estes homens no mundo invisível. Não é pecado ser rico, se a riqueza não for alcançada por injustiça. Um rico não é condenado por possuir riquezas; mas a condenação sobre ele paira se os meios a ele confiados forem despendidos de forma egoísta. Muito melhor faria, se depositasse seu dinheiro ao lado do trono de Deus, usando-o para fazer o bem. A morte não empobrecerá ninguém que assim se devote a procurar riquezas eternas. Mas, o homem que acumula dinheiro para si, nada poderá levar aos Céus; demonstrou-se um mordomo infiel. Durante a vida teve boas coisas; mas esqueceu-se do dever para com Deus; deixou de assegurar-se o tesouro celeste.

O rico que teve tantos privilégios nos é apresentado como alguém que deveria haver cultivado seus dons de modo que suas obras atingissem o grande além, levando consigo as aperfeiçoadas vantagens espirituais. É propósito da redenção não somente extirpar o pecado, mas restituir ao homem os dons espirituais perdidos pelo poder atrofiante do pecado. Dinheiro não pode ser introduzido na vida futura; ele não é necessário lá; mas as boas obras feitas para conquistar almas para Cristo, são levadas às mansões celestes. Mas os que desperdiçam de forma egoísta as dádivas do Senhor, que deixam seus semelhantes sem auxílio, e nada fazem para a promoção da obra de Deus neste mundo, desonram seu Criador. Roubo a Deus está escrito junto a seus nomes nos livros do Céu. O rico tinha tudo quanto podia ser adquirido por dinheiro; mas não as riquezas que teriam conservado sua conta justa com Deus. Vivera como se tudo quanto possuía lhe pertencesse. Desdenhou o apelo de Deus e o clamor do pobre sofredor. Mas finalmente lhe chega um convite a que não pode deixar de atender. Por um poder que não pode questionar nem resistir, lhe é ordenado que entregue os bens de que não será mais mordomo. O homem que fora rico está reduzido a uma pobreza desesperadora. As vestes da justiça de Cristo, tecidas no tear do Céu, jamais podem cobri-lo. Ele, que uma vez usara a mais rica púrpura, o mais fino linho, está reduzido à nudez. Sua oportunidade findou. Nada trouxe ao mundo, e nada pode levar dele.

Cristo levantou a cortina e apresentou este quadro aos sacerdotes e maiorais, escribas e fariseus. Olhai-o vós que sois ricos nos bens deste mundo, e não sois ricos para com Deus. Não quereis contemplar esta cena? O que é mais estimável entre os homens é abominável à vista de Deus. Cristo diz: "Pois que aproveitaria ao homem ganhar todo o mundo e perder a sua alma? Ou que daria o homem pelo resgate da sua alma?" Marcos 8:36, 37.

Aplicação à nação judaica

Quando Cristo deu a parábola do rico e Lázaro, havia muitos na nação judaica na condição lastimosa do rico, usando os bens do Senhor para a própria satisfação egoísta, preparando-se para ouvir a sentença: "Pesado foste na balança e foste achado em falta." Daniel 5:27. O rico foi favorecido com todas as bênçãos temporais e espirituais, mas recusou cooperar com Deus no uso destas bênçãos. Isto se dava com a nação judaica. O Senhor fizera dos judeus depositários da verdade sagrada. Nomeou-os mordomos de Sua graça. Deu-lhes todas as vantagens temporais e espirituais, encarregou-os de partilhar estas bênçãos. Uma instrução especial fora-lhes dada a respeito do tratamento de irmãos empobrecidos, dos estrangeiros dentro de suas portas e dos pobres entre estes. Não deveriam procurar ganhar tudo para o proveito próprio, antes deveriam lembrar-se dos necessitados e repartir com eles. E Deus prometeu abençoá-los de acordo com as suas obras de amor e misericórdia. Como o rico, porém, não estendiam a mão auxiliadora para aliviar as necessidades temporais e espirituais da humanidade sofredora. Cheios de orgulho, consideravam-se o povo escolhido e favorecido de Deus; contudo não serviam nem adoravam a Deus. Depositavam confiança na circunstância de serem filhos de Abraão. "Somos descendência de Abraão", diziam, com altivez. João 8:33. Ao chegar a crise foi revelado que se tinham divorciado de Deus, e confiado em Abraão como se fosse Deus.

Cristo ansiava iluminar os espíritos entenebrecidos do povo judeu. Dizia-lhes: "Se fôsseis filhos de Abraão, faríeis as obras de Abraão. Mas, agora, procurais matar-Me a Mim, homem que vos tem dito a verdade que de Deus tem ouvido; Abraão não fez isso." João 8:39, 40.

Cristo não reconhecia virtude na estirpe. Ensinava que a ligação espiritual supera a natural. Os judeus diziam ser descendentes de Abraão; porém, deixando de fazer as obras de Abraão, provavam não ser seus verdadeiros filhos. Somente os que provam estar em harmonia espiritual com Abraão, obedecendo à voz de Deus, são tidos como da legítima descendência. Embora o mendigo pertencesse à classe pelos homens considerada inferior, Cristo o reconhecia como alguém a quem Abraão tomaria na mais íntima amizade. Embora o rico estivesse rodeado de todos os luxos da vida, era tão ignorante que colocava a Abraão onde devia estar Deus. Se tivesse apreciado seus elevados privilégios e permitisse que o Espírito de Deus lhe moldasse o espírito e coração, teria procedido de maneira muito diferente. O mesmo se dava com a nação que representava. Se tivessem atendido ao convite divino, seu futuro seria totalmente diverso. Teriam mostrado verdadeiro discernimento espiritual. Possuíam meios que Deus poderia multiplicar, tornando-os suficientes para abençoar e iluminar todo o mundo. Tinham-se, porém, afastado tanto das prescrições do Senhor, que toda a sua vida estava pervertida. Deixaram de usar as dádivas como mordomos de Deus de acordo com a verdade e justiça. A eternidade não era tomada em consideração, e o resultado de sua infidelidade foi ruína para toda a nação.

Cristo sabia que na destruição de Jerusalém os judeus se lembrariam de Sua advertência. E assim foi. Ao vir a calamidade sobre Jerusalém, quando miséria e sofrimento de toda espécie sobrevieram ao povo, lembraram-se dessas palavras de Cristo e entenderam a parábola. Acarretaram sobre si mesmos sofrimento pelo menosprezo de fazer brilhar a luz dada por Deus ao mundo.

Nos últimos dias

As cenas finais da história deste mundo são-nos retratadas no final da história do rico. O rico professava ser filho de Abraão, porém foi alienado de Abraão por um abismo intransponível -- o caráter incorretamente formado. Abraão servia a Deus, seguindo Sua Palavra com fé e obediência. Mas o rico não pensava em Deus, nem nas carências da humanidade sofredora. O grande abismo posto entre ele e Abraão era o abismo da desobediência. Muitos há hoje em dia que estão seguindo a mesma trilha. Embora membros da igreja, não são conversos. Podem tomar parte no culto religioso e cantar o salmo: "Como o cervo brama pelas correntes das águas, assim suspira a minha alma por Ti, ó Deus!" (Salmos 42:1) porém, dão testemunho de falsidade. Aos olhos de Deus, não são mais justos que o maior pecador. O que se alegra com prazeres mundanos, que ama a ostentação, não pode servir a Deus. Como o rico da parábola, essa pessoa não tem pendor para combater os prazeres da carne. Anseia satisfazer o apetite. Escolhe a atmosfera do pecado. Repentinamente é arrastado pela morte e baixa ao túmulo com o caráter formado durante a vida em parceria com os agentes satânicos. Na cova não tem a possibilidade de escolher nada, seja bom ou mau; porque quando o homem morre, sua memória perece. Salmos 146:4; Eclesiastes 9:5, 6.

Quando a voz de Deus despertar os mortos, virão eles da sepultura com os mesmos apetites e paixões, com os mesmos gostos e caprichos que nutriam quando vivos. Deus não faz milagres para regenerar um homem que não quis ser regenerado quando lhe era proporcionada toda oportunidade e favorecidos todos os meios. Durante a vida não se deleitava em Deus nem tinha prazer em Sua obra. Seu caráter não está em harmonia com Deus, e não poderia ser feliz na família celestial.

Há em nosso mundo, hoje, uma classe cheia de justiça própria. Não são glutões, nem beberrões, não são incrédulos; porém, desejam viver para si mesmos e não para Deus. Ele não está em seus pensamentos; por isso são classificados com os descrentes. Caso lhes fosse possível entrar na cidade de Deus, não poderiam ter direito à árvore da vida; pois quando os mandamentos de Deus lhes foram apresentados com todas as reivindicações em vigor, disseram: Não. Não serviram a Deus aqui, por isso não haveriam de servi-Lo futuramente. Não poderiam viver em Sua presença, e sentiriam que qualquer lugar seria preferível ao Céu.

Aprender de Cristo significa receber Sua graça, que é Seu caráter. Mas os que não apreciam nem aproveitam as preciosas oportunidades e sagradas influências a eles concedidas na Terra, não estão qualificados para tomar parte na pura devoção do Céu. Seu caráter não está moldado segundo a semelhança divina. Por sua própria negligência abriram uma voragem que nada pode transpor. Entre eles e o justo está posto um grande abismo.

Capítulo 22—O que tem mais valor diante de Deus

Este capítulo é baseado em Mateus 21:23-32.

"Um homem tinha dois filhos e, dirigindo-se ao primeiro, disse: Filho, vai trabalhar hoje na minha vinha. Ele, porém, respondendo, disse: Não quero. Mas, depois, arrependendo-se, foi. E, dirigindo-se ao segundo, falou-lhe de igual modo; e, respondendo ele, disse: Eu vou, senhor; e não foi. Qual dos dois fez a vontade do pai? Disseram-lhe eles: O primeiro." Mateus 21:28-31.

No sermão da montanha, disse Cristo: "Nem todo o que Me diz: Senhor, Senhor! entrará no reino dos Céus, mas aquele que faz a vontade de Meu Pai, que está nos Céus." Mateus 7:21. A prova de sinceridade não está nas palavras, mas nos atos. Cristo não diz a ninguém: Que dizeis mais do que os outros? porém: "Que fazeis de mais?" Mateus 5:47. Cheias de significação são Suas palavras: "Se sabeis essas coisas, bem-aventurados sois se as fizerdes." João 13:17. As palavras não são de valor algum se não forem acompanhadas de atos equivalentes. Esta é a lição ensinada na parábola dos dois filhos.

Esta parábola foi pronunciada na última visita de Cristo a Jerusalém, antes de Sua morte. Expulsara do templo os vendedores e compradores. Sua voz lhes falara ao coração com o poder de Deus. Assombrados e terrificados, obedeceram ao mando sem recusa nem resistência.

Abatido o terror, os sacerdotes e anciãos, voltando ao templo, encontraram Cristo curando os enfermos e moribundos. Ouviram vozes de alegria e cânticos de louvor. No próprio templo as crianças, a quem restaurara a saúde, acenavam ramos de palmeiras e cantavam hosanas ao Filho de Davi. Criancinhas balbuciavam os louvores do poderoso Médico. Contudo para os sacerdotes e anciãos isto não bastava para vencer os preconceitos e ciúmes.

Quando, no dia seguinte, Cristo ensinava no templo, os príncipes dos sacerdotes e anciãos do povo foram ter com Ele, e disseram: "Com que autoridade fazes isso? E quem Te deu tal autoridade?" Mateus 21:23.

Os sacerdotes e anciãos tiveram uma insofismável demonstração do poder de Cristo. Na purificação do templo, viram a autoridade do Céu irradiando de Seu semblante. Não puderam resistir ao poder com que falara. Além disso, respondera-lhes pelas maravilhosas curas. Dera, de Sua autoridade, provas que não podiam ser refutadas. Mas não era evidência o que desejavam. Os sacerdotes e anciãos estavam ansiosos por Jesus Se proclamar o Messias, para mal interpretarem-Lhe as palavras e incitarem contra Ele o povo. Desejavam aniquilar Sua influência e matá-Lo.

Jesus sabia que se não reconheciam a Deus na pessoa dEle, nem viam em Suas palavras a evidência de Seu divino caráter, não creriam no próprio testemunho de que era o Cristo. Em Sua resposta evitou a cilada a que esperavam induzi-Lo, e voltou sobre eles mesmos a condenação. "Também vos perguntarei uma coisa", disse Ele, "se ma disserdes, também Eu vos direi com que autoridade faço isso. O batismo de João donde era? Do Céu ou dos homens?" Mateus 21:24, 25.

Os sacerdotes e maiorais ficaram perplexos. "E pensavam entre si, dizendo: Se dissermos: do Céu, Ele nos dirá: Então, por que não o crestes? E, se dissermos: dos homens, tememos o povo, porque todos consideram João como profeta. E, respondendo a Jesus, disseram: Não sabemos. Ele disse-lhes: Nem Eu vos digo com que autoridade faço isso." Mateus 21:25-27.

"Não sabemos." Essa resposta era uma falsidade. Mas os sacerdotes viram a posição em que estavam e dissimularam, com o fim de se defender. João Batista viera testemunhando dAquele cuja autoridade então discutiam. Apontara a Ele, dizendo: "Eis o Cordeiro de Deus, que tira o pecado do mundo." João 1:29. Ele O batizara, e depois do batismo, quando Cristo orava, o Céu se abriu, e o Espírito de Deus repousou sobre Ele como uma pomba, enquanto se ouviu uma voz do Céu, dizendo: "Este é o Meu Filho amado, em quem Me comprazo." Mateus 3:17.

Lembrando-se de como João repetira as profecias a respeito do Messias, recordando a cena do batismo de Jesus, os sacerdotes e maiorais não ousaram dizer que o batismo de João era do Céu. Se reconhecessem a João como profeta, como criam que fosse, como poderiam negar seu testemunho de que Jesus de Nazaré era o Filho de Deus? E não podiam dizer que o batismo de João era dos homens por causa do povo que cria que João fosse profeta. Assim, disseram: "Não sabemos."

Deu, então, Cristo a parábola do pai e dos dois filhos. Quando o pai foi ao primeiro, dizendo: "Vai trabalhar hoje na minha vinha", o filho prontamente respondeu: "Não quero." Mateus 21:28, 29. Recusou obedecer, e entregou-se a companhia e procedimentos ímpios. Mas depois se arrependeu e obedeceu ao chamado.

O pai foi ao segundo, com a mesma ordem: "Vai trabalhar hoje na minha vinha." Esse filho replicou: "Eu vou, senhor"; porém, não foi. Mateus 21:30.

Nessa parábola o pai representa Deus, a vinha, a igreja. Pelos dois filhos são representadas duas classes de pessoas.

O filho que recusou obedecer à ordem, dizendo: "Não quero", representa aqueles que vivem em transgressão aberta, que não fazem profissão de piedade, que declaradamente recusam submeter-se ao jugo de restrição e obediência que a lei de Deus impõe. Muitos destes, porém, se arrependeram depois e obedeceram ao chamado divino. Quando o evangelho os atingiu, na mensagem de João Batista: "Arrependei-vos, porque é chegado o reino dos Céus", arrependeram-se e confessaram seus pecados. Mateus 3:2.

No filho que disse: "Eu vou, senhor" (Mateus 21:30), e não foi, revelou-se o caráter dos fariseus. Como esse filho, os guias judeus eram impenitentes e presunçosos. A vida religiosa da nação judaica tornara-se formalidade. Ao ser proclamada a lei no monte Sinai, pela voz de Deus, todo o povo se comprometeu a obedecer. Disseram: "Eu vou, senhor", porém não foram. Quando Cristo veio em pessoa para lhes apresentar os princípios da lei, rejeitaram-nO. Cristo dera aos guias judeus de Seu tempo provas abundantes de Sua autoridade e poder divinos, e embora convictos, não quiseram aceitar a evidência. Cristo lhes mostrou que continuavam a descrer porque não possuíam o espírito que conduz à obediência. Declarara-lhes: "E assim invalidastes, pela vossa tradição, o mandamento de Deus. Mas em vão Me adoram, ensinando doutrinas que são preceitos dos homens." Mateus 15:6, 9.

Na multidão que estava perante Jesus, havia escribas e fariseus, sacerdotes e maiorais, e depois de ter apresentado a parábola dos dois filhos, Jesus perguntou: "Qual dos dois fez a vontade do pai?" Esquecendo-se de si mesmos os fariseus responderam: "O primeiro." Isto disseram sem perceber que pronunciavam sentença contra si mesmos. Então Cristo fez a denúncia: "Em verdade vos digo que os publicanos e as meretrizes entram adiante de vós no reino de Deus. Porque João veio a vós no caminho de justiça, e não o crestes, mas os publicanos e as meretrizes o creram; vós, porém, vendo isso, nem depois vos arrependestes para o crer." Mateus 21:31, 32.

João Batista apresentou-se pregando a verdade, e por sua pregação os pecadores eram convencidos e convertidos. Estes entrariam no reino dos Céus antes daqueles que em justiça própria resistiam à solene advertência. Os publicanos e meretrizes eram ignorantes, porém estes homens cultos conheciam o caminho da verdade. Contudo recusavam andar no caminho que conduz ao Paraíso de Deus. A verdade que deveria haver sido para eles um cheiro de vida para vida, tornou-se um cheiro de morte para morte. Pecadores declarados, que se aborreciam a si mesmos, receberam das mãos de João o batismo, porém esses mestres eram hipócritas. Seu coração obstinado era o obstáculo para a aceitação da verdade. Resistiam à convicção do Espírito de Deus. Negavam obediência aos Seus mandamentos.

Cristo não lhes disse: Vós não podeis entrar no reino do Céu; porém, mostrou que eles mesmos criavam o obstáculo que lhes embargava a entrada. A porta ainda estava aberta para esses guias judeus; o convite ainda era mantido. Cristo anelava vê-los convencidos e conversos.

Os sacerdotes e anciãos de Israel passavam a vida em cerimônias religiosas que consideravam muito sagradas para ligá-las com negócios seculares. Por isso sua vida era tida como inteiramente religiosa. Eles, porém, executavam as cerimônias para serem vistos dos homens, para que fossem considerados pelo mundo piedosos e devotos. Ao passo que professavam obedecer, recusavam prestar obediência a Deus. Não eram praticantes da verdade que pretendiam ensinar.

Cristo declarou que João Batista era um dos maiores profetas, e mostrou aos ouvintes que tinham prova suficiente de que João era um mensageiro de Deus. As palavras do pregador no deserto eram poderosas. Apresentou sua mensagem inflexivelmente, repreendendo os pecados dos sacerdotes e maiorais, e prescrevendo-lhes as obras do reino dos Céus. Apontou-lhes o desrespeito pecaminoso à autoridade de seu Pai por eximirem-se ao cumprimento da tarefa a eles imposta. Não condescendeu com o pecado, e muitos se arrependeram de sua injustiça.

Fosse genuína a profissão dos guias judeus, e teriam recebido o testemunho de João e aceito a Jesus como o Messias. Mas não produziram os frutos do arrependimento e justiça. Justamente aqueles que desprezavam, os precediam no reino de Deus.

Na parábola, o filho que disse: "Eu vou, senhor", apresenta-se como fiel e obediente; porém o tempo mostrou que sua pretensão não era real. Não tinha verdadeiro amor ao pai. Assim os fariseus orgulhavam-se de sua santidade; porém, quando provados, foram achados em falta. Quando era de seu interesse, cumpriam exatamente as exigências da lei; mas, ao ser-lhes requerido obediência, anulavam toda a força dos preceitos de Deus por meio de ardilosos enganos. Deles declarou Cristo: "Não procedais em conformidade com as suas obras, porque dizem e não praticam." Mateus 23:3. Não possuíam verdadeiro amor a Deus e aos homens. Deus os chamou para serem Seus colaboradores no abençoar o mundo; mas se bem que nominalmente aceitavam a chamada, na prática negavam obediência. Confiavam em si mesmos e orgulhavam-se de sua bondade; mas desprezavam os mandamentos de Deus. Recusavam fazer a obra que Deus lhes prescrevera, e por causa de sua transgressão o Senhor estava prestes a divorciar-Se da nação desobediente.

Justiça própria não é verdadeira justiça, e aqueles que a ela se apegam terão que sofrer as conseqüências de uma decepção fatal. Muitos hoje em dia presumem obedecer aos mandamentos de Deus, todavia não possuem no coração o amor de Deus para transmiti-lo a outros. Chama-os Cristo para se unirem com Ele em Sua obra de salvar o mundo, porém contentam-se com dizer: "Eu vou, Senhor." Não vão, entretanto. Não cooperam com aqueles que estão executando a obra de Deus. São ociosos. Como o filho infiel, fazem falsas promessas a Deus. Assumindo o solene convênio da igreja, comprometeram-se a receber a Palavra de Deus, obedecer-lhe, entregar-se a Seu serviço, porém não fazem isto. Nominalmente professam ser filhos de Deus, mas na vida e no caráter desmentem o parentesco. Não rendem a vontade a Deus. Vivem uma mentira.

A promessa de obediência aparentam cumprir quando esta não exige sacrifício; mas quando são requeridas abnegação e renúncia, quando vêem a cruz para ser levada, retrocedem. Deste modo a convicção do dever desaparece, e a transgressão consciente dos mandamentos de Deus torna-se um hábito. O ouvido pode escutar a Palavra de Deus, mas, a percepção espiritual está desligada. O coração está endurecido, e a consciência cauterizada.

Não pense que você serve a Cristo porque não Lhe manifesta aberta hostilidade. Desse modo enganamos a nós mesmos. Retendo aquilo que Deus nos outorgou para usar em Seu serviço, seja tempo ou meios ou qualquer outra dádiva por Ele concedida, trabalhamos contra Ele.

Satanás usa a sonolenta e descuidada indolência de professos cristãos para se fortificar e conquistá-los para si. Muitos que presumem que embora não estejam trabalhando ativamente para Cristo, estão contudo a Seu lado, habilitam o inimigo a ocupar terreno e obter vantagens. Deixando de ser obreiros diligentes do Mestre, deixando deveres por cumprir e palavras por pronunciar, permitem que Satanás alcance domínio sobre as pessoas que podiam ser ganhas para Cristo.

Jamais poderemos ser salvos na indolência e inatividade. Não há pessoa verdadeiramente convertida que viva vida inútil e ociosa. Não nos é possível deslizar para dentro do Céu. Nenhum preguiçoso pode entrar lá. Se não nos esforçarmos para conseguir entrada no reino, se não procurarmos sinceramente aprender o que constitui suas leis, não estaremos aptos para dele participar. Quem recusa cooperar com Deus na Terra, não cooperaria com Ele no Céu. Não seria seguro levá-los para lá.

Mais esperança há para os publicanos e pecadores do que para os que conhecem a Palavra de Deus, e recusam obedecer-lhe. O homem que se vê pecador, sem paliativo para seu pecado, que sabe estar corrupto de alma, corpo e espírito perante Deus, torna-se alarmado, com medo de ser separado eternamente do reino dos Céus. Reconhece sua condição enferma, e procura remédio do grande Médico, que disse: "O que vem a Mim de maneira nenhuma o lançarei fora." João 6:37. Essas pessoas o Senhor pode usar como obreiros em Sua vinha.

O filho que por algum tempo negou obedecer ao mandado do pai não foi condenado por Cristo; mas, tampouco foi louvado. A classe que age como o primeiro filho, recusando obediência, não merece louvor por seu procedimento. Sua franqueza não deve ser considerada virtude. Santificada pela verdade e santidade tornaria os homens testemunhas destemidas para Cristo. Usada como é pelo pecador, porém, é insultante e arrogante, e aproxima-se da blasfêmia. O fato de um homem não ser hipócrita não lhe diminui a pecaminosidade. Quando os apelos do Espírito Santo atingirem ao coração, nossa única segurança está em a eles responder sem tardar. Quando vier o chamado: "Vai trabalhar hoje na Minha vinha", não recuseis o convite. "Hoje, se ouvirdes a Sua voz, não endureçais o vosso coração." Hebreus 4:7. É perigoso postergar a obediência. Podeis nunca mais ouvir o convite.

E ninguém se lisonjeie de que o pecado acariciado algum tempo pode ser deixado facilmente aos poucos. Não acontece assim. Todo pecado acariciado debilita o caráter e fortalece o hábito; a depravação física, mental e moral é a conseqüência. Podeis arrepender-vos do erro que cometestes, e pôr os pés no caminho justo, porém, o molde de vosso espírito e a familiaridade com o mal vos tornarão difícil distinguir entre o bem e o mal. Pelos maus hábitos formados, Satanás vos atacará sempre e sempre.

No mandamento: "Vai trabalhar hoje na Minha vinha", é provada a sinceridade de todo ser humano. Haverá ações tão boas quanto as palavras? Utilizará o que foi chamado todo o conhecimento que possui, trabalhando fiel e desinteressadamente para o Proprietário da vinha?

O apóstolo Pedro nos ensina a respeito do plano, segundo o qual devemos trabalhar. "Graça e paz vos sejam multiplicadas", disse ele, "pelo conhecimento de Deus e de Jesus, nosso Senhor. Visto como o Seu divino poder nos deu tudo o que diz respeito à vida e piedade, pelo conhecimento dAquele que nos chamou por Sua glória e virtude, pelas quais Ele nos tem dado grandíssimas e preciosas promessas, para que por elas fiqueis participantes da natureza divina, havendo escapado da corrupção, que, pela concupiscência, há no mundo.

"E vós também, pondo nisto mesmo toda a diligência, acrescentai à vossa fé a virtude, e à virtude, a ciência, e à ciência, a temperança, e à temperança, paciência, e à paciência, a piedade, e à piedade, o amor fraternal, e ao amor fraternal, a caridade." 2 Pedro 1:2-7.

Se você cultivar fielmente a vinha de sua vida, Deus o fará colaborador Seu. E você terá que fazer uma obra não somente para você, mas também para os outros. Representando a igreja como a vinha, Cristo não nos ensina a restringir nossa simpatia e trabalho aos membros. A vinha do Senhor deve ser ampliada. Deseja Ele que se estenda a todas as partes da Terra. Recebendo instrução e graça de Deus, devemos ensinar a outros como devem ser tratadas as preciosas plantas. Assim ampliaremos a vinha do Senhor. Deus aguarda evidências de nossa fé, amor e paciência. Procura ver se usamos toda faculdade espiritual para nos tornarmos obreiros peritos em Sua vinha na Terra, para que possamos entrar no Paraíso de Deus, aquele lar do Éden, do qual Adão e Eva foram expulsos pela transgressão.

A posição de Deus para com os Seus é a de um pai, e tem o direito de pai ao nosso serviço fiel. Considerai a vida de Cristo. Sendo a cabeça da humanidade, servindo o Pai, é um exemplo do que cada filho deve e pode ser. A obediência que Cristo prestava, Deus requer hoje da humanidade. Servia a Seu Pai com amor, voluntariedade e livremente. "Deleito-Me em fazer a Tua vontade, ó Deus Meu", declarava Ele, "sim, a Tua lei está dentro do Meu coração." Salmos 40:8. Cristo não considerava sacrifício algum muito grande, nem trabalho algum pesado demais para executar a obra que viera fazer. Na idade de doze anos dizia: "Não sabeis que Me convém tratar dos negócios de Meu Pai?" Lucas 2:49. Ouvira o chamado, e iniciara a obra. Disse Ele: "A Minha comida é fazer a vontade dAquele que Me enviou e realizar a Sua obra." João 4:34.

Assim devemos servir a Deus. Somente O serve aquele que age segundo a mais alta norma de obediência. Todos quantos querem ser filhos e filhas de Deus precisam provar ser coobreiros de Deus, de Cristo e dos anjos celestiais. Esta é a prova para cada alma. Daqueles que O servem fielmente o Senhor diz: "Eles serão Meus, ... naquele dia que farei, serão para Mim particular tesouro; poupá-los-ei como um homem poupa a seu filho que o serve." Malaquias 3:17.

O grande objetivo de Deus na execução de Suas providências é provar os homens e dar-lhes oportunidades para desenvolver o caráter. Deste modo prova se são obedientes ou não a Seus mandamentos. Boas obras não adquirem o amor de Deus, porém revelam que possuímos esse amor. Se rendermos a vontade a Deus, não trabalharemos com o fim de merecer o Seu amor. Seu amor, como dádiva livre, será acolhido no coração, e impelido pelo mesmo nos deleitaremos em obedecer aos Seus mandamentos.

Há no mundo hoje somente duas classes, e somente essas duas serão reconhecidas no Juízo -- os que violam a lei de Deus, e os que a ela obedecem. Cristo nos dá a prova pela qual demonstramos nossa lealdade ou deslealdade. Diz Ele: "Se Me amardes, guardareis os Meus mandamentos. Aquele que tem os Meus mandamentos e os guarda, este é o que Me ama; e aquele que Me ama será amado de Meu Pai, e Eu o amarei e Me manifestarei a ele. Quem não Me ama não guarda as Minhas palavras; ora, a palavra que ouvistes não é Minha, mas do Pai que Me enviou." João 14:15, 21, 24. "Se guardardes os Meus mandamentos, permanecereis no Meu amor; do mesmo modo que Eu tenho guardado os mandamentos de Meu Pai e permaneço no Seu amor." João 15:10.

Capítulo 23—Por que vem a ruína

Este capítulo é baseado em Mateus 21:33-44.

A parábola dos dois filhos seguiu-se a da vinha. Numa Cristo expôs aos mestres judeus a importância da obediência. Na outra apontou as ricas bênçãos concedidas a Israel, e nestas mostra o reclamo de Deus a sua obediência. Apresentou-lhes a glória do propósito de Deus, que pela obediência poderiam ter cumprido. Removendo o véu do futuro mostrou como pela omissão de cumprir Seu propósito, toda a nação estava perdendo as bênçãos e acarretando ruína sobre si.

"Houve um homem, pai de família", disse Cristo, "que plantou uma vinha, e circundou-a de um valado, e construiu nela um lagar, e edificou uma torre, e arrendou-a a uns lavradores, e ausentou-se para longe." Mateus 21:33.

O profeta Isaías faz uma descrição dessa vinha: "Agora, cantarei ao meu amado o cântico do meu querido a respeito da sua vinha. O meu amado tem uma vinha em um outeiro fértil. E a cercou, e a limpou das pedras, e a plantou de excelentes vides; e edificou no meio dela uma torre e também construiu nela um lagar; e esperava que desse uvas boas, mas deu uvas bravas." Isaías 5:1, 2.

O lavrador escolhe um pedaço de terra no deserto; cerca, limpa, lavra e planta-o de vides seletas, antecipando rica colheita. Espera que esse pedaço de terra, por sua superioridade ao deserto inculto, o honre pelos resultados de seu cuidado e serviço. Assim Deus escolheu um povo do mundo para ser instruído e educado por Cristo. Diz o profeta: "A vinha do Senhor dos Exércitos é a casa de Israel, e os homens de Judá são a planta das suas delícias." Isaías 5:7. A este povo outorgou Deus grandes privilégios, abençoando-o ricamente com Sua profusa bondade. Esperava que O honrassem produzindo frutos. Deveriam revelar os princípios de Seu reino. No meio de um mundo decaído e ímpio deveriam representar o caráter de Deus.

Como a vinha do Senhor, deveriam produzir frutos inteiramente diferentes dos das nações pagãs. Estes povos idólatras entregaram-se inteiramente à impiedade. Violência e crime, avareza e opressão, e as práticas mais corruptas eram permitidas sem restrições. Iniqüidade, degradação e miséria eram frutos da árvore corrupta. Em notável contraste deveriam ser os frutos da vinha do Senhor.

Tinha a nação judaica o privilégio de representar o caráter de Deus como fora revelado a Moisés. Em resposta à súplica de Moisés: "Rogo-Te que me mostres a Tua glória", o Senhor lhe prometeu: "Farei passar toda a Minha bondade por diante de ti." Êxodo 33:18, 19. "Passando, pois, o Senhor perante a sua face, clamou: Jeová, o Senhor, Deus misericordioso e piedoso, tardio em iras e grande em beneficência e verdade; que guarda a beneficência em milhares; que perdoa a iniqüidade, e a transgressão, e o pecado." Êxodo 34:6, 7. Este era o fruto que Deus desejava receber de Seu povo. Na pureza do caráter, na santidade da vida, na misericórdia, e amor, e compaixão, deveriam mostrar que "a lei do Senhor é perfeita e refrigera a alma". Salmos 19:7.

Pela nação judaica era o propósito de Deus comunicar ricas bênçãos a todos os povos. Por Israel devia ser preparado o caminho para a difusão de Sua luz a todo o mundo. Por seguirem práticas corruptas perderam as nações da Terra o conhecimento de Deus. Contudo, em Sua misericórdia não as destruiu. Planejava dar-lhes a oportunidade de conhecê-Lo por intermédio de Sua igreja. Tinha em vista que os princípios revelados por Seu povo seriam o meio de restaurar no homem a imagem moral de Deus.

Para o cumprimento deste propósito, foi que Deus chamou Abraão dentre seus parentes idólatras, e lhe mandou habitar na terra de Canaã. "E far-te-ei uma grande nação", disse, "e abençoar-te-ei, e engrandecerei o teu nome, e tu serás uma bênção." Gênesis 12:2.

Os descendentes de Abraão, Jacó e sua posteridade, foram levados ao Egito para que no meio daquela grande e ímpia nação revelassem os princípios do reino de Deus. A integridade de José e sua maravilhosa obra em preservar a vida de todo o povo egípcio, era uma representação da vida de Cristo. Moisés e muitos outros eram testemunhas de Deus.

Tirando Israel do Egito, o Senhor novamente mostrou Seu poder e misericórdia. Suas maravilhosas obras no livramento da escravidão e Seu modo de proceder para com eles em suas peregrinações pelo deserto, não eram somente para seu próprio benefício. Deveriam ser uma lição objetiva para as nações circunvizinhas. O Senhor Se revelou como Deus sobre toda autoridade e grandeza humanas. Os sinais e maravilhas que operou a favor de Seu povo, revelaram Seu poder sobre a natureza e sobre o maior dos que a adoravam. Deus passou pelo altivo Egito como passará nos últimos dias por toda a Terra. Com fogo e tempestade, terremoto e morte, o grande "Eu Sou" livrou Seu povo; tirou-os da terra da escravidão. Conduziu-os através daquele "grande e terrível deserto de serpentes ardentes, e de escorpiões, e de secura". Deuteronômio 8:15. Fez sair água para eles "da rocha do seixal" (Deuteronômio 8:15), e alimentou-os com "trigo do Céu". Salmos 78:24. "Porque", disse Moisés, "a porção do Senhor é o Seu povo; Jacó é a parte da Sua herança. Achou-o na terra do deserto e num ermo solitário cheio de uivos; trouxe-o ao redor, instruiu-o, guardou-o como a menina do Seu olho. Como a águia desperta o seu ninho, se move sobre os seus filhos, estende as suas asas, toma-os e os leva sobre as suas asas, assim, só o Senhor o guiou; e não havia com ele deus estranho." Deuteronômio 32:9-12. Deste modo atraiu-os a Si para que habitassem sob a sombra do Altíssimo.

Cristo era o guia dos filhos de Israel em suas peregrinações no deserto. Envolto na coluna de nuvem durante o dia e na de fogo durante a noite, os conduziu e guiou. Preservou-os dos perigos do deserto; levou-os à terra da promessa, e diante de todas as nações que não conheciam a Deus, estabeleceu Israel como Sua possessão peculiar, a vinha do Senhor.

A este povo foram confiados os oráculos de Deus. Eram circunvalados pelos preceitos de Sua lei, os eternos princípios de verdade, justiça e pureza. A obediência a estes princípios devia ser sua proteção, pois os salvaria de se destruírem por práticas pecaminosas. E como a torre na vinha, Deus colocou no meio da terra Seu santo templo.

Cristo era o instrutor. Como estivera com eles no deserto, assim também continuaria a ser o mestre e guia. No tabernáculo e no templo Sua glória habitava no santo "shekinah" sobre o propiciatório. Em favor deles manifestou constantemente as riquezas de Seu amor e paciência.

Deus desejava fazer do povo de Israel um louvor e glória. Todos os privilégios espirituais lhes foram concedidos. Deus nada reteve que pudesse ser útil para a formação do caráter que os tornaria representantes Seus.

Sua obediência à lei de Deus os tornaria uma maravilha de prosperidade ante as nações do mundo. Ele que lhes podia dar sabedoria e perícia em todo artifício, continuaria a ser seu mestre, e os enobreceria e elevaria pela obediência a Suas leis. Se fossem obedientes seriam preservados das enfermidades que afligiam outras nações, e abençoados com vigor intelectual. A glória de Deus, Sua majestade e poder deveriam ser revelados em toda a sua prosperidade. Deveriam ser um reino de sacerdotes e príncipes. Deus lhes proveu toda a possibilidade de se tornarem a maior nação da Terra.

De modo definido, mediante Moisés, apresentou-lhes Cristo o propósito de Deus, e esclareceu-lhes as condições de sua prosperidade. "Povo santo és ao Senhor, teu Deus", disse Ele: "O Senhor, teu Deus, te escolheu, para que Lhe fosses o Seu povo próprio, de todos os povos que sobre a Terra há. Saberás, pois, que o Senhor, teu Deus, é Deus, o Deus fiel, que guarda o concerto e a misericórdia até mil gerações aos que O amam e guardam os Seus mandamentos. Guarda, pois, os mandamentos, e os estatutos, e os juízos que hoje te mando fazer. Será, pois, que, se, ouvindo estes juízos, os guardardes e fizerdes, o Senhor, teu Deus, te guardará o concerto e a beneficência que jurou a teus pais; e amar-te-á, e abençoar-te-á, e te fará multiplicar, e abençoará o fruto do teu ventre, e o fruto da tua terra, o teu cereal, e o teu mosto, e o teu azeite, e a criação das tuas vacas, e o rebanho do teu gado miúdo, na terra que jurou a teus pais dar-te. Bendito serás mais do que todos os povos. ... E o Senhor de ti desviará toda enfermidade; sobre ti não porá nenhuma das más doenças dos egípcios, que bem sabes." Deuteronômio 7:6, 9, 11-15.

Se guardassem os mandamentos, Deus lhes prometeu dar o mais belo trigo e tirar-lhes mel da rocha. Com longa vida os havia de satisfazer e havia de mostrar-lhes Sua salvação.

Por desobediência a Deus, Adão e Eva perderam o Éden, e por causa do pecado toda a Terra foi amaldiçoada. Mas se o povo de Deus seguisse as instruções, sua terra seria restaurada à fertilidade e beleza. Deus mesmo lhes dera ensinos quanto à cultura do solo, e deveriam cooperar em sua restauração. Assim, toda a Terra, sob a direção de Deus, se tornaria uma lição objetiva da verdade espiritual. Assim como, em obediência às leis naturais, a terra deve produzir seus tesouros, da mesma forma, como em obediência à Sua lei moral o coração do povo deveria refletir os atributos de Seu caráter em obediência à Sua lei moral. Até os pagãos reconheceriam a superioridade dos que servem e adoram o Deus vivo.

"Vedes aqui", disse Moisés, "vos tenho ensinado estatutos e juízos, como me mandou o Senhor, meu Deus, para que assim façais no meio da terra a qual ides a herdar. Guardai-os, pois, e fazei-os, porque esta será a vossa sabedoria e o vosso entendimento perante os olhos dos povos que ouvirão todos estes estatutos e dirão: Só este grande povo é gente sábia e inteligente. Porque, que gente há tão grande, que tenha deuses tão chegados como o Senhor, nosso Deus, todas as vezes que O chamamos? E que gente há tão grande, que tenha estatutos e juízos tão justos como toda esta lei que hoje dou perante vós?" Deuteronômio 4:5-8.

O povo de Israel deveria ocupar todo o território que Deus lhes designara. As nações que rejeitassem o culto ou o serviço do verdadeiro Deus deveriam ser desapossadas. Era propósito de Deus, porém, que pela revelação de Seu caráter por meio de Israel, os homens fossem atraídos a Ele. O convite do evangelho deveria ser transmitido a todo mundo. Pela lição do sacrifício simbólico, Cristo deveria ser exaltado perante as nações, e todos os que O olhassem viveriam. Todos os que, como Raabe, a cananéia, e Rute, a moabita, se volvessem da idolatria ao culto do verdadeiro Deus, deveriam unir-se ao povo escolhido. Quando o número de Israel aumentasse, deveriam ampliar os limites até que seu reino abarcasse o mundo.

Deus desejava trazer todos os povos sob Seu governo misericordioso. Desejava que a

Terra se enchesse de alegria e paz. Criou o homem para a felicidade, e anseia encher da paz do Céu o coração humano. Anela que as famílias da Terra sejam um tipo da grande família do Céu.

Israel, porém, não cumpriu o propósito de Deus. O Senhor declarou: "Eu mesmo te plantei como vide excelente, uma semente inteiramente fiel; como, pois, te tornaste para Mim uma planta degenerada, de vide estranha?" Jeremias 2:21. "Israel é uma vide frondosa; dá fruto para si mesmo." Oséias 10:1. "Agora, pois, ó moradores de Jerusalém e homens de Judá, julgai, vos peço, entre Mim e a Minha vinha. Que mais se podia fazer à Minha vinha, que Eu lhe não tenha feito? E como, esperando Eu que desse uvas boas, veio a produzir uvas bravas? Agora, pois, vos farei saber o que Eu hei de fazer à Minha vinha: tirarei a sua sebe, para que sirva de pasto; derribarei a sua parede, para que seja pisada; e a tornarei em deserto; não será podada, nem cavada; mas crescerão nela sarças e espinheiros; e às nuvens darei ordem que não derramem chuva sobre ela. Porque... esperou que exercessem juízo, e eis aqui opressão; justiça, e eis aqui clamor." Isaías 5:3-7.

Por intermédio de Moisés o Senhor expôs ao povo as conseqüências da infidelidade. Recusando guardar Seu pacto, segregar-se-iam da vida de Deus, e Suas bênçãos não poderiam descer sobre eles. "Guarda-te", disse Moisés, "para que te não esqueças do Senhor, teu Deus, não guardando os Seus mandamentos, e os Seus juízos, e os Seus estatutos, que hoje te ordeno; para que, porventura, havendo tu comido, e estando farto, e havendo edificado boas casas, e habitando-as, e se tiverem aumentado as tuas vacas e as tuas ovelhas, e se acrescentar a prata e o ouro, e se multiplicar tudo quanto tens, se não eleve o teu coração, e te esqueças do Senhor, teu Deus. ... E não digas no teu coração: A minha força e a fortaleza do meu braço me adquiriram este poder. Será, porém, que, se, de qualquer sorte, te esqueceres do Senhor, teu Deus, e se ouvires outros deuses, e os servires, e te inclinares perante eles, hoje eu protesto contra vós que certamente perecereis. Como as gentes que o Senhor destruiu diante de vós, assim vós perecereis; porquanto não quisestes obedecer à voz do Senhor, vosso Deus." Deuteronômio 8:11-14, 17, 19, 20.

A advertência não foi atendida pelo povo judeu. Esqueceram-se de Deus, e perderam de vista o alto privilégio de representantes Seus. As bênçãos que receberam não reverteram em bênçãos para o mundo. Todas as prerrogativas foram usadas para a glorificação própria. Roubaram a Deus do serviço que deles requeria, e roubaram a seus semelhantes a direção religiosa e o santo exemplo. Como os habitantes do mundo antediluviano, seguiam toda imaginação de seu coração mau. Assim faziam as coisas sagradas parecerem uma farsa, dizendo: "Templo do Senhor, templo do Senhor, templo do Senhor é este" (Jeremias 7:4), ao passo que representavam falsamente o caráter de Deus, desonrando-Lhe o nome, e poluindo o Seu santuário.

Os lavradores a quem Deus colocara como guardas de Sua vinha, foram infiéis à missão a eles confiada. Os sacerdotes e mestres não eram fiéis instrutores do povo. Não lhes expunham a bondade e misericórdia de Deus, e Seu direito a Seu amor e serviço. Esses lavradores procuravam a própria glória. Desejavam apropriar-se dos frutos da vinha. Era seu intento atrair para si a atenção e homenagem.

A culpa destes guias de Israel não era a mesma que a do pecador vulgar. Estes homens estavam sob a mais solene obrigação para com Deus. Haviam-se comprometido a ensinar um "Assim diz o Senhor", e a prestar estrita obediência na vida prática. Em vez de assim proceder, estavam pervertendo as Escrituras. Sobrecarregavam os homens com pesados fardos, obrigando-os à prática de cerimônias que se relacionavam com cada passo da vida. O povo vivia em contínuo desassossego; porque não podiam cumprir todas as exigências impostas pelos rabinos. Ao verem a impossibilidade de guardar os mandamentos dos homens, tornaram-se negligentes em guardar os de Deus.

O Senhor instruíra o povo de que Ele era o proprietário da vinha, e que todas as possessões somente lhes foram confiadas para usá-las para Ele. Os sacerdotes e mestres, porém, não executavam os deveres de seu ofício sagrado como se estivessem administrando a propriedade de Deus. Roubavam-Lhe sistematicamente os meios e recursos a eles confiados para o progresso da obra. Sua avareza e ganância levaram-nos a ser desprezados até pelos pagãos. Assim foi dada oportunidade aos gentios para interpretarem mal o caráter de Deus e as leis de Seu reino.

Deus suportou Seu povo com coração de pai. Pleiteou com eles por bênçãos dadas e retiradas. Pacientemente lhe expôs seus pecados, e com longanimidade esperava seu reconhecimento. Profetas e mensageiros foram enviados para reclamar os direitos de Deus sobre os lavradores; mas em vez de serem bem-vindos, eram tratados como inimigos. Os lavradores perseguiam-nos e matavam-nos. Deus enviou ainda outros mensageiros, porém receberam o mesmo tratamento que os primeiros, apenas os lavradores mostraram ódio ainda mais decidido.

Como último recurso, Deus enviou Seu Filho, dizendo: "Terão respeito a Meu filho." Mateus 21:37. Mas a sua resistência tornara-os vingativos, e disseram entre si: "Este é o herdeiro; vinde, matemo-Lo e apoderemo-nos da Sua herança." Mateus 21:38. Então ser-nos-á permitido possuir a vinha, e faremos o que nos aprouver com o fruto.

Os maiorais judeus não amavam a Deus. Por isso romperam com Ele e rejeitaram todas as propostas para uma reconciliação justa. Cristo, o Amado de Deus, veio para reivindicar os direitos do Proprietário da vinha; mas os lavradores O trataram com declarado desprezo, dizendo: Não queremos que este reine sobre nós. Invejavam a beleza do caráter de Cristo. Sua maneira de ensinar era muito superior à deles e temiam Seu êxito. Argumentava com eles desmascarando-lhes a hipocrisia, e mostrando-lhes a conseqüência certa de seu procedimento. Isso lhes provocou a ira ao extremo. Torturavam-se ante as repreensões que não podiam silenciar. Odiavam o alto padrão de justiça que Cristo constantemente apresentava. Viam que Seus ensinos acabariam revelando seu egoísmo, e resolveram matá-Lo. Odiavam Seu exemplo de fidelidade e piedade, e a elevada espiritualidade revelada em tudo quanto fazia. Toda a Sua vida lhes era uma reprovação do egoísmo, e ao chegar a prova final, prova que significava obediência para vida eterna ou desobediência para morte eterna, rejeitaram o Santo de Israel. Ao ser-lhes pedido escolherem entre Cristo e Barrabás, exclamaram: "Solta-nos Barrabás." Lucas 23:18. E ao perguntar Pilatos: "Que farei, então, de Jesus?" gritaram: "Seja crucificado!" Mateus 27:22. "Hei de crucificar o vosso Rei?" interrogou Pilatos; e dos sacerdotes e maiorais veio a resposta: "Não temos rei, senão o César." João 19:15. Ao lavar Pilatos as mãos, dizendo: "Estou inocente do sangue deste justo", os sacerdotes uniram-se à turba ignorante, gritando exaltados: "O Seu sangue caia sobre nós e sobre nossos filhos." Mateus 27:24, 25.

Desse modo os guias judeus fizeram a escolha. Sua decisão foi registrada no livro que João viu na mão dAquele que estava assentado no trono, no livro que ninguém podia abrir. Essa decisão lhes será apresentada em todo o seu caráter reivindicativo naquele dia em que o livro há de ser aberto pelo Leão da tribo de Judá.

O povo judeu acariciava a idéia de que eram os favoritos do Céu, e seriam sempre exaltados como igreja de Deus. Eram filhos de Abraão, declaravam, e o fundamento de sua prosperidade parecia-lhes tão firme, que desafiavam Terra e Céu para desapossá-los de seus direitos. Por sua conduta infiel, porém, estavam-se preparando para a condenação do Céu e separação de Deus.

Na parábola da vinha, depois de retratar aos sacerdotes o ato culminante de sua impiedade, Cristo lhes fez a pergunta: "Quando, pois, vier o Senhor da vinha, que fará àqueles lavradores?" Mateus 21:40. Os sacerdotes acompanhavam com profundo interesse a narrativa, e sem considerar sua relação com o tema, uniram-se à resposta do povo: "Dará afrontosa morte aos maus e arrendará a vinha a outros lavradores, que, a seu tempo, lhe dêem os frutos." Mateus 21:41.

Inconscientemente pronunciaram sua própria condenação. Jesus mirou-os, e sob Seu olhar esquadrinhador sabiam que lhes lia os segredos do coração. Sua divindade lampejava diante deles com poder inconfundível. Viram nos lavradores seu próprio retrato e exclamaram, involuntariamente: "Assim não seja."

Solene e pesarosamente, perguntou Cristo: "Nunca lestes nas Escrituras: A pedra que os edificadores rejeitaram, essa foi posta por cabeça do ângulo; pelo Senhor foi feito isso e é maravilhoso aos nossos olhos? Portanto, Eu vos digo que o reino de Deus vos será tirado e será dado a uma nação que dê os seus frutos. E quem cair sobre esta pedra despedaçar-se-á; e aquele sobre quem ela cair ficará reduzido a pó." Mateus 21:42-44.

Cristo teria mudado o destino da nação judaica, se o povo O houvesse recebido. Inveja e ciúme os tornaram implacáveis, porém. Decidiram que não aceitariam a Jesus de Nazaré como o Messias. Rejeitaram a Luz do mundo, e daí em diante sua vida estava envolta em trevas tão densas como as da meia-noite. A predita ruína veio sobre a nação judaica. Suas próprias paixões violentas e irrefreadas lhes causaram a destruição. Em sua ira cega aniquilaram-se uns aos outros. Pelo orgulho rebelde e obstinado atraíram sobre si a ira dos conquistadores romanos. Jerusalém foi destruída, arrasado o templo, e seu sítio arado como um campo. Os filhos de Judá pereceram pelas mais horríveis formas de matança. Milhões foram vendidos para servirem como escravos nos países pagãos.

Como povo os judeus deixaram de cumprir o propósito de Deus, e a vinha lhes foi tirada. Os privilégios de que abusaram e a obra que negligenciaram foram confiados a outros.

A igreja moderna

A parábola da vinha não se aplica somente à nação judaica. Ela tem uma lição para nós. À igreja desta geração Deus concedeu grandes privilégios e bênçãos, e espera os frutos correspondentes.

Fomos redimidos por um resgate precioso. Somente pela grandeza do resgate podemos conceber seus resultados. Nesta Terra, a Terra cujo solo foi umedecido pelas lágrimas e pelo sangue do Filho de Deus, devem ser produzidos os preciosos frutos do Paraíso. As verdades da Palavra divina devem manifestar na vida dos filhos de Deus sua glória e excelência. Mediante Seu povo revelará Cristo Seu caráter e as bases do Seu reino.

Satanás procura frustrar a obra de Deus, e instantemente incita os homens a aceitar seus princípios. Apresenta o povo escolhido de Deus como um povo iludido. É um delator dos irmãos, e dirige constantemente acusações contra os que trabalham fielmente. O Senhor deseja refutar por meio de Seu povo as acusações do diabo, mostrando os resultados da obediência a justos princípios.

Esses princípios devem manifestar-se no cristão individual, na família, na igreja, e em toda instituição estabelecida para o serviço de Deus. Todos devem ser símbolos do que pode ser feito para o mundo. Devem ser tipos do poder salvador das verdades do evangelho. Todos são instrumentos para o cumprimento do grande propósito de Deus para a humanidade.

Os guias judeus olhavam com orgulho ao magnífico templo, e aos ritos imponentes de seu culto religioso, mas careciam de justiça, da misericórdia e do amor de Deus. A glória do templo, o esplendor do culto, não podiam recomendá-los a Deus; porque aquilo que somente tem valor a Seus olhos, não Lhe ofereciam. Não Lhe apresentavam o sacrifício de um espírito contrito e humilde. Quando se perdem os princípios vitais do reino de Deus é que as cerimônias se tornam múltiplas e extravagantes. Quando a edificação do caráter é negligenciada, quando falta o adorno da alma, quando se perde de vista a simplicidade da devoção, é que o orgulho e amor à ostentação exigem templos magníficos, adornos valiosos e cerimônias pomposas. Deus não é honrado por nada disso, porém. Não Lhe é aceitável uma religião da moda -- que consiste em cerimônias, pretensão e ostentação. Em cultos tais os mensageiros celestes não tomam parte.

A igreja é muito preciosa aos olhos de Deus. Ele não a avalia por suas prerrogativas exteriores, mas pela sincera piedade que a distingue do mundo. Estima-a segundo o crescimento dos membros no conhecimento de Cristo, segundo o progresso na experiência espiritual.

Cristo anseia receber de Sua vinha os frutos da santidade e desinteresse. Espera os princípios de amor e benignidade. Toda a beleza da arte não pode ser comparada à do temperamento e caráter que devem ser revelados nos representantes de Cristo. A atmosfera de graça que circunda a alma do crente, o Espírito Santo que opera na mente e no coração, é que o faz um cheiro de vida para vida, e faculta a Deus o abençoar Sua obra.

Uma congregação pode ser a mais pobre da Terra. Pode não ter atrativo algum de pompa exterior; mas se os membros possuírem os princípios do caráter de Cristo, terão Sua paz no espírito. Os anjos unir-se-ão a eles na adoração. O louvor e ação de graças de corações reconhecidos ascenderão a Deus como suave sacrifício.

O Senhor deseja que façamos menção de Sua bondade e falemos de Seu poder. É honrado pela expressão de louvores e ações de graças. Diz: "Aquele que oferece sacrifício de louvor Me glorificará." Salmos 50:23. Quando jornadeava pelo deserto, o povo de Israel louvava a Deus com cânticos sacros. Os mandamentos e promessas de Deus eram postos em música, e durante toda a viagem cantavam-nos os viajantes peregrinos. E em Canaã, quando se congregassem nas festas sagradas, as maravilhosas obras de Deus deviam ser relembradas e oferecidas ações de graças ao Seu nome. Deus desejava que toda a vida de Seu povo fosse uma vida de louvor. Assim Seu caminho deveria tornar-se conhecido na Terra e "em todas as nações", a Sua "salvação". Salmos 67:2.

Assim deve ser agora. O povo do mundo está adorando deuses falsos. Devem ser desviados do falso culto, não por ouvir denúncia contra seus ídolos, mas vendo alguma coisa melhor. A bondade de Deus deve tornar-se notória. "Vós sois as Minhas testemunhas, diz o Senhor; Eu sou Deus." Isaías 43:12.

O Senhor deseja que apreciemos o grande plano da redenção, reconheçamos o alto privilégio como filhos de Deus, e andemos perante Ele em obediência e com ações de graças. Deseja que O sirvamos em novidade de vida, com alegria diária. Anseia ver exalar gratidão de nosso coração, porque nossos nomes estão escritos no livro da vida do Cordeiro, por podermos lançar todos os nossos cuidados sobre Aquele que está solícito por nós. Quer que nos alegremos porque somos herança do Senhor, porque a justiça de Cristo é a veste branca de Seus santos, porque temos a bem-aventurada esperança da breve volta de nosso Salvador.

Louvar a Deus em plenitude e sinceridade de coração é tanto um dever quanto o é a oração. Devemos mostrar ao mundo e a todos os seres celestiais que apreciamos o maravilhoso amor de Deus à humanidade decaída, e esperamos maiores bênçãos de Sua infinita plenitude. Muito mais do que o fazemos, precisamos falar dos capítulos preciosos de nossa experiência. Depois de um derramamento especial do Espírito Santo, nossa alegria no Senhor e nossa eficiência em Seu serviço aumentariam grandemente com o recontar Sua bondade e Suas maravilhosas obras a favor de Seus filhos.

Essas práticas reprimem o poder de Satanás. Expelem o espírito de murmuração e queixa, e o tentador perde terreno. Cultivam aqueles atributos de caráter que habilitarão os moradores da Terra para as mansões celestes.

Um tal testemunho terá influência sobre outros. Não pode ser empregado meio mais eficaz de conquistá-los para Cristo.

Devemos louvar a Deus com total dedicação, fazendo todo esforço para promover a glória de Seu nome. Deus nos comunica Suas dádivas para que também demos, e deste modo revelemos Seu caráter ao mundo. Na dispensação judaica as dádivas e oferendas formavam uma parte essencial do culto a Deus. Os israelitas eram ensinados a consagrar ao serviço do santuário o dízimo de toda renda. Além disso deviam trazer ofertas expiatórias, ofertas voluntárias e ofertas de gratidão. Esses eram os meios para sustentar o ministério do evangelho naquele tempo. Deus não espera menos de nós do que do povo antigamente. A grande obra da salvação precisa ser levada avante. Pelo dízimo, ofertas e dádivas fez Ele provisão para esta obra. Desse modo pretende seja sustentada a pregação do evangelho.

Reclama o dízimo como Sua propriedade, e o mesmo deveria ser sempre considerado uma reserva sagrada a ser depositada no Seu tesouro para o benefício de Sua causa. Pede também nossas ofertas voluntárias e dádivas de gratidão. Tudo deve ser consagrado para enviar o evangelho às partes mais remotas da Terra.

O serviço a Deus inclui o ministério pessoal. Pelo esforço pessoal devemos com Ele cooperar para a salvação do mundo. A ordem de Cristo: "Ide por todo o mundo, pregai o evangelho a toda criatura" (Marcos 16:15), é dirigida a todos os Seus seguidores. Todos os que são chamados à vida de Cristo, o são também para trabalhar pela salvação do próximo. Seu coração palpitará em harmonia com o de Cristo. A mesma paixão que Ele sentiu pela humanidade será manifesta neles. Nem todos podem preencher o mesmo lugar na obra, mas há lugar e trabalho para todos.

Nos tempos antigos, Abraão, Isaque, Jacó, Moisés com sua mansidão e sabedoria, e Josué com suas várias aptidões, estavam todos alistados no serviço de Deus. A música de Miriã, a coragem e piedade de Débora, a afeição filial de Rute, a obediência e fidelidade de Samuel, a austera retidão de Elias, a influência enternecedora e subjugante de Eliseu -- foram todas necessárias. Assim, agora, quem participar das bênçãos de Deus deve responder por um serviço ativo; toda dádiva deve ser empregada na propagação de Seu reino, e glória de Seu nome.

Todos os que aceitam a Cristo como Salvador pessoal devem demonstrar a verdade do evangelho e seu poder salvador na vida. Deus nada requer sem prover os meios para o cumprimento. Pela graça de Cristo podemos cumprir tudo quanto Deus exige. Todas as riquezas do Céu devem ser reveladas pelo povo de Deus. "Nisto é glorificado Meu Pai", disse Cristo, "que deis muito fruto; e assim sereis Meus discípulos." João 15:8.

Deus reclama toda a Terra como Sua vinha. Embora nas mãos do usurpador, pertence a Deus. É Sua não menos pela redenção que pela criação. Para o mundo foi feito o sacrifício de Cristo. "Deus amou o mundo de tal maneira que deu o Seu Filho unigênito." João 3:16. Por esta única dádiva são concedidas aos homens todas as outras. Diariamente todo o mundo recebe de Deus bênçãos. Cada gota de chuva, cada raio de luz que cai sobre esta geração ingrata, cada folha, e flor, e fruto testifica da longanimidade de Deus e de Seu grande amor.

E que retribuição é feita ao grande Doador? Como tratam os homens os reclamos divinos? A quem dão as multidões o serviço de sua vida? Servem a "Mamom". Riqueza, posição, prazeres mundanos, são seu alvo. A riqueza é ganha pelo roubo não somente dos homens, mas de Deus. Os homens usam as dádivas para satisfazer seu egoísmo. Tudo de que podem apoderar-se é usado para servir a sua avareza e amor aos prazeres egoístas.

O pecado do mundo moderno é o pecado que arruinou a Israel. Ingratidão para com Deus, menosprezo das oportunidades e bênçãos, a egoísta apropriação das dádivas de Deus, tudo isso estava compreendido no pecado que trouxe sobre Israel a ira de Deus. Isso está causando hoje a ruína do mundo.

As lágrimas que Cristo derramou no Monte das Oliveiras, ao contemplar a cidade escolhida, não eram somente por Jerusalém. No destino de Jerusalém, viu a destruição do mundo.

"Ah! Se tu conhecesses também, ao menos neste teu dia, o que à tua paz pertence! Mas, agora, isso está encoberto aos teus olhos." Lucas 19:42.

"Neste teu dia." O dia está-se aproximando do fim. O período de graça e privilégio está prestes a findar. As nuvens da vingança estão-se acumulando. Os que rejeitaram a graça de Deus estão quase sendo tragados pela ruína rápida e inevitável.

Contudo o mundo dorme. O povo não conhece o tempo de sua visitação.

Nesta crise, onde se acha a igreja? Satisfazem seus membros os reclamos de Deus? Estão cumprindo Sua incumbência, e representam Seu caráter perante o mundo? Dirigem a atenção de seus semelhantes para a última misericordiosa mensagem de advertência? Os homens estão em perigo. Multidões perecem. Mas quão poucos dos professos seguidores de Cristo sentem responsabilidade por essas pessoas! O destino de um mundo pende na balança; mas isso mal comove mesmo aqueles que dizem crer na verdade mais abarcante já dada aos mortais. Há uma carência daquele amor que induziu Cristo a deixar Seu lar celeste e assumir a natureza humana, para que a humanidade tocasse a humanidade, e a atraísse à divindade. Há um estupor, uma paralisia sobre o povo de Deus, que o impede de compreender o dever do momento.

Quando os israelitas entraram em Canaã, não cumpriram o propósito de Deus, apossando-se de toda a Terra. Depois de fazer conquista parcial, assentaram-se para comemorar o fruto das vitórias. Na incredulidade e amor à comodidade congregaram-se na parte já conquistada, em vez de avançar para ocupar novos territórios. Desse modo começaram a alienar-se de Deus. Por haverem deixado de executar Seu propósito, tornaram-Lhe impossível cumprir as promessas de bênção. Não está fazendo o mesmo a igreja moderna? Com todo o mundo diante de si, cristãos professos, necessitados do evangelho, congregam-se onde podem receber os privilégios do mesmo. Não sentem a necessidade de ocupar novos territórios, levando a mensagem da salvação às regiões longínquas. Recusam cumprir o mandado de Cristo: "Ide por todo o mundo, pregai o evangelho a toda criatura."

Marcos 16:15. São menos culpados que a igreja judaica?

Os pretensos seguidores de Cristo estão em prova diante de todo o universo celeste; mas a sua frieza de zelo e falta de empenho no serviço de Deus, qualifica-os de infiéis. Se o que fazem fosse o melhor que poderiam haver feito, sobre eles não pairaria condenação. Mas se seu coração estivesse dedicado à obra, poderiam fazer muito mais.

Sabem, e o mundo também, que em alto grau perderam o espírito de abnegação e de carregar a cruz. Junto ao nome de muitos será escrito, nos livros do Céu: Não produtores, porém consumidores. Por muitos que levam o nome de Cristo, é obscurecida Sua glória, Sua beleza toldada, retida Sua honra.

Muitos há, cujos nomes estão nos livros da igreja, mas não sob o governo de Cristo. Não Lhe ouvem as instruções, nem fazem Sua obra. Por isto estão sob o domínio do inimigo. Não fazem positivamente bem, por isto produzem dano incalculável. Por sua influência não ser cheiro de vida para vida, é cheiro de morte para morte.

O Senhor diz: "Deixaria Eu de castigar estas coisas?" Jeremias 5:9. Por não haverem cumprido o propósito de Deus, os filhos de Israel foram abandonados e o convite divino foi estendido a outros povos. Se estes também se provarem infiéis, não serão da mesma maneira rejeitados?

Na parábola da vinha foram os lavradores que Cristo declarou culpados. Foram eles que recusaram devolver a seu Senhor o fruto da terra. Na nação judaica foram os sacerdotes e mestres que, desviando o povo, roubaram a Deus do serviço que requeria. Foram eles que afastaram de Cristo a nação.

A lei de Deus, não misturada com tradições humanas, foi apresentada por Cristo como o grande padrão de obediência. Isto provocou a inimizade dos rabinos. Tinham colocado ensinos humanos acima da Palavra de Deus, e de Seus preceitos desviaram o povo. Não quiseram ceder seus próprios mandamentos para obedecer às reivindicações da Palavra de Deus. Ao amor da verdade não quiseram sacrificar o orgulho da razão nem o louvor dos homens. Quando Cristo veio, apresentando à nação as reivindicações de Deus, os sacerdotes e anciãos Lhe negaram o direito de Se interpor entre eles e o povo. Não Lhe quiseram aceitar as reprovações e advertências, e propuseram-se a contra Ele instigar o povo e conseguir Sua morte.

Eram responsáveis pela rejeição de Cristo e os resultados que se seguiram. O pecado e a ruína de todo o povo foram devidos aos guias religiosos.

Em nossos dias não operam as mesmas influências? Dentre os lavradores da vinha do

Senhor não estão muitos seguindo os passos dos guias judeus? Não estão mestres religiosos desviando os homens dos claros reclamos da Palavra de Deus? Em vez de educá-los na obediência à lei de Deus, não os estão educando na transgressão? De muitos púlpitos das igrejas, o povo é ensinado que a lei de Deus não lhes é obrigatória. Exaltam-se tradições, ordenanças e costumes humanos. São alimentados o orgulho e a satisfação própria pelas dádivas de Deus, ao passo que Seus direitos são ignorados.

Pondo de lado a lei divina não sabem os homens o que estão fazendo. A lei de Deus é a expressão de Seu caráter. Nela estão contidos os princípios de Seu reino. Quem recusa aceitar estes princípios está-se excluindo do conduto por onde fluem as bênçãos de Deus.

As gloriosas possibilidades apresentadas a Israel só poderiam ser realizadas pela obediência aos mandamentos de Deus. A mesma elevação de caráter, a mesma plenitude de bênçãos -- bênção no espírito, alma e corpo, bênção na casa e no campo, bênção para esta vida e para a vindoura, somente é possível pela obediência.

No mundo espiritual como no natural, obediência às leis de Deus é condição para a produção de frutos. E quando se ensina ao povo a desrespeitar os mandamentos de Deus, impede-se que produzam frutos para Sua glória. São culpados de privar o Senhor dos frutos de Sua vinha.

Os mensageiros de Deus vêm a nós sob as ordens do Mestre. Vêm, como Cristo o fez, requerendo obediência à Palavra de Deus. Apresenta Ele Seus direitos aos frutos da vinha, os frutos de amor, humildade e serviço abnegado. Como os guias judeus, não são incitados à ira muitos dos lavradores da vinha? Quando são expostas ao povo as reivindicações da lei de Deus, não usam esses mestres sua influência para induzir os homens a rejeitá-la? A tais mestres Deus chama servos infiéis.

As palavras de Deus ao antigo Israel encerram uma advertência solene para a igreja moderna e seus guias. De Israel, diz o Senhor: "Escrevi para eles as grandezas da Minha lei; mas isso é para ele como coisa estranha." Oséias 8:12. E aos sacerdotes e mestres, declara: "O Meu povo foi destruído, porque lhe faltou o conhecimento; porque tu rejeitaste o conhecimento, também Eu te rejeitarei, ... visto que te esqueceste da lei do teu Deus, também Eu Me esquecerei de teus filhos." Oséias 4:6.

Permanecerão desatendidas as advertências divinas? Continuarão desaproveitadas as oportunidades para o serviço? Serão os professos seguidores de Cristo impedidos de servi-Lo pelo escárnio do mundo, o orgulho da razão, a conformação aos costumes e tradições humanos? Rejeitarão a Palavra de Deus, como os guias judeus rejeitaram a Cristo? A conseqüência do pecado de Israel está perante nós. Aceitará a igreja moderna a advertência?

"Se alguns dos ramos foram quebrados, e tu, sendo zambujeiro, foste enxertado em lugar deles e feito participante da raiz e da seiva da oliveira, não te glories. ... Pela sua incredulidade foram quebrados, e tu estás em pé pela fé; então, não te ensoberbeças, mas teme. Porque, se Deus não poupou os ramos naturais, teme que te não poupe a ti também." Romanos 11:17, 18, 20, 21.

Capítulo 24—Diante do supremo tribunal

Este capítulo é baseado em Mateus 22:1-14.

A parábola das bodas apresenta-nos uma lição da mais elevada importância. Pelas bodas é representada a união da humanidade com a divindade; a veste nupcial simboliza o caráter que precisa possuir todo aquele que há de ser considerado hóspede digno para as bodas.

Nesta parábola, como na da grande ceia, são ilustrados o convite do evangelho, sua rejeição pelo povo judeu e o convite da graça aos gentios. Esta parábola, porém, apresenta-nos maior ofensa da parte dos que rejeitam o convite, e juízo mais terrível. O chamado para o banquete é um convite real. Procede de alguém que está investido de poder para ordenar. Confere grande honra. Contudo esta é desapreciada. A autoridade do rei é menosprezada. Ao passo que o convite do pai de família é considerado com indiferença, o do rei é recebido com insulto e morte. Trataram seus criados com escárnio e desprezo e os mataram.

O pai de família, vendo repelido o seu convite, declarou que nenhum dos convidados provaria a ceia. Contra os que ofenderam o rei foi decretada mais que a exclusão de sua presença e de sua mesa. "Enviando os seus exércitos, destruiu aqueles homicidas, e incendiou a sua cidade." Mateus 22:7. Em ambas as parábolas o banquete é provido de convidados, mas o segundo mostra que uma preparação precisa ser feita por todos os que a ele assistem. Quem negligencia esta preparação é expulso. "O rei, entrando para ver os convidados, viu ali um homem que não estava trajado com veste nupcial. E disse-lhe: Amigo, como entraste aqui, não tendo veste nupcial? E ele emudeceu. Disse, então, o rei aos servos: Amarrai-o de pés e mãos, levai-o e lançai-o nas trevas exteriores; ali, haverá pranto e ranger de dentes." Mateus 22:11-13.

O convite para o banquete foi transmitido pelos discípulos de Cristo. Nosso Senhor enviou os doze, e depois os setenta, proclamando que era chegado o reino de Deus, e convidando os homens a arrependerem-se e crerem no evangelho. O convite não foi atendido, porém. Os convidados para irem à festa não compareceram. Mais tarde os servos foram enviados com a mensagem: "Eis que tenho o meu jantar preparado, os meus bois e cevados já mortos, e tudo já pronto; vinde às bodas." Mateus 22:4. Esta foi a mensagem levada à nação judaica depois da crucifixão de Cristo; mas a nação, que se arrogava de ser o povo peculiar de Deus, rejeitou o evangelho a eles levado no poder do Espírito Santo. Muitos fizeram isso da maneira mais insolente. Outros ficaram tão exasperados com o oferecimento da salvação, e perdão por terem rejeitado o Senhor da glória, que se voltaram contra os mensageiros. Houve "uma grande perseguição". Atos dos Apóstolos 8:1. Muitos homens e mulheres foram lançados na prisão, e alguns dos portadores da mensagem do Senhor, como Estêvão e Tiago, foram mortos.

Assim o povo judeu selou sua rejeição da misericórdia de Deus. O resultado foi predito por Cristo na parábola. O rei enviou "os seus exércitos, destruiu aqueles homicidas, e incendiou a sua cidade". Mateus 22:7. O juízo pronunciado atingiu os judeus na destruição de Jerusalém e na dispersão do povo.

O terceiro convite para o banquete representa a pregação do evangelho aos gentios. O rei disse: "As bodas, na verdade, estão preparadas, mas os convidados não eram dignos. Ide, pois, às saídas dos caminhos e convidai para as bodas a todos os que encontrardes." Mateus 22:8, 9.

Os servos do rei que foram pelos caminhos, "ajuntaram todos quantos encontraram, tanto maus como bons". Mateus 22:10. Era um grupo misto. Alguns deles não tinham maior respeito ao doador da ceia do que os que haviam rejeitado o convite. A classe primeiramente convidada não podia, como pensava, sacrificar os privilégios mundanos para comparecer ao banquete do rei. E entre os que aceitaram o convite havia muitos que pensavam somente em se beneficiar. Foram para partilhar das provisões do banquete, mas não tinham desejo de honrar ao rei.

Quando o rei entrou para ver os convidados, foi revelado o verdadeiro caráter de todos. A cada um foi provido um vestido de bodas. Essa veste era uma dádiva do rei. Usando-a, os convidados demonstravam respeito ao doador da festa. Um homem, porém, estava com seus trajes comuns. Recusara fazer a preparação exigida pelo rei. A veste provida para ele com grande custo, desdenhou usar. Deste modo insultou seu senhor. À pergunta do rei: "Como entraste aqui, não tendo veste nupcial?" (Mateus 22:12) nada pôde responder. Condenou-se a si mesmo. Então o rei disse: "Amarrai-o de pés e mãos, levai-o e lançai-o nas trevas exteriores." Mateus 22:13. O exame dos convidados pelo rei representa uma cena de julgamento. Os convidados à ceia do evangelho são os que professam servir a Deus, cujos nomes estão escritos no livro da vida. Nem todos, porém, que professam ser cristãos, são discípulos verdadeiros. Antes que seja dada a recompensa final, precisa ser decidido quem está apto para participar da herança dos justos. Essa decisão deve ser feita antes da segunda vinda de Cristo, nas nuvens do céu; porque quando Ele vier, o galardão estará com Ele "para dar a cada um segundo a sua obra". Apocalipse 22:12. Antes de Sua vinda o caráter da obra de cada um terá sido determinado, e a cada seguidor de Cristo o galardão será concedido segundo seus atos.

Enquanto os homens ainda estão sobre a Terra, é que a obra do juízo investigativo se efetua nas cortes celestes. A vida de todos os Seus professos seguidores é passada em revista perante Deus; todos são examinados de conformidade com os relatórios nos livros do Céu, e o destino de cada um é fixado para sempre de acordo com seus atos.

Pela veste nupcial da parábola é representado o caráter puro e imaculado, que os verdadeiros seguidores de Cristo possuirão. Foi dado à igreja "que se vestisse de linho fino, puro e resplandecente" (Apocalipse 19:8), "sem mácula, nem ruga, nem coisa semelhante". Efésios 5:27. O linho fino, diz a Escritura, "é a justiça dos santos". Apocalipse 19:8. A justiça de Cristo e Seu caráter imaculado, é, pela fé, comunicada a todos os que O aceitam como Salvador pessoal.

A veste branca de inocência foi usada por nossos primeiros pais, quando foram postos por Deus no santo Éden. Viviam eles em perfeita conformidade com a vontade de Deus. Todas as suas afeições eram devotadas ao Pai celeste. Luz bela e suave, a luz de Deus, envolvia o santo par. Esse vestido de luz era um símbolo de suas vestes espirituais de celeste inocência. Se permanecessem leais a Deus, continuaria sempre a envolvê-los. Ao entrar o pecado, porém, cortaram sua ligação com Deus, e desapareceu a luz que os cingia. Nus e envergonhados, procuraram suprir os vestidos celestiais, cosendo folhas de figueira para uma cobertura.

Isto fizeram os transgressores da lei de Deus desde o dia em que Adão e Eva desobedeceram. Coseram folhas de figueira para cobrir a nudez causada pela transgressão. Cobriram-se com vestidos de sua própria feitura; por suas próprias obras procuraram encobrir os pecados e tornar-se aceitáveis a Deus.

Isto jamais pode ser feito, porém. O homem nada pode idear para suprir as perdidas vestes de inocência. Nenhuma vestimenta de folhas de figueira, nenhum traje mundano, pode ser usado por quem se assentar com Cristo e os anjos na ceia das bodas do Cordeiro.

Somente as vestes que Cristo proveu, podem habilitar-nos a aparecer na presença de Deus. Estas vestes de Sua própria justiça, Cristo dará a todos os que se arrependerem e crerem. "Aconselho-te", diz Ele, "que de Mim compres... vestes brancas, para que te vistas, e não apareça a vergonha da tua nudez." Apocalipse 3:18.

Este vestido fiado nos teares do Céu não tem um fio de origem humana. Em Sua humanidade, Cristo formou caráter perfeito, e oferece-nos esse caráter. "Todas as nossas justiças" são "como trapo da imundícia." Isaías 64:6. Tudo que podemos fazer de nós mesmos está contaminado pelo pecado. Mas o Filho de Deus "Se manifestou para tirar os nossos pecados; e nEle não há pecado". 1 João 3:5. O pecado é definido como "o quebrantamento da lei". 1 João 3:4 (VT). Mas Cristo foi obediente a todos os reclamos da lei. De Si mesmo, disse: "Deleito-Me em fazer a Tua vontade, ó Deus Meu; sim, a Tua lei está dentro do Meu coração." Salmos 40:8. Quando esteve na Terra, disse aos discípulos: "Tenho guardado os mandamentos de Meu Pai." João 15:10. Por Sua obediência perfeita tornou possível a todo homem obedecer aos mandamentos de Deus. Ao nos sujeitarmos a Cristo, nosso coração se une ao Seu, nossa vontade imerge em Sua vontade, nosso espírito torna-se um com Seu espírito, nossos pensamentos serão levados cativos a Ele; vivemos Sua vida. Isso é o que significa estar trajado com as vestes de Sua justiça. Quando então o Senhor nos contemplar, verá não o vestido de folhas de figueira, não a nudez e deformidade do pecado, mas Suas próprias vestes de justiça que são a obediência perfeita à lei de Jeová.

Os convidados às bodas foram inspecionados pelo rei. Só foram aceitos os que obedeceram aos seus requisitos e usaram o vestido nupcial. Assim ocorre com os convidados para a ceia do evangelho. Todos são examinados pelo grande Rei, e só serão recebidos os que trajarem as vestes da justiça de Cristo.

Justiça é fazer o bem, e é pelos atos que todos serão julgados. Nosso caráter é revelado pelo que fazemos. As obras mostram se a fé é genuína.

Não é bastante crermos que Jesus não é um impostor, e a religião da Bíblia não é uma fábula artificialmente composta. Podemos crer que o nome de Jesus é o único debaixo dos Céus pelo qual devemos ser salvos, e contudo podemos não torná-Lo pela fé nosso Salvador pessoal. Não é bastante crer na teoria da verdade. Não é bastante fazer profissão de fé em Cristo, e ter nosso nome registrado no rol da igreja. "Aquele que guarda os Seus mandamentos nEle está, e Ele nele. E nisto conhecemos que Ele está em nós: pelo Espírito que nos tem dado." 1 João 3:24. "E nisto sabemos que O conhecemos: se guardarmos os Seus mandamentos." 1 João 2:3. Esta é a evidência genuína da conversão. Qualquer que seja nossa profissão, nada valerá se Cristo não for revelado em obras de justiça.

A verdade deve estar plantada no coração. Deve dirigir o espírito e regular as afeições. Todo o caráter deve ser estampado com a expressão divina. Cada jota e cada til da Palavra de Deus deve ser introduzido na vida diária.

Aquele que se torna participante da natureza divina estará em harmonia com o grande padrão de justiça de Deus, Sua santa lei. Esta é a norma pela qual Deus mede as ações do homem. E esta será também a pedra de toque do caráter no juízo.

Muitos há que dizem que na morte de Cristo a lei foi revogada, mas nisto contradizem as próprias palavras de Cristo: "Não cuideis que vim destruir a lei ou os profetas. ... Até que o céu e a Terra passem, nem um jota ou um til se omitirá da lei." Mateus 5:17, 18. Foi para expiar a transgressão da lei pelo homem que Cristo depôs Sua vida. Pudesse a lei ser mudada ou posta de lado, Cristo não precisaria ter morrido. Por Sua vida na Terra, honrou a lei de Deus. Por Sua morte, estabeleceu-a. Deu Sua vida como sacrifício, não para destruir a lei de Deus, não para criar uma norma inferior, mas para que a justiça fosse mantida, para que fosse vista a imutabilidade da lei e permanecesse para sempre.

Satanás declarara que era impossível ao homem obedecer aos mandamentos de Deus; e é verdade que por nossa própria força não lhes podemos obedecer. Cristo, porém, veio na forma humana, e por Sua perfeita obediência provou que a humanidade e a divindade combinadas podem obedecer a todos os preceitos de Deus.

"Mas a todos quantos O receberam deu-lhes o poder de serem feitos filhos de Deus: aos que crêem no Seu nome." João 1:12. Este poder não está no instrumento humano. É o poder de Deus. Quando uma alma recebe a Cristo, recebe também o poder de viver a vida de Cristo.

Deus requer de Seus filhos perfeição. Sua lei é um transcrito de Seu caráter, e é o padrão de todo caráter. Essa norma infinita é apresentada a todos, para que não haja má compreensão no tocante à espécie de homens que Deus quer ter para compor o Seu reino. A vida de Cristo na Terra foi uma expressão perfeita da lei de Deus, e quando os que professam ser Seus filhos receberem caráter semelhante ao de Cristo, obedecerão aos mandamentos de Deus. Então o Senhor pode contá-los com toda a confiança entre os que formarão a família do Céu. Trajados com as vestes gloriosas da justiça de Cristo, participarão da ceia do Rei. Têm o direito de associar-se com a multidão lavada no sangue.

O homem que foi à ceia sem a veste de bodas representa a condição de muitos hoje em dia. Professam ser cristãos e reclamam as bênçãos e privilégios do evangelho; contudo não sentem a necessidade de transformação de caráter. Nunca sentiram verdadeiro arrependimento dos pecados. Não reconhecem a necessidade de Cristo, nem exercem fé nEle. Não venceram suas inclinações para a injustiça, herdadas e cultivadas. Contudo pensam ser bastante bons em si mesmos, e confiam em seus próprios méritos em vez de nos de Cristo. Como ouvintes da Palavra, vão ao banquete, mas não tomaram a veste da justiça de Cristo.

Muitos que se chamam cristãos são meros moralistas humanos. Recusaram a dádiva que, somente, podia habilitá-los para honrar a Cristo com representá-Lo ao mundo. A obra do Espírito Santo lhes é estranha. Não são praticantes da Palavra. Os princípios celestes que distinguem os que são um com Cristo dos que se unem ao mundo, tornaram-se quase indistintos. Os professos seguidores de Cristo não são mais um povo separado e peculiar. A linha de demarcação é imperceptível. O povo está-se subordinando ao mundo, às suas práticas, costumes e egoísmos. A igreja passou para o mundo, transgredindo a lei, quando o mundo devia passar para a igreja na obediência da mesma. Diariamente a igreja se está convertendo ao mundo.

Todos estes esperam ser salvos pela morte de Cristo, ao passo que recusam viver Sua vida de abnegação. Exaltam as riquezas da livre graça, e procuram cobrir-se com a aparência de justiça, esperando assim ocultar os defeitos de caráter, mas seus esforços serão vãos no dia de Deus.

A justiça de Cristo não encobrirá pecado algum acariciado. O homem pode ser intimamente transgressor da lei; todavia, se não comete um ato visível de transgressão, pode ser considerado, pelo mundo, possuidor de grande integridade. A lei de Deus, porém, lê os segredos do coração. Todo ato é julgado pelos motivos que o sugeriram. Somente quem estiver de acordo com os princípios da lei de Deus, permanecerá em pé no Juízo.

Deus é amor. Demonstrou Ele este amor na dádiva de Cristo. Quando "deu o Seu Filho unigênito, para que todo aquele que nEle crê não pereça, mas tenha a vida eterna" (João 3:16), nada reteve de Sua possessão adquirida. Deu todo o Céu, do qual podemos tirar poder e eficiência para não sermos repelidos nem derrotados por nosso grande adversário. Mas o amor de Deus não O leva a desculpar o pecado. Não o desculpou em Satanás; não o escusou em Adão ou em Caim; nem o desculpará em qualquer outro homem. Não tolerará nossos pecados, e não passará por sobre nossos defeitos de caráter. Espera que vençamos em Seu nome.

Os que rejeitam o dom da justiça de Cristo estão rejeitando os atributos de caráter que os constituiriam filhos e filhas de Deus. Rejeitam aquilo que, unicamente, lhes poderia conceder aptidão para um lugar na ceia de bodas.

Na parábola, ao perguntar o rei: "Como entraste aqui, não tendo veste nupcial?" (Mateus 22:12) o homem emudeceu. Assim será no grande dia de Juízo. Os homens agora podem justificar seus defeitos de caráter, mas naquele dia não apresentarão desculpas.

As igrejas professas de Cristo nesta geração desfrutam dos mais altos privilégios. O Senhor Se tem revelado a nós numa luz sempre crescente. Nossos privilégios são muito maiores que os do antigo povo de Deus. Temos não somente a grande luz proporcionada a Israel, mas também a evidência crescente da grande salvação trazida a nós por Cristo. Aquilo que para os judeus era o tipo e símbolo, é para nós realidade. Eles tinham a história do Antigo Testamento; nós temos essa e a do Novo. Temos a certeza de um Salvador que veio, um Salvador que foi crucificado, ressurgiu, e, à borda do sepulcro de José, proclamou: "Sou a ressurreição e a vida." João 11:25. Em nosso conhecimento de Cristo e de Seu amor, o reino de Deus está posto no meio de nós. Cristo nos é revelado em sermões e cantado em hinos. O banquete espiritual é-nos apresentado em farta abundância. A veste de bodas provida com infinito custo, é oferecido liberalmente a toda pessoa. Pelos mensageiros de Deus nos são expostas a justiça de Cristo, a justificação, as excelentes e preciosas promessas da Palavra de Deus, o livre acesso ao Pai por Cristo, o conforto do Espírito, e a bem-fundada certeza da vida eterna no reino de Deus. Que poderia Deus fazer por nós, que não tenha feito em prover a grande ceia, o banquete celestial? No Céu é dito pelos anjos ministradores: Executamos a obra para que fomos enviados. Repelimos os exércitos dos anjos maus. Enviamos luz e claridade à mente dos homens, avivando-lhes a memória do amor de Deus expresso em Jesus. Atraímos-lhes os olhares para a cruz de Cristo. Seu coração foi movido profundamente pelo sentimento do pecado, que crucificou o Filho de Deus. Foram convencidos. Viram os passos que devem ser dados na conversão; sentiram o poder do evangelho; seu coração foi sensibilizado ao verem a excelência do amor de Deus. Contemplaram a beleza do caráter de Cristo. Mas com a maioria, foi tudo em vão. Não quiseram submeter seus próprios hábitos e caráter. Não quiseram depor as vestes terrenas para serem trajados com as do Céu. Seu coração era dado à avareza. Amavam mais a companhia do mundo do que a de Deus.

Solene será o dia da decisão final. Em visão profética, o apóstolo João o descreve: "Vi um grande trono branco e O que estava assentado sobre ele, de cuja presença fugiu a Terra e o Céu; e não se achou lugar para eles. E vi os mortos, grandes e pequenos, que estavam diante do trono, e abriram-se os livros. E abriu-se outro livro, que é o da vida. E os mortos foram julgados pelas coisas que estavam escritas nos livros, segundo as suas obras." Apocalipse 20:11, 12.

Triste será o retrospecto naquele dia em que os homens defrontarem face a face a eternidade. Toda a vida se apresentará justamente como foi. Os prazeres, riquezas e honras do mundo não parecerão tão importantes. Os homens hão de ver que somente a justiça que desprezaram é de valor. Verão que formaram o caráter sob a sedução enganadora de Satanás. As vestes que escolheram são o estigma de sua aliança ao primeiro grande apóstata. Então hão de ver a conseqüência de sua escolha. Terão conhecimento do que significa transgredir os mandamentos de Deus.

Não haverá oportunidade futura em que os homens se poderão preparar para a eternidade. Nesta vida é que devemos trajar as vestes da justiça de Cristo. Esta é a nossa única oportunidade de formar caráter para o lar que Cristo preparou para os que obedecem aos Seus mandamentos.

Rapidamente, os dias de graça estão terminando. O fim está próximo. É-nos feita a advertência: "Olhai por vós, para que não aconteça que o vosso coração se carreguem de glutonaria, de embriaguez, e dos cuidados da vida, e venha sobre vós de improviso aquele dia." Lucas 21:34. Vigiai para que não vos encontre desapercebidos. Acautelai-vos para que não sejais achados na ceia do rei sem vestes nupciais.

"Porque o Filho do homem há de vir à hora em que não penseis." Mateus 24:44. "Bem-aventurado aquele que vigia e guarda as suas vestes, para que não ande nu, e não se vejam as suas vergonhas." Apocalipse 16:15.

Capítulo 25—Como enriquecer a personalidade

Este capítulo é baseado em Mateus 25:13-30.

No Monte das Oliveiras, Cristo falara aos discípulos, do Seu segundo advento ao mundo. Especificara certos sinais que se manifestariam quando Sua vinda estivesse próxima, e ordenara aos discípulos que vigiassem e estivessem preparados. Novamente repetiu a advertência: "Vigiai, pois, porque não sabeis o dia nem a hora em que o Filho do homem há de vir." Mateus 25:13. Mostrou então o que significa aguardar Sua vinda. O tempo não deve ser gasto em vigilância ociosa, mas em trabalho diligente. Essa lição ensinou na parábola dos talentos.

"O reino dos Céus", disse, "é também como um homem que, partindo para fora da terra, chamou os seus servos, e entregou-lhes os seus bens, e a um deu cinco talentos, e a outro, dois, e a outro, um, a cada um segundo a sua capacidade, e ausentou-se logo para longe." Mateus 25:14, 15.

O homem que partiu para longe representa Cristo, que, ao proferir esta parábola, estava prestes a partir da Terra para o Céu. Os "servos", ou escravos, da parábola, representam os seguidores de Cristo. Não somos de nós mesmos. Fomos "comprados por bom preço" (1 Coríntios 6:20), não "com coisas corruptíveis, como prata ou ouro, ... mas com o precioso sangue de Cristo" (1 Pedro 1:18, 19); "para que os que vivem não vivam mais para si, mas para Aquele que por eles morreu e ressuscitou". 2 Coríntios 5:15.

Todos os homens foram comprados por este infinito preço. Derramando toda a riqueza do Céu neste mundo, dando-nos todo o Céu em Cristo, Deus adquiriu a vontade, as afeições, a mente, a alma de todo ser humano. Crentes ou incrédulos, todos os homens são propriedade do Senhor. Todos são chamados para Seu serviço, e todos deverão, no grande dia do Juízo, prestar contas da maneira em que respondem a esta reivindicação.

As reivindicações de Deus, porém, não são reconhecidas por todos. Os que professam ter aceito o serviço de Cristo, são representados como Seus servos, na parábola.

Os seguidores de Cristo foram redimidos para ser úteis ao próximo. Nosso Senhor ensina que o verdadeiro objetivo da vida é servir. Cristo mesmo foi obreiro, e dá a todos os Seus seguidores a lei do serviço -- o serviço a Deus e ao próximo. Aqui Cristo apresentou ao mundo uma concepção mais elevada da vida, a qual jamais conheceram. Vivendo para servir aos outros, o homem é levado à comunhão com Cristo. A lei de servir torna-se o vínculo que nos liga a Deus e a nosso semelhante.

Cristo confia a Seus servos "Seus bens" -- alguma coisa que deve ser usada para Ele. Dá "a cada um sua obra". Todos têm seu lugar no plano eterno do Céu. Todos devem colaborar com Cristo para a salvação de almas. Tão certo como nos está preparado um lugar nas mansões celestes, há também um lugar designado aqui na Terra, onde devemos trabalhar para Deus.

Dons do Espírito

Os talentos que Cristo confiou a Sua igreja representam especialmente os dons e bênçãos conferidos pelo Espírito Santo. "Porque a um, pelo Espírito, é dada a palavra da sabedoria; e a outro, pelo mesmo Espírito, a palavra da ciência; e a outro, pelo mesmo Espírito, a fé; e a outro, pelo mesmo Espírito, os dons de curar; e a outro, a operação de maravilhas; e a outro, a profecia; e a outro, o dom de discernir os espíritos; e a outro, a variedade de línguas; e a outro, a interpretação das línguas. Mas um só e o mesmo Espírito opera todas essas coisas, repartindo particularmente a cada um como quer." 1 Coríntios 12:8-11. Nem todos os homens recebem os mesmos dons, porém a cada servo do Mestre é prometido algum dom do Espírito.

Antes de deixar os discípulos, Cristo "assoprou sobre eles e disse-lhes: Recebei o Espírito Santo". João 20:22. Depois disse: "Eis que sobre vós envio a promessa de Meu Pai." Lucas 24:49. Somente depois da ascensão, porém, foi o dom recebido em sua plenitude. Apenas quando os discípulos se renderam plenamente à Sua operação em fé e súplicas, foi derramado sobre eles o Espírito Santo. Então os bens do Céu foram concedidos aos seguidores de Cristo em sentido especial. "Subindo ao alto, levou cativo o cativeiro, e deu dons aos homens." Efésios 4:8. "Mas a graça foi dada a cada um de nós segundo a medida do dom de Cristo" (Efésios 4:7), repartindo o Espírito particularmente "a cada um como quer". 1 Coríntios 12:11. Estes dons já são nossos em Cristo, mas a posse real depende de nossa recepção do Espírito de Deus. A promessa do Espírito não é apreciada devidamente. Seu cumprimento não é realizado como poderia sê-lo. A ausência do Espírito é que torna tão impotente o ministério evangélico. Pode-se possuir cultura, talento, eloqüência ou qualquer dote natural ou adquirido; mas sem a presença do Espírito de Deus não se tocará nenhum coração, nem se ganhará pecador algum para Cristo. De outro lado, se estão ligados com Cristo, e se possuem os dons do Espírito, os mais pobres e ignorantes de Seus discípulos terão um poder que falará aos corações. Deus faz deles condutos para a difusão, no Universo, das mais elevadas influências.

Outros talentos

Os dons especiais do Espírito não são os únicos talentos representados na parábola. Esta inclui todos os dons e dotes, originais ou adquiridos, naturais ou espirituais. Todos devem ser empregados no serviço de Cristo. Tornando-nos discípulos Seus, rendemo-nos a Ele com tudo que somos e temos. Devolve-nos Ele, então, essas dádivas purificadas e enobrecidas para que as utilizemos para Sua glória em abençoar nossos semelhantes.

Deus deu a cada um "segundo a sua capacidade". Mateus 25:15. Os talentos não são distribuídos a esmo. Quem tem capacidade para usar cinco talentos recebe cinco. Quem só pode utilizar dois, recebe dois. Quem só pode usar sabiamente um, recebe um. Ninguém precisa lamentar que não recebeu maiores dons; porque Aquele que repartiu a cada um, é igualmente honrado pelo desenvolvimento de toda dádiva, seja ela grande ou pequena. Aquele a quem foram confiados cinco talentos, deve restituir o aumento dos cinco; a quem foi dado apenas um, o aumento de um. Deus espera a restituição "segundo o que qualquer tem e não segundo o que não tem". 2 Coríntios 8:12.

O uso dos talentos

Na parábola, aquele que "recebera cinco talentos negociou com eles e granjeou outros cinco talentos. Da mesma sorte, o que recebera dois granjeou também outros dois". Mateus 25:16, 17.

Os talentos, conquanto poucos, devem ser empregados. A questão que mais nos interessa não é: Quanto recebi? mas: O que faço com o que tenho? O desenvolvimento de todas as nossas faculdades é a primeira obrigação que devemos a Deus e a nossos semelhantes. Ninguém, que não esteja crescendo diariamente em capacidade e utilidade, estará cumprindo o propósito da vida. Fazendo profissão de fé em Cristo, comprometemo-nos a tornar-nos tudo quanto nos seja possível, como obreiros, para o Mestre, e devemos cultivar cada faculdade ao mais elevado grau de perfeição, para que possamos fazer o maior bem que formos capazes de realizar.

O Senhor tem uma grande obra para realizar, e mais legará na vida futura aos que na presente serviram mais fiel e voluntariamente. O Senhor escolhe Seus agentes e dá-lhes cada dia, sob diferentes circunstâncias, oportunidades em Seu plano de operação. Escolhe Seus agentes em cada esforço sincero de levar a efeito o Seu plano, não porque sejam perfeitos, mas porque pela conexão com Ele podem alcançar a perfeição.

Deus somente aceitará os que estão decididos a ter um alvo elevado. Coloca cada agente humano sob a obrigação de fazer o melhor. De todos é requerido perfeição moral. Nunca devemos abaixar a norma de justiça com o fim de acomodar à prática do mal, tendências herdadas ou cultivadas. Precisamos compreender que imperfeição de caráter é pecado. Todos os justos atributos de caráter habitam em Deus como um todo perfeito e harmonioso, e todo aquele que aceita a Cristo como Salvador pessoal, tem o privilégio de possuir estes atributos.

E os que querem ser coobreiros de Deus devem esforçar-se para aperfeiçoar cada órgão do corpo e qualidade da mente. Verdadeira educação é o preparo das faculdades físicas, mentais e morais para a execução de todo dever; é o preparo do corpo, mente e intelecto para o serviço divino. Essa é a educação que perdurará para a vida eterna.

Requer o Senhor de todo cristão crescimento em eficiência e capacidade em todo ramo. Cristo pagou nosso salário, Seu próprio sangue e sofrimento, para assegurar nosso serviço voluntário. Veio ao nosso mundo para dar um exemplo de como devemos trabalhar, e que espírito devemos introduzir em nossa labuta. Deseja que estudemos como melhor promover Sua obra e glorificar Seu nome no mundo, coroando com honras, com o maior amor e devoção, o Pai que "amou o mundo de tal maneira que deu o Seu Filho unigênito, para que todo aquele que nEle crê não pereça, mas tenha a vida eterna". João 3:16.

Cristo, porém, não nos deu garantia alguma de que é fácil alcançar perfeição de caráter. Não se herda caráter perfeito e nobre. Não o recebemos por acaso. O caráter nobre é ganho por esforço individual mediante os méritos e a graça de Cristo. Deus dá os talentos e as faculdades mentais; nós formamos o caráter. É formado por combates árduos e relutantes com o próprio eu. As tendências herdadas devem ser banidas por um conflito após outro. Devemos esquadrinhar-nos detidamente e não permitir que permaneça traço algum incorreto.

Ninguém diga: Não posso corrigir meus defeitos de caráter. Se chegardes a essa decisão, certamente deixareis de alcançar a vida eterna. A impossibilidade está em vossa própria vontade. Se não quiserdes não vencereis. A dificuldade real vem da corrupção de um coração não santificado, e da involuntariedade de se submeter à direção de Deus. Muitos a quem Deus capacitou para fazer trabalho excelente, pouco conseguem, porque pouco empreendem. Milhares passam esta vida como se não tivessem alvo definido pelo qual viver, nem norma para alcançar. Os tais receberão recompensa proporcional às suas obras.

Lembre-se de que nunca alcançará mais elevada norma que a que se propuser. Fixe pois alto seu alvo e passo a passo, embora com esforços dolorosos, abnegação e sacrifício, subi até ao topo a escada do progresso. Que nada vos impeça. O destino não teceu tão firmemente suas malhas ao redor de qualquer homem, que precisasse permanecer desamparado e na incerteza. Circunstâncias adversas devem criar a firme determinação de vencê-las. A transposição de um obstáculo dará maior capacidade e ânimo para avançar. Insisti com resolução na direção correta, e então as circunstâncias serão vossas auxiliares, não empecilhos.

Almeje cultivar toda graça do caráter para a glória do Mestre. Deveis agradar a Deus em cada aspecto da formação de vosso caráter. Isto podeis fazer, porque Enoque Lhe agradou, embora vivesse num século degenerado. E há Enoques em nosso tempo.

Seja como Daniel, aquele fiel estadista, homem que nenhuma tentação podia corromper. Não desaponteis Aquele que tanto vos ama, que deu Sua vida para cancelar vossos pecados. Ele diz: "Sem Mim nada podereis fazer." João 15:5. Lembrai-vos disso. Se tiverdes cometido erros, certamente alcançareis a vitória, ao reconhecerdes estes erros e os considerardes farol de advertência. Assim transformareis a derrota em vitória, desapontando o inimigo e honrando o vosso Redentor.

O caráter formado segundo a semelhança divina é o único tesouro que deste mundo podemos levar para o futuro. Aqueles que nesta vida estão sob a instrução de Cristo, levarão consigo, para as mansões celestes, todo aprendizado divino. E no Céu deveremos progredir continuamente. Que importância tem, pois, nesta vida o desenvolvimento do caráter!

Os seres celestiais cooperarão com o agente humano que procura com fé decidida a perfeição de caráter que se manifeste na ação perfeita. A todo que se empenha nesta obra, Cristo diz: Estou à tua destra, para te auxiliar. Colaborando a vontade do homem com a de Deus, ela se torna onipotente. Tudo que deve ser feito a Seu mando pode ser cumprido por Seu poder. Todas as Suas ordens são promessas habilitadoras.

Faculdades mentais

Deus requer o cultivo das faculdades mentais. É Seu desígnio que Seus servos possuam mais inteligência e mais claro discernimento que os mundanos, e Se desagrada dos que são muito descuidados ou muito indolentes para se tornarem obreiros eficientes e bem-preparados. Deus nos manda amá-Lo de todo o coração, de toda a alma, de toda a força, e de todo o entendimento. Isto nos impõe a obrigação de desenvolver o intelecto até a mais plena capacidade, para que com todo o entendimento conheçamos e amemos nosso Criador.

Se for submetido à direção do Espírito, quanto mais perfeitamente cultivado o intelecto, tanto mais eficazmente poderá ser usado no serviço do Senhor. O homem iletrado que é consagrado a Deus e aspira a abençoar a outros, pode ser e é utilizado pelo Senhor em Seu serviço. Mas os que, com o mesmo espírito de consagração, tiveram o benefício de uma instrução completa, podem fazer obra muito mais extensa para Cristo. Estão em posição vantajosa.

O Senhor deseja que obtenhamos toda instrução possível, com o objetivo em vista de partilhar com outros nosso conhecimento. Ninguém pode saber onde nem como será chamado para labutar ou falar para Deus. Somente nosso Pai celeste vê o que pode fazer do homem. Há perante nós possibilidades que nossa fraca fé não discerne. Nossa mente deve estar tão adestrada que, se necessário, possamos expor as verdades da Palavra de Deus perante as mais altas autoridades terrenas, de maneira tal que glorifique Seu nome. Não devemos perder oportunidade alguma de preparar-nos intelectualmente para a obra de Deus.

Que os jovens que necessitam de instrução, empenhem-se com determinação para obtê-la. Não espereis uma oportunidade, mas forjai-a vós mesmos. Aproveitai qualquer meio que se apresente. Praticai a economia; não gasteis o vosso dinheiro na satisfação do apetite nem em divertimentos. Sede resolutos em vos tornardes úteis e eficientes como Deus o quer. Sede pontuais e fiéis em tudo quanto empreenderdes. Aproveitai toda oportunidade ao vosso alcance para fortalecer o intelecto. Seja o estudo de livros combinado com um útil trabalho manual, e assegurai-vos por esforço fiel, vigilância e oração, a sabedoria que é de cima. Isto vos dará educação completa. Assim podeis crescer no caráter e ter influência sobre outras mentes, habilitando-vos a conduzi-las no caminho da justiça e santidade.

Poderia ser conseguido muito mais no trabalho de auto-educação, se estivéssemos alerta para as nossas próprias oportunidades e privilégios. Verdadeira instrução significa mais do que os colégios podem dar. Embora o estudo das ciências não deva ser negligenciado, deve ser obtida maior instrução mediante ligação vital com Deus. Tome cada estudante sua Bíblia e ponha-se em comunhão com o grande Mestre. Que a mente seja adestrada e disciplinada para lutar com os problemas difíceis na pesquisa da verdade divina.

Os que têm fome de conhecimento para tornarem-se uma bênção para seus semelhantes, receberão eles mesmos bênçãos de Deus. Pelo estudo da Palavra, suas forças mentais serão estimuladas a uma atividade fervorosa. Haverá expansão e desenvolvimento das faculdades, e a mente adquirirá capacidade e eficiência. Cumpre a todo o que quiser ser obreiro de Deus, exercer o domínio de si mesmo. Isso efetuará mais que a eloqüência ou os talentos mais brilhantes. A mente vulgar, bem-disciplinada, realizará trabalho maior e mais elevado que o espírito mais altamente instruído, e que os maiores talentos, sem o domínio próprio.

A linguagem

O dom da palavra é um talento que deve ser cultivado cuidadosamente. De todos os dons que recebemos de Deus, nenhum é capaz de se tornar maior bênção que este. Com a voz convencemos e persuadimos, com ela elevamos orações e louvores a Deus, e também falamos a outros do amor do Redentor. Que importância tem, pois, que seja bem educada a fim de tornar-se mais eficaz para o bem!

A cultura e o correto uso da voz são grandemente negligenciados até por pessoas de inteligência e de atividade cristã. Muitos há que lêem ou falam de maneira tão baixa ou tão rápida, que não podem ser compreendidos perfeitamente. Alguns possuem pronúncia pesada e indistinta, outros falam em tonalidade alta, em tons agudos e estridentes, desagradáveis aos ouvintes. Textos, hinos, relatórios e outras partes, apresentados em reuniões públicas, são às vezes lidos de maneira tal que não são entendidos, de modo que muitas vezes perdem toda a força e nada impressionam.

Esse é um mal que pode e deve ser corrigido. A Bíblia nos dá instruções neste ponto. É dito dos levitas que liam as Escrituras ao povo nos dias de Esdras: "Leram no Livro, na lei de Deus, e declarando e explicando o sentido, faziam que, lendo, se entendesse." Neemias 8:8.

Por esforço diligente todos podem adquirir a capacidade de ler inteligivelmente e falar em tom claro e sonoro, e de maneira distinta e impressiva. Fazendo isso podemos desenvolver grandemente nossa eficiência como obreiros de Cristo.

Cada cristão é chamado para anunciar a outros as inescrutáveis riquezas de Cristo; por isso deve procurar perfeição no falar. Deve apresentar a Palavra de Deus de maneira tal que a recomende ao auditório. Deus não pretende que Seus porta-vozes sejam incultos. Não é Sua vontade que o homem restrinja ou rebaixe a fonte celeste que por ela flui para o mundo.

Devemos contemplar a Jesus como modelo perfeito; devemos solicitar o auxílio do Espírito Santo, e em Seu poder procurar adestrar todos os órgãos para um trabalho perfeito.

Isso se aplica especialmente aos que são chamados para o ministério público. Todo pregador e todo instrutor deve lembrar que está dando ao povo uma mensagem que encerra interesses eternos. A verdade anunciada julgá-lo-á no dia do grande ajuste final. E para alguns a maneira de alguém apresentar a mensagem determinará sua aceitação ou rejeição. Seja pois falada a verdade de modo que apele ao entendimento e impressione o coração. Seja ela pronunciada compassada, distinta e solenemente, mas com toda a sinceridade que sua importância requer.

A cultura e uso convenientes do dom da palavra relacionam-se com todos os ramos da obra cristã; penetra na vida familiar e em todo intercâmbio mútuo. Devemos acostumar-nos a falar em tom agradável, usando linguagem pura e correta, com palavras amáveis e corteses. Palavras suaves e bondosas são para o espírito como o orvalho e a chuva branda. A Escritura diz de Cristo, que havia em Seus lábios uma graça tal que sabia "dizer, a seu tempo, uma boa palavra ao que está cansado". Isaías 50:4. E o Senhor nos manda: "A vossa palavra seja sempre agradável" (Colossences 4:6), "para que dê graça aos que a ouvem". Efésios 4:29. Procurando corrigir ou reformar a outros devemos ter cuidado com nossas palavras. Serão um cheiro de vida para vida ou de morte para morte. Quando censuram ou aconselham, muitos usam linguagem áspera e severa, palavras que não são adequadas para curar um coração ferido. Por essas expressões inadequadas é irritado o espírito, e os errantes são muitas vezes instigados à rebelião. Todos os que quiserem advogar os princípios da verdade precisarão receber o celeste óleo do amor. Sob todas as circunstâncias, a censura deve ser expressa com amor. Então nossas palavras reformarão e não hão de exasperar. Cristo pelo Espírito Santo suprirá o poder necessário. Essa é Sua obra.

Não se deve proferir uma única palavra imprudentemente. Nenhuma maledicência, palavreado frívolo algum, nenhuma murmuração impertinente nem sugestão impura sairá dos lábios do seguidor de Cristo. Escrevendo por inspiração do Espírito Santo, diz o apóstolo Paulo: "Não saia da vossa boca nenhuma palavra torpe." Efésios 4:29. Palavras torpes não significam somente palavras vis. Quer dizer qualquer expressão contrária aos santos princípios e à religião pura e imaculada. Inclui idéias impuras e insinuações malévolas. Se não forem repelidas imediatamente, conduzem a grande pecado.

É dever de toda família e de cada cristão individualmente opor-se ao uso da linguagem corrupta. Quando em companhia de quem se deleita em palestras tolas, é nosso dever mudar o assunto da conversação, se possível. Com o auxílio da graça de Deus devemos calmamente proferir algumas palavras, ou introduzir um tema que oriente a conversa para terreno mais aproveitável.

É obrigação dos pais inculcar nos filhos bons hábitos de linguagem. A melhor escola para a cultura da voz é o lar. Desde os primeiros anos deve a criança ser ensinada a falar respeitosamente e com amor, a seus pais e aos outros. Ensinar-se-lhe-á que somente palavras gentis, verdadeiras e puras lhe devem sair dos lábios. Os pais mesmos devem estudar diariamente na escola de Cristo. Assim poderão ensinar aos filhos, por preceito e exemplo, o uso da "linguagem sã e irrepreensível". Tito 2:8. Esse é um de seus maiores deveres e da maior responsabilidade.

Como seguidores de Cristo, nossas palavras devem ser um auxílio e encorajamento a outros na vida cristã. Muito mais do que fazemos precisamos falar dos preciosos capítulos de nossa experiência. É bom falarmos da misericórdia e longanimidade de Deus, e da incomparável profundeza do amor do Salvador. Nossas palavras devem ser expressões de louvor e ações de graças. Se o coração e a mente estiverem cheios do amor de Deus, isso será revelado na conversação. Não nos será difícil transmitir aquilo que experimentamos na vida espiritual. Grandes pensamentos, aspirações nobres, percepção clara da verdade, propósitos liberais, anelos de piedade e santidade, produzirão frutos em palavras que revelam o caráter do tesouro do coração. Se Cristo for assim manifestado em nossa linguagem, a mesma terá o poder de conquistar almas para Ele.

Devemos falar de Cristo aos que O não conhecem. Devemos fazer o que Cristo fez. Onde quer que estivesse, na sinagoga, à beira do caminho, no barco um tanto arredado da margem, no banquete do fariseu ou à mesa do publicano, falava aos homens das coisas pertinentes à vida mais elevada. As coisas da natureza, os acontecimentos da vida diária eram por Ele relacionados com as palavras da verdade. O coração dos ouvintes era atraído para Ele, porque lhes curara as enfermidades, confortara os aflitos, e tomara nos braços seus filhinhos e os abençoara. Quando abria os lábios para falar, a atenção deles se voltava para Ele, e toda palavra era para alguém um cheiro de vida para vida. Assim deve ser conosco. Onde quer que estejamos, devemos vigiar as oportunidades de falar do Salvador a outros. Se seguirmos o exemplo de Cristo em fazer o bem, os corações estarão abertos a nós como estiveram a Ele. Não abruptamente, mas com o tato oriundo do amor divino poderemos falar-lhes dAquele que "traz a bandeira entre dez mil", e é "totalmente desejável". Cantares 5:10, 16. Essa é a mais elevada obra em que podemos empregar o talento da linguagem. Foi-nos dado para que pudéssemos apresentar a Cristo como Salvador que perdoa os pecados.

Influência

A vida de Cristo foi uma influência sempre crescente e ilimitada; influência que O ligava a Deus e a toda a família humana. Mediante Cristo, Deus conferiu ao homem uma influência que lhe torna impossível viver para si próprio. Individualmente temos ligação com nossos semelhantes, parte da grande família de Deus, e estamos sob obrigações mútuas. Ninguém pode ser independente de seu próximo; porque o bem-estar de cada um afeta a outros. É propósito de Deus que cada um se sinta imprescindível ao bem-estar dos outros, e procure promover a sua felicidade.

Toda alma está circundada de uma atmosfera própria, que pode estar carregada do poder vivificante da fé, do ânimo, da esperança, e perfumada com a fragrância do amor. Ou pode estar pesada e fria com as nuvens do descontentamento e egoísmo, ou intoxicada com o contato mortal de um pecado acariciado. Pela atmosfera que nos envolve, toda pessoa com quem nos comunicamos é consciente ou inconscientemente afetada.

Esta é uma responsabilidade de que não nos podemos livrar. Nossas palavras, nossos atos, nosso traje, nosso procedimento, até a expressão fisionômica tem sua influência. Da impressão assim feita dependem conseqüências para bem ou para mal, que ninguém pode computar. Todo impulso assim comunicado é uma semente que produzirá sua colheita. É um elo na longa cadeia de eventos humanos que se estende não sabemos até aonde. Se por nosso exemplo ajudamos a outros na formação de bons princípios, estamos-lhes dando a capacidade de fazer o bem. Eles, por sua vez, exercem a mesma influência sobre outros, e estes sobre terceiros. Assim, por nossa influência inconsciente, podem ser abençoados milhares.

Atirai uma pedra num lago, e forma-se uma onda, e a ela se seguem outras; e crescendo as mesmas, o círculo amplia-se até atingir a margem. O mesmo se dá com nossa influência. Além do nosso conhecimento e arbítrio ela atua em outros para bênção ou maldição.

O caráter é um poder. O testemunho silencioso de uma vida sincera, desinteressada e piedosa, exerce influência quase irresistível. Manifestando em nossa vida o caráter de Cristo, com Ele cooperamos na obra de salvar almas. Somente revelando em nossa vida o Seu caráter é que podemos com Ele colaborar.

E quanto mais vasta a esfera de nossa influência, tanto maior bem podemos fazer. Quando os que professam servir a Deus seguirem o exemplo de Cristo, praticando na vida diária os princípios da lei, quando todos os seus atos testemunharem de que amam a Deus sobre todas as coisas e ao próximo como a si mesmos, então a igreja terá o poder de abalar o mundo.

Contudo deve ser lembrado que a influência não deixa de ser um poder para o mal. É terrível alguém perder sua vida, mas causar a perdição de outras é-o ainda mais. Que nossa influência seja um cheiro de morte para morte é um pensamento horrível; contudo é possível. Muitos que professam ajuntar com Cristo, estão espalhando. Este é o motivo de a igreja ser tão fraca. Muitos tomam a liberdade de criticar e acusar. Expressando suspeita, inveja e descontentamento, entregam-se a Satanás como instrumentos. Antes que reconheçam o que estão fazendo, o adversário por meio deles conseguiu seu propósito. A impressão do mal foi feita, a sombra foi projetada, os dardos de Satanás atingiram o alvo. Desconfiança, incredulidade e degradante infidelidade tomaram posse daqueles que de outra maneira poderiam ter aceitado Cristo. Entrementes os obreiros de Satanás olham complacentemente aos que arrastaram ao ceticismo, e agora estão empedernidos contra toda admoestação e súplica. Lisonjeiam-se de que em comparação com essas pessoas são virtuosos e justos. Não reconhecem que esses pobres náufragos do caráter são vítimas de sua língua desenfreada e de seu coração rebelde. Por sua influência foi que esses tentados caíram.

Assim a frivolidade, a condescendência egoísta e a indiferença despreocupada por parte de cristãos professos estão desviando muitos do caminho da vida. Muitos há que temerão enfrentar no tribunal de Deus os resultados de sua influência. Somente pela graça de Deus é que podemos utilizar sabiamente essa dádiva. Nada há em nós com que possamos influenciar a outros para o bem. Se reconhecermos nossa falta de recurso e a necessidade de poder divino, não confiaremos em nós mesmos. Não sabemos que conseqüências terão um dia, uma hora ou um momento, e nunca devemos começar o dia sem encomendar nossos caminhos ao Pai celeste. Anjos Seus são comissionados para cuidarem de nós, e se nos colocarmos sob sua proteção, no tempo de perigo estarão à nossa destra. Quando inconscientemente estivermos em perigo de exercer influência má, os anjos estarão ao nosso lado, orientando-nos para um melhor procedimento, escolhendo-nos as palavras, e influenciando-nos as ações. Assim, nossa influência pode ser silenciosa e inconsciente, mas forte para atrair outros a Cristo e ao mundo celeste.

Tempo

Nosso tempo pertence a Deus. Cada momento é Seu, e estamos sob a mais solene obrigação de aproveitá-lo para Sua glória. De nenhum talento que nos concedeu requererá Ele mais estrita conta do que de nosso tempo.

O valor do tempo supera toda computação. Cristo considerava precioso todo momento, e assim devemos considerá-lo. A vida é muito curta para ser esbanjada. Temos somente poucos dias de graça para nos prepararmos para a eternidade. Não temos tempo para dissipar, tempo para devotar aos prazeres egoístas, tempo para contemporizar com o pecado. Agora é que nos devemos formar o caráter para a futura vida imortal. Agora é que nos devemos preparar para o juízo investigativo.

A família humana apenas começou a viver quando principia a morrer, e o trabalho incessante do mundo findará em nada se não se adquirir verdadeiro conhecimento em relação à vida eterna. O homem que aprecia o tempo como seu dia de trabalho, habilitar-se-á para a mansão e para a vida que é imortal. Foi-lhe bom ter nascido.

Somos advertidos a remir o tempo. O tempo esbanjado nunca poderá ser recuperado, porém. Não podemos fazer voltar atrás nem sequer um momento. A única maneira de podermos remir nosso tempo consiste em utilizar o melhor possível o que nos resta, tornando-nos coobreiros de Deus em Seu grande plano de redenção.

Dá-se no homem que faz isto uma transformação de caráter. Torna-se um filho de Deus, um membro da família real, um filho do celeste Rei. É qualificado para a companhia dos anjos. Agora é o tempo de trabalharmos para a salvação de nossos semelhantes. Há quem pense que tudo quanto dele se exige é dar dinheiro para a causa de Cristo; o tempo precioso em que poderia fazer serviço pessoal, para Ele passa inutilmente. Mas o privilégio e dever de todos os que têm saúde e força, é prestar serviço ativo para Deus. Todos têm que trabalhar na conquista de almas para Cristo. Donativos não podem substituir isto.

Todo momento está carregado de conseqüências eternas. Devemos estar preparados para prestar serviço em qualquer momento. A oportunidade que agora temos de falar palavras de vida a alguma alma necessitada, pode nunca mais apresentar-se. Deus pode dizer a alguém: "Esta noite te pedirão a tua alma" (Lucas 12:20), e por nossa negligência a mesma pode não estar preparada. No grande dia do juízo, como prestaremos contas a Deus?

A vida é muito solene para ser absorvida em negócios terrenos e temporais, em um remoinho de cuidados e ansiedades pelas coisas terrenas que são apenas um átomo em comparação com as de interesse eterno. Contudo, Deus nos chamou para servi-Lo nos afazeres temporais da vida. Diligência nesta obra é tanto parte da religião verdadeira como a devoção. A Bíblia não apóia a ociosidade, que é a maior maldição de nosso mundo. Todo homem e mulher verdadeiramente convertidos serão diligentes trabalhadores.

Do justo emprego do tempo depende nosso êxito no conhecimento e cultura mental. A cultura do intelecto não precisa ser tolhida por pobreza, origem humilde ou circunstâncias desfavoráveis, contanto que se aproveitem os momentos. Alguns momentos aqui e outros ali, que poderiam ser dissipados em conversas inúteis; as horas matutinas tantas vezes desperdiçadas no leito; o tempo gasto em viagens de bonde ou trem; ou em espera na estação; os minutos de espera pelas refeições, de espera pelos que são impontuais -- se se tivesse um livro à mão, e estes retalhos de tempo fossem empregados estudando, lendo ou meditando, que não poderia ser conseguido! O propósito resoluto, a aplicação persistente e cautelosa economia de tempo, habilitarão os homens para adquirirem conhecimento e disciplina mental que os qualificarão para quase qualquer posição de influência e utilidade.

É o dever de todo cristão adotar hábitos de ordem, perfeição e presteza. Não há desculpa para a morosidade e imperfeição em trabalho de qualquer natureza. Quando alguém está sempre trabalhando, e a tarefa nunca está concluída, é porque a mente e o coração não estão na obra. Os vagarosos, e que trabalham sem o competente preparo, deveriam reconhecer que essas são faltas para serem corrigidas. Precisam exercitar a mente em planejar como utilizar o tempo para alcançar os melhores resultados. Com tino e método alguns conseguirão em cinco horas o mesmo trabalho que outros em dez. Muitos que são encarregados de tarefas domésticas estão sempre labutando, não porque tenham tanto para fazer, mas por não planejarem como poupar tempo. Por causa de suas maneiras morosas e lerdas fazem do pouco trabalho muito. Mas todos quantos quiserem podem vencer estes hábitos falhos e lentos. Devem ter um alvo definido em sua ocupação. Decidam quanto tempo requer certo trabalho, e então se esforcem para executá-lo no dado tempo. O exercício da força de vontade tornará as mãos mais ágeis.

Pela falta de decisão de se reformarem radicalmente, as pessoas podem tornar-se arraigadas em maus costumes; ou, pelo cultivo de todas as suas faculdades, adquirir a capacidade de fazer o melhor serviço. Serão procuradas em toda e qualquer parte. Serão apreciadas por tudo de que são dignas. Muitas crianças e jovens dissipam o tempo que poderia ser empregado no desempenho de ocupações domésticas, o que mostraria interesse amoroso no pai e na mãe. Os jovens poderiam tomar sobre os ombros fortes muitas responsabilidades que alguém precisa suportar.

A vida de Cristo, desde os mais tenros anos, foi uma vida de fervorosa atividade. Não vivia para satisfazer-Se. Era Filho do Deus infinito, não obstante trabalhava com Seu pai José na carpintaria. Seu ofício era significativo. Viera a este mundo para edificar caracteres, e como tal toda a Sua obra era perfeita. Em todo o Seu trabalho secular manifestou a mesma perfeição que nos caracteres que transformava por Seu divino poder. É nosso modelo.

Os pais devem ensinar a seus filhos o valor e o bom uso do tempo. Ensinai-lhes que é digno esforçar-se para fazer algo que honre a Deus e abençoe a humanidade. Mesmo na infância podem ser missionários para Deus.

Os pais não podem cometer pecado maior que permitir que seus filhos nada tenham para fazer. As crianças aprendem logo a amar a ociosidade, e tornam-se homens e mulheres inúteis e sem recursos. Quando tiverem idade suficiente para ganhar a sua subsistência e achar ocupação, trabalharão de modo negligente e preguiçoso, e contudo esperarão ser remunerados como se fossem fiéis. Há grande diferença entre esta classe de trabalhadores e a dos que reconhecem o dever de serem mordomos de confiança.

Hábitos indolentes e descuidosos tolerados no trabalho secular serão introduzidos na vida religiosa, e nos tornarão incapazes de fazer obra eficiente para Deus. Muitos que pelo trabalho aplicado seriam uma bênção para o mundo, foram arruinados pela ociosidade. A falta de ocupação e de propósito inabalável abre a porta para milhares de tentações. Más companhias e hábitos viciosos depravam a mente e a alma, e a conseqüência é ruína para esta vida e para a vindoura. Qualquer que seja o ramo de trabalho em que estejamos empenhados, a Palavra de Deus nos ensina a não ser "vagarosos no cuidado", e a ser "fervorosos no espírito, servindo ao Senhor". Romanos 12:11. "Tudo quanto te vier à mão para fazer, faze-o conforme as tuas forças" (Eclesiastes 9:10), "sabendo que recebereis do

Senhor o galardão da herança, porque a Cristo, o Senhor, servis." Colossences 3:24.

Saúde

É a saúde uma bênção de que poucos apreciam o valor; contudo, dela depende em grande parte a eficiência de nossas forças mentais e físicas. Nossos impulsos e paixões têm sua sede no corpo, e o mesmo deve ser conservado na melhor condição física e sob as melhores influências espirituais, para que façamos o melhor uso de nossos talentos.

Tudo que nos diminui a força física enfraquece a mente e a torna menos capaz de discernir entre o bem e o mal. Ficamos menos aptos para escolher o bem, e temos menos força de vontade para fazer aquilo que sabemos ser justo.

O mau uso de nossas forças físicas abrevia o período de tempo em que nossa vida pode ser usada para a glória de Deus. E nos incapacita para cumprir a obra que Deus nos deu para fazer. Condescendendo com a formação de maus hábitos, recolhendo-nos tarde, satisfazendo o apetite com prejuízo da saúde, pomos os fundamentos da debilidade. Negligenciando os exercícios corporais, fatigando em excesso a mente ou o corpo, desequilibramos o sistema nervoso. Os que assim desconsiderando as leis naturais, encurtam a vida e se desqualificam para a obra, são culpados de roubo para com Deus. E também estão roubando a seus semelhantes. A oportunidade de abençoar a outros, que é justamente a obra para cuja execução Deus os enviou ao mundo, foi abreviada por seu próprio procedimento. E incapacitaram-se para fazer mesmo aquilo que poderiam ter realizado em espaço de tempo mais breve. O Senhor considera-nos culpados quando por nossos hábitos prejudiciais privamos o mundo do bem.

Transgressão da lei física é transgressão da lei moral; pois Deus tanto é autor de uma como da outra. Sua lei está escrita com Seu próprio dedo em cada nervo, cada músculo e cada faculdade que confiou ao homem. E todo abuso de qualquer parte de nosso organismo é uma infração dessa lei.

Todos devem ter inteligente conhecimento da anatomia humana, para poderem conservar o corpo em condição de executar a obra do Senhor. Cuidadosamente deve ser a vida física preservada e desenvolvida para que pela humanidade possa a natureza divina ser revelada em sua plenitude. A relação do organismo físico com a vida espiritual é um dos ramos mais importantes da educação. Deve receber cuidadosa atenção no lar e na escola. Todos precisam enfronhar-se em sua constituição física e nas leis que regem a vida natural. Quem permanece em ignorância voluntária das leis de seu físico, e as viola por ignorância, está pecando contra Deus. Todos devem colocar-se na melhor relação possível com a vida e a saúde. Nossos hábitos devem ser submetidos ao domínio de uma mente que por sua vez esteja sob a direção de Deus.

"Não sabeis", diz o apóstolo Paulo, "que o nosso corpo é o templo do Espírito Santo, que habita em vós, proveniente de Deus, e que não sois de vós mesmos? Porque fostes comprados por bom preço; glorificai, pois, a Deus no vosso corpo e no vosso espírito, os quais pertencem a Deus." 1 Coríntios 6:19, 20.

Força

Não só devemos amar a Deus de todo o coração, mente e alma, como também com todas as forças. Inclui isto o uso pleno e inteligente das forças físicas.

Cristo era obreiro fiel tanto nas coisas temporais quanto nas espirituais, e em toda a Sua obra tinha a resolução de fazer a vontade do Pai. As coisas do Céu e da Terra têm conexão mais íntima, e estão mais diretamente sob a superintendência de Cristo, do que muitos reconhecem. Foi Cristo que planejou a disposição do primeiro tabernáculo terreno. Deu toda especificação a respeito do levantamento do templo de Salomão. Ele, que em Sua vida terrena trabalhava como carpinteiro na vila de Nazaré, foi o arquiteto celeste que ideou o plano do edifício sagrado onde Seu nome deveria ser honrado.

Foi Cristo que deu sabedoria aos edificadores do tabernáculo para executarem o mais primoroso trabalho artístico. Disse: "Eis que Eu tenho chamado por nome a Bezalel, filho de Uri, filho de Hur, da tribo de Judá, e o enchi do Espírito de Deus, de sabedoria, e de entendimento, e de ciência em todo artifício. E eis que Eu tenho posto com ele a Aoliabe, filho de Aisamaque, da tribo de Dã, e tenho dado sabedoria ao coração de todo aquele que é sábio de coração, para que façam tudo o que te tenho ordenado." Êxodo 31:2, 3, 6.

Deus deseja que Seus servos em todo ramo O contemplem como o Doador de tudo quanto possuem. Todas as boas invenções e melhoramentos têm origem nAquele que é maravilhoso em conselho e excelente em obra. O contato hábil da mão do médico, seu poder sobre nervo e músculo, seu conhecimento da delicada estrutura do corpo, são a sabedoria do poder divino que deve ser usada para auxiliar os sofredores. A perícia com que o carpinteiro usa o martelo, a força com que o ferreiro faz tinir a bigorna, vêm de Deus. Confiou aos homens talentos, e espera que Lhe peçam conselho. O que quer que façamos, qualquer que seja o ramo da obra em que nos empenhemos, deseja Ele dirigir-nos a mente para que façamos obra perfeita.

Religião e ocupação não são duas coisas separadas; são uma. A religião da Bíblia deve estar entrelaçada com tudo quanto fazemos ou falamos. Os agentes divinos e humanos devem combinar tanto em empreendimentos espirituais quanto em temporais. Devem unir-se em todos os projetos humanos, nos trabalhos mecânicos e agrícolas, nas empresas mercantis e científicas. Deve haver cooperação em todos os ramos da atividade cristã.

Deus proclamou os princípios pelos quais, somente, é possível esta cooperação. Sua glória deve ser o motivo de todos os Seus colaboradores. Tudo que fizermos deve originar-se no amor de Deus, e ser consoante Sua vontade.

É tão importante fazer a vontade de Deus em estabelecer um edifício, como o é em tomar parte num culto religioso. E se os obreiros seguirem os justos princípios na formação do caráter, então na construção de cada edifício crescerão em graça e sabedoria.

Mas Deus não aceitará os maiores talentos nem os mais esplêndidos cultos, se o eu não for apresentado como sacrifício vivo a consumir-se sobre o altar. A raiz precisa ser santa, senão não haverá frutos aceitáveis a Deus.

O Senhor fez de Daniel e José administradores capazes. Podia por meio deles atuar porque não viviam para satisfazer às inclinações próprias, mas para agradar a Deus.

O caso de Daniel tem uma lição para nós. Revela o fato de que o homem de negócios não é necessariamente homem astuto, esperto. Pode ser instruído por Deus a cada passo. Daniel, ao mesmo tempo em que era primeiro-ministro do reino de Babilônia, era profeta de Deus e recebia a luz da inspiração divina. Estadistas mundanos e ambiciosos são representados na Palavra de Deus como a relva que cresce, e como a flor da erva que fenece. Contudo o Senhor deseja ter a Seu serviço homens inteligentes, qualificados para os vários ramos da obra. Há necessidade de homens de negócios que entreteçam em todas as transações os grandes princípios da verdade. E seus talentos devem ser aperfeiçoados pelo mais completo estudo e prática. Se os homens em qualquer ramo de trabalho precisam aproveitar as oportunidades para se tornarem sábios e eficientes, tanto mais aqueles que empregam sua perícia em edificar o reino de Deus no mundo. De Daniel sabemos que em todas as suas transações comerciais, quando submetidas ao exame mais severo, não se podia encontrar uma falta ou erro. Era um modelo de como devem ser todos os homens de negócios. Sua história mostra o que pode ser conseguido por alguém que consagra ao serviço de Deus toda a energia do cérebro, ossos e músculos, do coração e da vida.

Dinheiro

Deus também confia aos homens meios. Dá-lhes a capacidade de ganhar riquezas. Umedece o solo com o orvalho do céu e com a chuva que refresca. Dá a luz do Sol que aquece a terra, despertando para a vida as coisas da natureza e fazendo com que floresçam e produzam fruto. E requer a devolução do que Lhe pertence.

O dinheiro não nos foi dado para honrarmos e glorificarmos a nós mesmos. Como mordomos fiéis devemos usá-lo para a honra e glória de Deus. Alguns pensam que apenas parte de seus meios é do Senhor. Ao porem de parte uma cota para fins religiosos e caritativos, consideram o restante como sua propriedade, que podem usar como julgam conveniente. Erram nisso, porém. Tudo quanto possuímos é do Senhor, e Lhe somos responsáveis pelo uso que fazemos. No uso de cada centavo deve ser visto se amamos a Deus sobre todas as coisas e ao próximo como a nós mesmos.

O dinheiro é de grande valor, porque pode realizar grande bem. Nas mãos dos filhos de Deus é alimento para o faminto, água para o sedento, vestido para o nu. É proteção para o opresso, e meio para socorrer o enfermo. Mas o dinheiro não é de mais valor que a areia, a não ser que o empreguemos para prover as necessidades da vida, para bênção de outros, e para o desenvolvimento da obra de Cristo. Riqueza acumulada não é somente inútil, como uma maldição. Nesta vida é uma armadilha para a pessoa, por desviar as afeições do tesouro celeste. No grande dia de Deus seu testemunho contra os talentos não usados e as oportunidades negligenciadas, condenará o seu possuidor. A Escritura diz: "Eia, pois, agora vós, ricos, chorai e pranteai por vossas misérias, que sobre vós hão de vir. As vossas riquezas estão apodrecidas, e as vossas vestes estão comidas da traça. O vosso ouro e a vossa prata se enferrujaram; e a sua ferrugem dará testemunho contra vós e comerá como fogo a vossa carne. Entesourastes para os últimos dias. Eis que o salário dos trabalhadores que ceifaram as vossas terras e que por vós foi diminuído clama; e os clamores dos que ceifaram entraram nos ouvidos do Senhor dos Exércitos." Tito 5:1-4.

Cristo não sanciona, porém, o uso pródigo e extravagante dos bens. Sua lição de economia: "Recolhei os pedaços que sobejaram, para que nada se perca" (João 6:12), é para todos os Seus seguidores. Quem reconhecer que seu dinheiro é um talento de Deus, utilizá-lo-á economicamente, e sentirá que o poupar para poder dar, lhe é um dever.

Quanto mais gastarmos em ostentação e satisfação dos prazeres, tanto menos teremos para alimentar o faminto e vestir o nu. Todo níquel usado desnecessariamente tira a oportunidade preciosa de fazer o bem. Roubam-se a Deus a honra e glória que para Ele deviam refluir pelo aproveitamento dos talentos por Ele outorgados.

Afeto e cordialidade

O afeto, os impulsos generosos, e a pronta apreensão das coisas espirituais são talentos preciosos, e colocam o seu possuidor sob pesada responsabilidade. Todos devem ser empregados no serviço de Deus; porém, nisso muitos erram. Satisfeitos com essas qualidades, deixam de introduzi-las no serviço ativo por outros. Lisonjeiam-se de que se tivessem oportunidade, se as circunstâncias fossem favoráveis, fariam grande e boa obra.

Aguardam, porém, a oportunidade. Desprezam a mesquinhez do pobre avarento que nega uma esmola até ao necessitado. Vêem que ele está vivendo para si e é responsável pelos talentos mal empregados. Com muita complacência fazem contraste entre eles e esses homens mesquinhos, sentindo que sua condição é mais favorável que a do vizinho desumano. Entretanto, enganam a si mesmos. As aptidões não usadas somente lhes aumenta a responsabilidade. Os que possuem grandes afeições estão sob a obrigação para com Deus de empregá-las não unicamente para com os amigos, mas para com todos os que necessitam de seu auxílio. Vantagens sociais são talentos e devem ser usados para benefício de todos os que estão ao alcance de nossa influência. O amor que mostra bondade somente com poucos, não é amor, mas egoísmo. De modo algum atuará para o bem nem para a glória de Deus. Os que assim não usam os talentos do Mestre, são ainda mais culpados que aqueles pelos quais sentem aversão. A eles será dito: Vocês souberam a vontade do Mestre mas não a cumpriram.

Talentos multiplicados pelo uso

Talento usado, talento multiplicado. O êxito não é resultado do acaso, nem do destino; é a operação da providência de Deus, a recompensa da fé e discrição, da virtude e do esforço perseverante. O Senhor deseja que utilizemos todos os dons que possuímos; e se assim fizermos teremos maiores dons para empregar. Não nos concede de maneira sobrenatural as qualidades de que carecemos, mas ao utilizarmos a que temos, trabalhará conosco, tonificando e fortalecendo cada faculdade. Por todo sacrifício sincero e cordial no serviço do Mestre, nossas faculdades aumentarão. Enquanto nos entregamos como instrumentos para a operação do Espírito Santo, a graça de Deus opera em nós para que reneguemos velhas e fortes tendências formando novos hábitos. Acariciando as sugestões do Espírito, e a elas obedecendo, nosso coração se dilatará para receber mais e mais de Seu poder, e para fazer maior e melhor obra. Energias adormecidas são despertadas, e faculdades paralisadas recebem nova vida.

O obreiro humilde, que obedientemente responde ao apelo de Deus, pode estar certo de que receberá a assistência divina. Aceitar responsabilidade tão grande e sagrada, por si só eleva o caráter. Estimula à atividade as mais elevadas forças mentais e espirituais, e fortalece e purifica a mente e o coração. Pela fé no poder de Deus é maravilhoso quão forte se torna um homem débil, quão decididos seus esforços, quão fecundos de grandes resultados. Quem principia com pouco conhecimento, e de modo humilde fala o que sabe, ao passo que procura diligentemente mais sabedoria, achará todo o tesouro celestial aguardando seu pedido. Quanto mais procurar comunicar luz, mais luz receberá. Quanto mais alguém experimentar explicar a Palavra de Deus a outros com amor, mais clara ela se tornará para ele. Quanto mais usarmos nosso conhecimento e exercitarmos nossas faculdades, maior conhecimento e capacidade teremos.

Todo esforço feito para Cristo reverterá em bênçãos para nós mesmos. Se usarmos nossos meios para Sua glória, Ele nos dará mais. Se tentarmos ganhar outros para Cristo, manifestando em nossas orações preocupação por eles, nosso coração palpitará pela influência vivificadora da graça de Deus; nossos próprios afetos arderão com mais divino fervor; toda a nossa vida cristã será mais e mais uma realidade, mais sincera e mais devota.

O valor do homem é calculado no Céu de acordo com a capacidade do coração de conhecer a Deus. Esse conhecimento é a fonte da qual origina todo o poder. Deus criou o homem para que toda faculdade fosse faculdade da mente divina, e sempre procura pôr a mente humana em associação com a divina. Oferece-nos o privilégio de cooperar com Cristo, revelando Sua graça ao mundo, para que recebamos conhecimento crescente das coisas celestes.

Olhando para Cristo adquirimos visão mais brilhante e distinta de Deus, e pela contemplação somos transformados. A benignidade e o amor para com nossos semelhantes tornam-se um instinto natural. Desenvolvemos caráter que é uma cópia do divino. Crescendo à Sua semelhança, ampliamos nossa capacidade de conhecer a Deus. Mais e mais entramos em comunhão com o mundo celeste, e temos poder incessantemente crescente de receber as riquezas do conhecimento e sabedoria da eternidade.

O único talento

O homem que recebeu um talento "foi, e cavou na terra, e escondeu o dinheiro do seu senhor". Mateus 25:18.

O que recebera a menor dádiva deixou o talento improdutivo. Nisto é feita uma advertência a todos quantos pensam que a pequenez de seus dotes os dispense do trabalho para Cristo. Se pudessem fazer alguma grande coisa, com que boa vontade não a empreenderiam! Mas, por só poderem servir em coisas pequenas, cuidam ser justificados de nada fazer. Erram nisto. O Senhor prova o caráter na distribuição dos dons. O homem que negligenciou negociar com seu talento mostrou-se servo infiel. Se houvesse recebido cinco talentos, tê-los-ia enterrado como fez com o único. Seu mau emprego do talento único mostrou que desprezava as dádivas do Céu. "Quem é fiel no mínimo também é fiel no muito." Lucas 16:10. A importância das coisas pequenas é muitas vezes desapreciada por serem insignificantes; porém suprem muito da real disciplina da vida. Realmente não há coisas não essenciais na vida cristã. A formação de nosso caráter será cheia de perigos, se avaliarmos mal a importância das coisas pequenas.

"Quem é injusto no mínimo, também é injusto no muito." Lucas 16:10. Pela infidelidade mesmo nos mínimos deveres, o homem rouba seu Criador do serviço que Lhe é devido. Esta infidelidade prejudica-o a ele próprio. Deixa de ganhar a graça, o poder, e a força de caráter que podem ser recebidos por uma entrega sem reservas a Deus. Vivendo apartado de Cristo está sujeito às tentações de Satanás e comete erros em sua obra para o Mestre. Por não ser guiado pelos justos princípios nas minúcias, deixa de obedecer a Deus nas grandes coisas que considera sua obra especial. Os defeitos acariciados no trato dos pormenores da vida, passam aos afazeres mais importantes. Procede segundo os princípios a que se acostumou. Assim as ações repetidas formam hábitos, os hábitos formam o caráter, e pelo caráter é decidido nosso destino para este tempo e para a eternidade.

Somente pela fidelidade nas coisas pequenas é que a alma pode ser qualificada para agir com fidelidade sob responsabilidades maiores. Deus pôs Daniel e seus companheiros em contato com os grandes de Babilônia para que estes gentios conhecessem os princípios da verdadeira religião. Em meio duma nação de idólatras, Daniel devia representar o caráter de Deus. Como se tornou ele apto para uma posição de tanta confiança e honra? Foi a fidelidade nas minúcias que lhe deu integridade à vida toda. Honrava a Deus nos menores deveres, e o Senhor com ele cooperava. A Daniel e seus companheiros Deus outorgou "o conhecimento e a inteligência em todas as letras e sabedoria; mas a Daniel deu entendimento em toda visão e sonhos". Daniel 1:17.

Assim como Deus chamou a Daniel para testemunhar dEle em Babilônia, também nos chama a nós para sermos Suas testemunhas no mundo hoje em dia. Deseja que revelemos aos homens os princípios de Seu reino, tanto nos menores como nos maiores afazeres da vida.

Em Sua vida terrena, Cristo deu a lição da atenção cuidadosa às minúcias. A grande obra da redenção pesava-Lhe continuamente sobre a alma. Ensinando ou curando, exercia ao extremo todas as energias da mente e do corpo; contudo notava as coisas mais simples da vida e da natureza. Suas lições mais instrutivas foram aquelas com que ilustrou as grandes verdades do reino de Deus pelas coisas singelas da natureza. Não passava por alto as necessidades do mais humilde de Seus servos. Seu ouvido percebia todo clamor de necessidade. Estava alerta ao contato da mulher enferma em meio da turba; o mais leve toque da fé recebia resposta. Ao despertar da morte a filha de Jairo, recomendou aos pais que lhe dessem alguma coisa para comer. Quando por Sua força poderosa ressurgiu da sepultura, não desdenhou dobrar e colocar cuidadosamente no lugar apropriado a mortalha em que fora envolto.

A obra a que como cristãos somos chamados é de cooperar com Cristo na salvação de almas. Por um pacto com Ele, comprometemo-nos a fazê-la. Negligenciar a obra é provar-se desleal a Cristo. Para cumprir esta tarefa, porém, precisamos seguir o Seu exemplo de atenção fiel e conscienciosa às coisas mínimas. Este é o segredo do êxito em cada ramo de esforço e influência cristã.

O Senhor deseja que Seu povo alcance o último degrau da escada, para que possa glorificá-Lo por possuir as aptidões que outorga de boa vontade. Pela graça de Deus foi feita toda provisão para revelarmos ao mundo que procedemos consoante planos melhores que os por ele seguidos. Devemos mostrar superioridade de intelecto, compreensão, perícia e conhecimento; porque cremos em Deus e em Seu poder de atuar no coração humano.

Os que, porém, não possuem grandes dons não devem desanimar. Utilizem o que têm, vigiando fielmente cada ponto fraco do caráter, e procurando fortalecê-lo pela graça de Deus. Em toda ação da vida devemos demonstrar fidelidade e lealdade, cultivando os predicados que nos habilitarão para cumprir a obra.

Os hábitos de negligência devem ser vencidos resolutamente. Muitos apresentam o esquecimento como desculpa suficiente para os erros mais crassos. Não possuem, porém, tanto como outros, faculdades mentais? Por isso devem educar a mente a ser retentiva. É pecado esquecer; é pecado ser negligente. Se formardes o hábito da negligência, podereis negligenciar a salvação da própria alma, e finalmente verificareis que não estais preparados para o reino de Deus.

As grandes verdades devem ser introduzidas nas pequenas coisas. A religião prática deve ser manifestada nos pequenos deveres da vida diária. A melhor habilitação que alguém pode ter é obedecer implicitamente à Palavra do Senhor.

Porque não são ligados diretamente com algum trabalho religioso, muitos cuidam que sua vida é inútil; que nada estão fazendo para a promoção do reino de Deus. Isto é um erro, porém. Se seu trabalho é o que alguém precisa fazer, não devem acusar-se de inúteis na grande família de Deus. Os deveres mais humildes não devem ser desprezados. Todo trabalho honesto é uma bênção, e fidelidade no mesmo mostra aptidão para posições de maior confiança.

Conquanto modesto, qualquer trabalho feito para Deus com completa abnegação, Lhe é tão aceitável quanto o serviço mais elevado. Não é pequena, oferta alguma dada de coração sincero e alegria de alma.

Onde quer que estejamos, Cristo ordena cumprir o dever que se nos apresenta. Se for no lar, procurai de boa vontade e sinceramente torná-lo um lugar aprazível. Se sois mãe, educai os filhos para Cristo. Este trabalho é tão verdadeiramente para Deus como o é o do pastor no púlpito. Se vossa ocupação é na cozinha, procurai ser cozinheira perfeita.

Preparai alimento que seja saudável, nutritivo e apetitoso. Empregando os melhores ingredientes na preparação do alimento, lembrai que também deveis ocupar a mente com os melhores pensamentos. Se vosso trabalho é lavrar a terra ou ocupar-vos em qualquer outro serviço ou negócio, fazei um sucesso do dever presente. Aplicai a mente no que estais fazendo. Representai a Cristo em toda a vossa obra. Fazei como Ele o faria em vosso lugar.

Por menor que seja o vosso talento, Deus tem para ele um lugar. Esse único talento, usado sabiamente, cumprirá a obra designada. Pela fidelidade nos pequenos deveres, devemos trabalhar no plano da adição, e Deus por nós operará no de multiplicação. Estas minúcias tornar-se-ão então as mais preciosas influências na obra.

Que uma fé viva se entreteça como fios de ouro na execução dos menores deveres. Então, a labuta diária toda promoverá o crescimento cristão. Contemplaremos então a Cristo continuamente. O amor a Ele dará força vital a tudo quanto empreendermos. Assim podemos, pelo bom uso de nossos talentos, ligar-nos por uma cadeia áurea ao mundo superior. Esta é a verdadeira santificação; porque a santificação consiste na realização alegre de nossos deveres cotidianos em obediência perfeita à vontade de Deus.

Muitos cristãos esperam, porém, que lhes seja confiada grande obra. Por não poderem achar lugar assaz grande para satisfazer sua ambição, deixam de cumprir fielmente os deveres comuns da vida. Estes lhes parecem sem interesse. Dia após dia deixam escapar oportunidades de mostrar fidelidade a Deus. Enquanto esperam alguma grande tarefa, a vida passa, seus propósitos ficam por cumprir, sua obra por ser executada.

Os talentos devolvidos

"Muito tempo depois, veio o Senhor daqueles servos e ajustou contas com eles." Mateus 25:19. Quando o Senhor ajustar contas com Seus servos, será examinado o que foi ganho com cada talento. O trabalho feito revelará o caráter do obreiro.

Os que receberam cinco e dois talentos devolveram ao Senhor as dádivas confiadas, com o acréscimo. Fazendo isso não reivindicaram para si mérito algum. Seus talentos são os que lhes foram entregues; ganharam outros talentos, mas não poderiam tê-los ganho sem o depósito. Vêem que apenas fizeram seu dever. O capital era do Senhor. O lucro é Seu. Se o Salvador não lhes houvesse concedido amor e graça, teriam falido para a eternidade.

Porém, quando o Mestre recebe os talentos, aprova e recompensa os obreiros como se o mérito lhes fosse próprio. Seu semblante resplandece de alegria e satisfação. Deleita-se em poder outorgar-lhes bênçãos. Galardoa-os por todo o serviço e sacrifício, não por dever-lhes alguma coisa, mas porque Seu coração transborda de amor e ternura.

"Bem está, servo bom e fiel", disse, "sobre o pouco foste fiel, sobre muito te colocarei; entra no gozo do teu Senhor." Mateus 25:21.

É a fidelidade, a lealdade para com Deus, o serviço de amor, que obtém a aprovação divina. Todo impulso do Espírito Santo que leva os homens à bondade e a Deus, é anotado nos livros do Céu, e no dia de Deus serão louvados os obreiros pelos quais Ele operou.

Entrarão no gozo do Senhor quando virem no reino aqueles que foram redimidos por seu intermédio. E terão o privilégio de participar de Sua obra lá, porque se habilitaram pela participação na mesma aqui. O que seremos no Céu, é o reflexo do que somos agora no caráter e no serviço sagrado. De Si mesmo, diz Cristo: "O Filho do homem não veio para ser servido, mas para servir." Mateus 20:28. Esta, Sua obra na Terra, é-o também no Céu. E nosso galardão por trabalhar com Cristo neste mundo, consiste na maior capacidade e mais amplo privilégio de colaborar com Ele no mundo por vir. "Chegando também o que recebera um talento disse: Senhor, eu conhecia-te, que és homem duro, que ceifas onde não semeaste e ajuntas onde não espalhaste; e, atemorizado, escondi na terra o teu talento; aqui tens o que é teu." Mateus 25:24, 25.

Assim desculpam os homens seu menosprezo das dádivas de Deus. Vêem a Deus como severo e tirano, que espreita para denunciar-lhes os erros, e puni-los com Seus juízos. Culpam-nO de exigir o que nunca deu, e ceifar o que não semeou.

Muitos há que em seu coração acusam a Deus de ser Senhor severo, porque deles reclama posses e serviço. Nada, porém, podemos entregar a Deus, que já não Lhe pertença. "Porque tudo vem de Ti", disse o rei Davi, "e da Tua mão To damos." 1 Crônicas 29:14. Todas as coisas são de Deus não somente pela criação como pela redenção. Todas as bênçãos desta vida e da futura nos são concedidas assinaladas com a cruz do Calvário. Portanto, falsa é a acusação de que Deus é um Senhor duro e que ceifa onde não semeou.

O senhor não refuta a acusação do servo ímpio, embora injusta; porém, baseando-se em sua própria declaração, mostra-lhe que seu procedimento é indesculpável. Tinham sido providos os meios e as maneiras de o talento ser empregado para o proveito do proprietário. "Devias, então", disse ele, "ter dado o meu dinheiro aos banqueiros, e, quando eu viesse, receberia o que é meu com os juros." Mateus 25:27.

Nosso Pai celeste nada mais nem menos requer do que o que nos deu capacidade para executar. Não sobrecarrega Seus servos com fardos que não podem suportar. "Conhece a nossa estrutura; lembra-Se de que somos pó." Salmos 103:14. Tudo que requer de nós, podemos render-Lhe pela graça divina.

"E a qualquer que muito for dado, muito se lhe pedirá." Lucas 12:48. Seremos considerados individualmente responsáveis por fazer um jota menos do que somos capazes. O Senhor mede com exatidão toda possibilidade para o serviço. As capacidades não utilizadas serão levadas em conta, tanto quanto as que empregamos. Deus nos tem como responsáveis por tudo que nos poderíamos tornar pelo bom uso de nossos talentos. Seremos julgados de acordo com o que nos cumpria fazer, mas que não executamos por não usar nossas faculdades para glorificar a Deus. Mesmo que não percamos a salvação, reconheceremos na eternidade a conseqüência de não empregarmos nossos talentos. Haverá eterna perda por todo conhecimento e capacidade não alcançados, que poderíamos ter ganho.

Mas se nos entregarmos completamente a Deus, e seguirmos Sua direção em nosso trabalho, Ele mesmo Se responsabilizará pelo cumprimento. Não quer que nos entreguemos a conjeturas sobre o êxito de nossos esforços honestos. Nem uma vez devemos pensar em fracasso. Devemos cooperar com Aquele que não conhece fracasso.

Não devemos falar de nossa fraqueza e inaptidão. Com isso manifestamos desconfiança para com Deus, e negamos Sua palavra. Ao murmurarmos por causa de nossas cargas, ou recusarmos assumir as responsabilidades de que nos encarregou, estamos dizendo virtualmente que Ele é um Senhor severo e que requer o que não nos deu força para executar.

Muitas vezes somos inclinados a chamar o espírito do servo preguiçoso, de humildade. A verdadeira humildade é muito diferente, porém. Sermos revestidos de humildade não significa devermos ser de intelecto medíocre, aspirações deficientes, e covardes em nossa vida, esquivando-nos de cargos com medo de não sermos bem-sucedidos. A verdadeira humildade cumpre o propósito de Deus, confiante no Seu poder.

Deus opera por quem quer. Muitas vezes escolhe os instrumentos mais humildes para as maiores obras; porque Seu poder é revelado na fraqueza do homem. Temos nosso padrão e por ele declaramos uma coisa grande e outra pequena; mas Deus não avalia de conformidade com nossa medida. Não devemos supor que o que para nós é grande o é também para Deus, ou que o que para nós é pequeno também o é para Ele. Não nos compete julgar nossos talentos ou escolher nosso trabalho. Devemos aceitar as incumbências que Deus determinar, devemos suportá-las por Sua Causa, e sempre ir a Ele para obter descanso. Qualquer que seja nosso trabalho, Deus é honrado pelo serviço alegre e feito de todo coração. Compraz-Se ao cumprirmos nossos deveres com gratidão, e regozija-Se por sermos considerados dignos de colaborar com Ele.

O talento removido

A sentença proferida contra o servo preguiçoso foi: "Tirai-lhe, pois, o talento e dai-o ao que tem os dez talentos." Mateus 25:28. Neste caso, como na recompensa do obreiro fiel, é indicado, não meramente o galardão do juízo final, mas o processo de retribuição gradual nesta vida. Como no mundo natural, assim é no espiritual: Toda habilidade não aproveitada enfraquecerá e definhará. Atividade é a lei da vida; ociosidade é morte. "A manifestação do Espírito é dada a cada um para o que for útil." 1 Coríntios 12:7. Empregadas para abençoar a outros, suas dádivas aumentam. Restritas ao serviço do próprio eu, diminuem e são retiradas finalmente. Aquele que recusa repartir o que recebeu, finalmente achará que nada tem para dar. Consente em um processo que certamente atrofia e finalmente aniquila as faculdades da alma.

Ninguém suponha que possa viver vida de egoísmo, e então, tendo servido aos próprios interesses, entrar no gozo do Senhor. Não puderam participar da alegria de um amor desinteressado. Não se adaptariam às cortes celestes. Não poderiam apreciar a pura atmosfera de amor que impregna o Céu. As vozes dos anjos e a música de suas harpas não lhes agradariam. Para sua mente a ciência do Céu seria um enigma.

No grande dia de juízo, aqueles que não trabalharam para Cristo, que vagaram sem ter responsabilidade alguma, pensando em si mesmos, e agradando-se a si mesmos, serão postos pelo Juiz de toda a Terra com aqueles que praticaram o mal. Receberão a mesma condenação.

Muitos que professam ser cristãos desprezam as reivindicações de Deus, e, contudo, não sentem que há injustiça nisso. Sabem que o blasfemo, o assassino, o adúltero, merecem punição; porém eles mesmos acham prazer no culto religioso. Gostam de ouvir a pregação do evangelho e por isto cuidam ser cristãos. Embora tenham passado toda a vida cuidando de si mesmos, ficarão tão surpreendidos como o servo infiel da parábola, ao ouvir a sentença: "Tirai-lhe, pois, o talento." Mateus 25:28. Como os judeus, confundem a honra das bênçãos com o uso que delas deveriam fazer.

Muitos dos que se eximem de trabalhar para Cristo alegam sua incapacidade para a obra. Fê-los, porém, Deus assim incapazes? Não, nunca. Essa incapacidade é o produto da sua própria inércia, e perpetuada por sua escolha deliberada. Já em seu caráter reconhecem o efeito da sentença: "Tirai-lhe, pois, o talento." O contínuo mau emprego de seus talentos extinguir-lhes-á definitivamente o Espírito Santo, que é a única luz. A sentença: "Lançai, pois, o servo inútil nas trevas exteriores" (Mateus 25:30), imprime o selo do Céu sobre a escolha que eles mesmos fizeram para a eternidade.

Capítulo 26—Talentos que dão êxito

Este capítulo é baseado em Lucas 16:1-9.

Cristo viera num tempo de intenso mundanismo. Os homens tinham subordinado o eterno ao temporal, as exigências do futuro aos afazeres do presente. Tomavam fantasias em lugar de realidades, e realidades por fantasias. Não viam pela fé o mundo invisível. Satanás apresentava-lhes as coisas desta vida como todo-atrativas e todo-absorventes, e eles davam ouvidos às suas tentações.

Cristo veio para mudar esta ordem de coisas. Procurou quebrar o encanto pelo qual os homens estavam apaixonados e enredados. Em Seus ensinos procurava ajustar as exigências do Céu e da Terra, e dirigir os pensamentos do homem, do presente para o porvir. Chamava-os da prossecução das coisas seculares, para fazer provisão para a eternidade.

"Havia um certo homem rico", disse, "o qual tinha um mordomo; e este foi acusado perante ele de dissipar os seus bens." Lucas 16:1. O rico depositara todas as suas posses nas mãos deste servo, porém o servo era infiel, e o patrão foi convencido de que era defraudado sistematicamente. Determinou não mais tê-lo a seu serviço, e procedeu a uma análise de suas contas. "Que é isso que ouço de ti?" disse, "presta contas da tua mordomia, porque já não poderás ser mais meu mordomo." Lucas 16:2.

Com a perspectiva da demissão, o mordomo viu três caminhos abertos à sua escolha. Precisava trabalhar, mendigar ou morrer de fome. E disse consigo mesmo: "Que farei, pois que o meu senhor me tira a mordomia? Cavar não posso; de mendigar tenho vergonha. Eu sei o que hei de fazer, para que, quando for desapossado da mordomia, me recebam em suas casas. E, chamando a si cada um dos devedores do seu senhor, disse ao primeiro: Quanto deves ao meu senhor? E ele respondeu: Cem medidas de azeite. E disse-lhe: Toma a tua conta e, assentando-te já, escreve cinqüenta. Disse depois a outro: E tu quanto deves? E ele respondeu: Cem alqueires de trigo. E disse-lhe: Toma a tua conta e escreve oitenta." Lucas 16:3-7.

O servo infiel tornou a outros participantes de sua desonestidade. Defraudou a seu patrão para lhes ser útil e, aceitando este favor, colocavam-se sob a obrigação de recebê-lo como amigo em suas casas.

"E louvou aquele senhor o injusto mordomo por haver procedido prudentemente." Lucas 16:8. O homem mundano louvou a sagacidade daquele que o defraudara. O elogio do rico não era, porém, o elogio de Deus.

Cristo não louvou o mordomo injusto, mas usou de uma ocorrência notória para ilustrar a lição que desejava dar. "Granjeai amigos com as riquezas da injustiça", disse, "para que, quando estas vos faltarem, vos recebam eles nos tabernáculos eternos." Lucas 16:9. O Salvador fora censurado pelos fariseus por misturar-Se com os publicanos e pecadores; mas Seu interesse neles não foi diminuído, nem Seus esforços por eles cessou. Viu que seu emprego induzia-os à tentação. Estavam rodeados da sedução do mal. O primeiro passo errado era fácil, e rápida era a degradação a maior desonestidade e mais violentos crimes. Cristo procurava por todos os meios ganhá-los para aspirações mais elevadas e princípios mais nobres. Tinha em vista esse propósito na parábola do mordomo infiel. Havia entre os publicanos justamente tais casos como o apresentado na parábola, e na descrição de Cristo reconheceram seu próprio procedimento. Assim Cristo conseguiu sua atenção e pelo quadro de suas práticas desonestas muitos deles aprenderam uma lição de verdade espiritual.

A parábola, apesar disso, era falada diretamente aos discípulos. O fermento da verdade fora-lhes dado primeiro, e por eles devia alcançar a outros. Os discípulos a princípio não entendiam muitos dos ensinos de Cristo, e muitas vezes parecia que Suas lições eram quase esquecidas. Sob a influência do Espírito Santo, porém, estas verdades lhes foram posteriormente reavivadas com clareza, e pelos discípulos eram apresentadas vividamente aos novos conversos que se associavam à igreja.

"Se as vossas riquezas aumentam, não ponhais nelas o coração." Salmos 62:10.

"Porventura, fitarás os olhos naquilo que não é nada? Porque, certamente, isso se fará asas e voará ao céu como a águia." Provérbios 23:5. "Aqueles que confiam na sua fazenda e se gloriam na multidão das suas riquezas, nenhum deles, de modo algum, pode remir a seu irmão ou dar a Deus o resgate dele." Salmos 49:6, 7.

E o Salvador falava também aos fariseus. Não perdia a esperança de que perceberiam o poder de Suas palavras. Muitos tinham sido convencidos profundamente, e quando ouvissem a verdade pela inspiração do Espírito Santo, não poucos se tornariam crentes em Cristo.

Os fariseus tentaram difamar a Cristo, acusando-O de misturar-se com os publicanos e pecadores. Agora Ele voltou a condenação contra estes acusadores. A cena conhecida e ocorrida entre os publicanos, expôs aos fariseus, representando tanto sua conduta como mostrando a única maneira pela qual poderiam redimir seus erros.

Os bens do senhor tinham sido confiados ao mordomo infiel para propósitos beneficentes, mas ele os usou para si. Assim fora com Israel. Deus escolhera a semente de Abraão. Com braço forte libertara-os da escravidão do Egito. Fizera-os depositários da verdade sagrada, para bênção do mundo.

Confiara-lhes os oráculos vivos para que comunicassem luz aos outros. Mas Seus mordomos usaram essas dádivas para se enriquecerem e exaltarem.

Os fariseus, cheios de importância e justiça própria, estavam dando má aplicação aos bens emprestados por Deus para usá-los para Sua glória.

O servo da parábola não fizera provisão para o futuro. Os bens a ele confiados para o benefício de outros, usou-os para si mesmo; porém, pensou só no presente. Quando a mordomia lhe fosse tirada, nada teria que pudesse chamar seu. Mas os bens do senhor ainda estavam em suas mãos, e resolveu usá-los para precaver-se contra futuras dificuldades. Para conseguir isto precisava trabalhar conforme novo plano. Em vez de acumular para si, precisava repartir com outros. Deste modo poderia assegurar amigos que, quando fosse deposto, o haveriam de receber. O mesmo se dava com os fariseus. A mordomia estava prestes a ser deles tirada; e eram solicitados a prover para o futuro. Somente repartindo as dádivas de Deus na vida presente, poderiam prover para a eternidade.

Depois de narrar a parábola, Cristo disse: "Os filhos deste mundo são mais prudentes na sua geração do que os filhos da luz." Lucas 16:8. Isso quer dizer que os homens sábios segundo o mundo demonstram mais sabedoria e empenho em servirem-se, do que os professores filhos de Deus no serviço para Ele. Assim era nos dias de Cristo. Assim é hoje. Considerai a vida de muitos que professam ser cristãos. O Senhor os dotou de aptidões, poder e influência; confiou-lhes recursos, para que fossem Seus coobreiros no grande plano da redenção. Todos os Seus dons devem ser usados para abençoar a humanidade, para aliviar o sofredor e o necessitado. Devemos alimentar o faminto, vestir o nu, cuidar das viúvas e dos órfãos, e servir ao aflito e ao abatido. Nunca foi intenção de Deus que houvesse tanta miséria no mundo. Nunca pretendeu que um homem tivesse abundância dos luxos da vida, enquanto os filhos dos outros houvessem de chorar por pão. Os meios supérfluos às necessidades reais da vida são confiados ao homem para o bem e para beneficiar a humanidade. Diz o Senhor: "Vendei o que tendes, e dai esmolas." Lucas 12:33. "Repartam de boa mente e sejam comunicáveis." 1 Timóteo 6:18. "Quando fizeres convite, chama os pobres, aleijados, mancos e cegos." Lucas 14:13. "... Que soltes as ligaduras da impiedade, ...

desfaças as ataduras do jugo, ... deixes livres os quebrantados, e... despedaces todo o jugo." Isaías 58:6. ... "Repartas o teu pão com o faminto e recolhas em casa os pobres desterrados. ... Vendo o nu, o cubras" e fartes "a alma aflita." Isaías 58:7, 10. "Ide por todo o mundo, pregai o evangelho a toda criatura." Marcos 16:15. Esses são os mandamentos do Senhor. Está o grande corpo de cristãos professos fazendo esta obra?

Ah! quantos se estão apropriando das dádivas de Deus! Quantos estão comprando uma casa após outra, um terreno após outro. Quantos estão gastando seu dinheiro em prazeres, na satisfação do apetite, em casas, mobílias e vestidos extravagantes. Seus semelhantes são abandonados à miséria e ao crime, à enfermidade e à morte. Multidões estão perecendo sem um olhar de compaixão, sem uma palavra ou ato de simpatia.

Os homens são culpados de roubo para com Deus. Seu emprego egoísta dos meios rouba ao Senhor a glória que para Ele deveria refluir no alívio da humanidade sofredora e na salvação de pessoas. Estão dissipando os bens a eles confiados. O Senhor declara: "Chegar-Me-ei a vós para juízo, e serei uma testemunha veloz contra... os que defraudam o jornaleiro, e pervertem o direito da viúva, e do órfão, e do estrangeiro. ... Roubará o homem a Deus? Todavia, vós me roubais e dizeis: Em que Te roubamos? Nos dízimos e nas ofertas alçadas. Com maldição sois amaldiçoados, porque Me roubais a Mim, vós, toda a nação." Malaquias 3:5, 8, 9. "Eia, pois, agora vós, ricos, ... as vossas riquezas estão apodrecidas, e as vossas vestes estão comidas da traça. O vosso ouro e a vossa prata se enferrujaram; e a sua ferrugem dará testemunho contra vós. ... Entesourastes para os últimos dias. Deliciosamente, vivestes sobre a Terra, e vos deleitastes. ... Eis que o salário dos trabalhadores que ceifaram as vossas terras e que por vós foi diminuído clama; e os clamores dos que ceifaram entraram nos ouvidos do Senhor dos Exércitos." Tito 5:1-3, 5, 4.

Será exigido de cada um que restitua os dons a ele confiados. No dia do juízo final as riquezas acumuladas pelo homem estarão sem valor. Nada têm que possam chamar seu.

Aqueles que passam a vida amontoando tesouros, mostram menos sabedoria, e menos bom senso e cuidado pelo seu bem-estar eterno, do que o mordomo infiel quanto ao seu sustento material. Menos sábios que os filhos do mundo em sua geração, são estes professos filhos da luz. Estes são os de quem o profeta declara na visão do grande dia do juízo: "Naquele dia, os homens lançarão às toupeiras e aos morcegos os seus ídolos de prata e os seus ídolos de ouro, que fizeram para ante eles se prostrarem. E meter-se-ão pelas fendas das rochas e pelas cavernas das penhas, por causa da presença espantosa do Senhor e por causa da glória da Sua majestade, quando Ele Se levantar para assombrar a Terra." Isaías 2:20, 21. "Granjeai amigos com as riquezas da injustiça", disse Cristo, "para que, quando estas vos faltarem, vos recebam eles nos tabernáculos eternos." Lucas 16:9. Deus,

Cristo e os anjos estão todos ministrando aos enfermos, padecentes e pecadores. Entregai-vos a Deus para esta obra, usai Seus dons para este propósito, e entrareis em sociedade com os seres celestes. Vosso coração palpitará em harmonia com o deles. Assemelhar-vos-eis a eles no caráter. Não vos serão estranhos estes moradores dos tabernáculos eternos. Quando as coisas terrestres tiverem passado, os vigias nas portas do Céu vos chamarão bem-vindos.

E os meios usados para abençoar a outros trarão recompensa. Riquezas bem-empregadas realizarão muito bem. Almas serão ganhas para Cristo. Aqueles que seguem o plano de vida de Cristo, verão nas cortes de Deus aqueles pelos quais trabalharam e se sacrificaram na Terra. Os redimidos com coração grato lembrar-se-ão daqueles que serviram de instrumento em sua salvação. O Céu será precioso para os que foram fiéis na obra da salvação.

A lição dessa parábola é para todos. Todos serão responsáveis pela graça a eles concedida por Cristo. A vida é muito solene para ser absorvida em negócios temporais e terrenos. O Senhor deseja que transmitamos a outros aquilo que o eterno e invisível nos comunicou.

Cada ano milhões e milhões de pessoas passam para a eternidade inadvertidas e não salvas. Hora a hora, nas variadas atividades da vida, apresentam-se oportunidades de alcançar e salvar pessoas. E estas oportunidades vêm e vão continuamente. Deus deseja que as aproveitemos o melhor possível. Dias, semanas e meses vão-se passando; temos menos um dia, uma semana, um mês em que fazer nossa obra. Quando muito alguns anos mais, e a voz a que não podemos deixar de responder será ouvida, dizendo: "Presta contas da tua mordomia." Lucas 16:2.

Cristo intima a cada um a ponderar. Prestai uma conta honesta. Ponde num prato da balança Jesus, que significa tesouro eterno, vida, verdade, Céu e a alegria de Cristo pelos redimidos; no outro, ponde toda a atração que o mundo pode oferecer. Num prato ponde a vossa perdição, e dos que poderíeis ser instrumento para salvar; no outro, para vós e para elas, uma vida que se compare com a vida de Deus. Pesai para agora e para a eternidade. Enquanto estais ocupado nisso, Cristo diz: "Pois que aproveitaria ao homem ganhar todo o mundo e perder a sua alma?" Marcos 8:36.

Deus deseja que escolhamos o celestial em vez do terreno. Abre-nos as possibilidades de uma inversão celeste. Deseja prover encorajamento para nossas mais elevadas aspirações e segurança para nosso mais dileto tesouro. Declara: "Farei que um homem seja mais precioso do que o ouro puro e mais raro do que o ouro fino de Ofir." Isaías 13:12. Quando forem consumidas as riquezas que a traça devora e a ferrugem corrói (Mateus 6:19), os seguidores de Cristo poderão rejubilar-se em seu tesouro celeste, em suas riquezas imperecíveis.

Melhor do que a companhia do mundo é a dos redimidos de Cristo. Melhor que um título para o mais nobre palácio da Terra é o título para as mansões que nosso Salvador foi preparar. E melhor que todas as palavras de louvor terreno, serão as do Salvador aos servos fiéis: "Vinde, benditos de Meu Pai, possuí por herança o reino que vos está preparado desde a fundação do mundo." Mateus 25:34.

Aos que dissiparam Seus bens, Cristo ainda dá oportunidade para se assegurarem as riquezas duradouras. Diz Ele: "Dai, e ser-vos-á dado." Lucas 6:38. "Fazei para vós bolsas que não se envelheçam, tesouro nos Céus que nunca acabe, aonde não chega ladrão, e a traça não rói." Lucas 12:33. "Manda aos ricos deste mundo, ... que façam o bem, enriqueçam em boas obras, repartam de boa mente e sejam comunicáveis; que entesourem para si mesmos um bom fundamento para o futuro, para que possam alcançar a vida eterna." 1 Timóteo 6:17-19.

Deixe, pois, que sua propriedade o preceda no Céu. Deposite seu tesouro ao lado do trono de Deus. Assegure seu título às inescrutáveis riquezas de Cristo. "Granjeai amigos com as riquezas da injustiça, para que, quando estas vos faltarem, vos recebam eles nos tabernáculos eternos." Lucas 16:9.

Capítulo 27—A verdadeira riqueza

Este capítulo é baseado em Lucas 10:25-37.

Entre os judeus a questão: "Quem é o meu próximo?" (Lucas 10:29) suscitava disputas intermináveis. Não tinham dúvidas quanto aos gentios e samaritanos. Estes eram estrangeiros e inimigos. Mas onde deveria ser feita a distinção entre seu povo e entre as diferentes classes da sociedade? A quem deveriam o sacerdote, o rabino, o ancião, considerar seu próximo? Consumiam a vida num ciclo de cerimônias para se purificarem. O contato com a multidão ignorante e descuidada, ensinavam causar uma mancha que requeria fatigantes esforços para remover. Deveriam eles considerar os "impuros" seu próximo?

Na parábola do bom samaritano, Cristo respondeu a essa pergunta. Mostrou que nosso próximo não significa unicamente alguém da igreja ou fé a que pertencemos. Não faz referência a nacionalidade, cor ou distinção de classe. Nosso próximo é toda pessoa que carece de nosso auxílio. Nosso próximo é toda pessoa ferida e magoada pelo adversário. Nosso próximo é todo aquele que é propriedade de Deus.

A parábola do bom samaritano foi inspirada pela pergunta de um doutor da lei a Cristo. Enquanto o Salvador estava ensinando, "eis que se levantou um certo doutor da lei, tentando-O e dizendo: Mestre, que farei para herdar a vida eterna?" Lucas 10:25. Os fariseus tinham sugerido esta pergunta ao doutor da lei na esperança de enredar a Cristo em Suas palavras, e espreitavam ansiosamente a resposta. Mas o Salvador não entrou em controvérsia. Exigiu do próprio interlocutor, a resposta. "Que está escrito na lei?" perguntou, "como lês?" Lucas 10:26. Os judeus ainda acusavam Jesus de menosprezar a lei dada no Sinai, mas Ele fez a salvação depender da guarda dos mandamentos de Deus.

O doutor da lei disse: "Amarás ao Senhor, teu Deus, de todo o teu coração, e de toda a tua alma, e de todas as tuas forças, e de todo o teu entendimento e ao teu próximo como a ti mesmo." Lucas 10:27. "Respondeste bem", disse Cristo; "faze isso e viverás." Lucas 10:28.

O doutor da lei não estava satisfeito com a atitude e obras dos fariseus. Estivera estudando as Escrituras com o desejo de aprender sua significação verdadeira. Tinha interesse real na questão, e perguntou com sinceridade: "Que farei?" Lucas 10:25. Em sua resposta a respeito dos reclamos da lei, passou por alto toda a multidão de preceitos cerimoniais e rituais. A estes não deu importância, mas apresentou os dois grandes princípios de que dependem toda a lei e os profetas. O assentimento do Salvador a esta resposta colocou-O em posição vantajosa para com os rabinos. Não podiam condená-Lo por sancionar aquilo que fora proferido por um expositor da lei.

"Faze isso e viverás", disse Cristo. Lucas 10:28. Em Seus ensinos sempre apresentava a lei como uma unidade divina, mostrando que é impossível guardar um preceito e violar outro; porque um mesmo princípio os anima a todos. O destino do homem será determinado pela obediência a toda a lei.

Cristo sabia que ninguém poderia obedecer à lei por sua própria força. Desejava induzir o doutor da lei a um estudo mais esclarecido e minucioso para que achasse a verdade. Somente aceitando a virtude e a graça de Cristo podemos observar a lei. A fé na propiciação pelo pecado habilita o homem caído a amar a Deus de todo o coração e ao próximo como a si mesmo.

O doutor sabia que não guardara nem os primeiros quatro, nem os últimos seis mandamentos. Foi convencido pelas penetrantes palavras de Cristo, mas em vez de confessar o seu pecado, procurou justificar-se. Em vez de reconhecer a verdade, tentou mostrar quão difícil é cumprir os mandamentos. Deste modo esperava rebater a convicção e justificar-se aos olhos do povo. As palavras do Salvador lhe mostraram que a pergunta era desnecessária, pois ele mesmo estava apto para a ela responder. Contudo interrogou novamente, dizendo: "Quem é o meu próximo?" Lucas 10:29.

Outra vez recusou Cristo ser arrastado à controvérsia. Respondeu narrando um incidente, do qual os ouvintes estavam bem lembrados. "Descia um homem", disse, "de Jerusalém para Jericó, e caiu nas mãos dos salteadores, os quais o despojaram e, espancando-o, se retiraram, deixando-o meio morto." Lucas 10:30.

Na jornada de Jerusalém a Jericó, o viajante precisava atravessar parte do deserto da Judéia. O caminho passava numa garganta rochosa e deserta, infestada de ladrões, e era muitas vezes local de violências. Aí o viajante fora atacado, despojado de tudo quanto possuía de valor, e abandonado meio morto no caminho. Estando nessas condições, um sacerdote por lá passou, viu o homem ferido e maltratado, engolfado em sangue, porém deixou-o sem prestar-lhe auxílio. "Passou de largo." Lucas 10:31. Apareceu então um levita. Curioso de saber o que acontecera, deteve-se e contemplou o sofredor. Estava convicto de seu dever, mas não era um serviço agradável. Desejou não ter vindo por aquele caminho, de modo que não visse o ferido. Persuadiu-se de que não tinha nada com o caso, e também "passou de largo".

Mas um samaritano que viajava pela mesma estrada, viu a vítima e fez o que os outros recusaram fazer. Com carinho e amabilidade tratou do ferido. "Vendo-o, moveu-se de íntima compaixão. E, aproximando-se, atou-lhe as feridas, aplicando-lhes azeite e vinho; e, pondo-o sobre a sua cavalgadura, levou-o para uma estalagem e cuidou dele; e, partindo ao outro dia, tirou dois dinheiros, e deu-os ao hospedeiro, e disse-lhe: Cuida dele, e tudo que de mais gastares eu to pagarei, quando voltar." Lucas 10:33-35. Tanto o sacerdote como o levita professavam piedade, mas o samaritano mostrou que era verdadeiramente convertido. Não lhe era mais agradável fazer o trabalho do que o era para o levita e o sacerdote, porém, no espírito e nos atos provou estar em harmonia com Deus.

Dando esta lição, Jesus apresentou os princípios da lei de maneira direta e incisiva, mostrando aos ouvintes que eles tinham negligenciado a prática destes princípios. Suas palavras eram tão definidas e acertadas que os ouvintes não podiam achar oportunidade de contestá-las. O doutor da lei não encontrou na lição nada que pudesse criticar. Seu preconceito a respeito de Cristo foi removido. Mas não tinha vencido suficientemente a aversão nacional, para recomendar por nome o samaritano. Ao perguntar Cristo: "Qual, pois, destes três te parece que foi o próximo daquele que caiu nas mãos dos salteadores?" Disse: "O que usou de misericórdia para com ele." Lucas 10:36, 37.

"Disse, pois, Jesus: Vai e faze da mesma maneira." Lucas 10:37. Mostra o mesmo terno amor para com os necessitados. Assim demonstrarás que guardas toda a lei.

A grande diferença entre judeus e samaritanos era uma diferença de crença religiosa, uma questão quanto ao que constitui o verdadeiro culto. Os fariseus não diziam nada de bom dos samaritanos, mas lançavam sobre eles as mais amargas maldições. Tão forte era a antipatia entre judeus e samaritanos, que para a mulher de Samaria foi estranho que Cristo lhe pedisse de beber. "Como", disse ela, "sendo Tu judeu, me pedes de beber a mim, que sou mulher samaritana?" (porque, acrescenta o evangelista, "os judeus não se comunicam com os samaritanos"). João 4:9. E quando os judeus estavam tão cheios de ódio sanguinário contra Cristo que se levantaram no templo para apedrejá-Lo, não puderam achar melhores palavras para exprimir o seu ódio que: "Não dizemos nós bem que és samaritano e que tens demônio?" João 8:48. Além disso, o sacerdote e o levita negligenciaram justamente a obra de que o Senhor os incumbira, e deixaram a um samaritano odiado e desprezado servir a um seu compatriota.

O samaritano cumprira o mandamento: "Amarás o teu próximo como a ti mesmo", mostrando assim ser mais justo que os que o condenavam. Arriscando a vida, tratou do ferido como se fosse seu irmão. Este samaritano representa Cristo. Nosso Salvador manifestou por nós um amor, que o amor humano jamais pode igualar. Quando estávamos moídos e à morte, compadeceu-Se de nós. Não passou de largo, não nos abandonou desamparados nem nos deixou perecer sem esperança. Não permaneceu no lar santo e feliz onde era amado por todos os anjos. Viu nossa cruel necessidade, advogou nossa causa e identificou Seus interesses com os da humanidade. Morreu para salvar os inimigos. Rogou por Seus assassinos. Apontando Seu próprio exemplo, diz aos seguidores: "Isto vos mando: que vos ameis uns aos outros" (João 15:17), "como Eu vos amei a vós, que também vós uns aos outros vos ameis." João 13:34.

O sacerdote e o levita haviam estado em adoração no templo cujo serviço Deus mesmo ordenara. Participar desse culto era grande e exaltado privilégio, e o sacerdote e o levita sentiram que sendo tão honrados, estava abaixo de sua dignidade servir a um sofredor desconhecido à beira da estrada. Assim, negligenciaram a oportunidade especial que Deus lhes deparara como agentes Seus para abençoar um semelhante.

Muitos atualmente cometem erro semelhante. Dividem seus deveres em duas classes distintas. Uma classe consiste em grandes coisas reguladas pela lei de Deus; a outra, nas assim chamadas coisas pequenas, em que o mandamento "Amarás o teu próximo como a ti mesmo" (Mateus 19:19), é passado por alto. Essa esfera de trabalho é deixada ao léu, e sujeita à inclinação e ao impulso. Desse modo o caráter é manchado e a religião de Cristo mal representada.

Homens há que pensam ser humilhante para a sua dignidade o servirem a humanidade sofredora. Muitos olham com indiferença e desdém os que arruinaram seu corpo. Outros desprezam os pobres por diferentes motivos. Estão trabalhando, como crêem, na causa de Cristo, e procuram empreender algo de valor. Sentem que estão fazendo grande obra, e não se podem deter para notar as dificuldades do necessitado e do infeliz. Sim, até pode dar-se que, favorecendo sua suposta grande obra, oprimam os pobres. Podem colocá-los em circunstâncias difíceis e penosas, privá-los de seus direitos ou negligenciar-lhes as necessidades. Apesar disso acham que tudo isto é justificável, porque estão, como cuidam, promovendo a causa de Cristo.

Muitos consentem em que um irmão ou vizinho se debata sob circunstâncias adversas, sem ampará-lo. Porque professam ser cristãos, pode ele ser induzido a pensar que em seu frio egoísmo estão representando a Cristo. Porque pretensos servos do Senhor não são Seus coobreiros, o amor de Deus que deles devia exalar é em grande parte interceptado de seus semelhantes. E muitos louvores e ações de graças do coração e lábios humanos são impedidos de refluir a Deus. Ele é destituído da glória devida ao Seu Santo nome. É espoliado das pessoas pelas quais Cristo morreu, pessoas que anela introduzir em Seu reino, para habitarem em Sua presença pelos séculos infindos.

A verdade divina exerce pouca influência sobre o mundo, embora devesse exercer muita influência por nossa atitude. É bastante comum a simples profissão de religião, mas isso quase nada vale. Podemos professar ser seguidores de Cristo, podemos professar crer todas as verdades da Palavra de Deus; mas isto não fará bem ao nosso próximo, a não ser que nossa crença esteja entrelaçada com nossa vida diária. Nossa profissão pode ser tão alta quanto o Céu, mas não nos salvará a nós mesmos nem aos nossos semelhantes, a menos que sejamos cristãos. Um exemplo correto fará mais benefício ao mundo que qualquer profissão de fé.

A causa de Cristo não pode ser favorecida por nenhum procedimento egoísta. Sua causa é a causa do oprimido e do pobre. Há necessidade de terna simpatia de Cristo no coração de Seus seguidores professos -- amor mais profundo aos que tanto avaliou que deu a própria vida para a sua salvação. Essas pessoas são preciosas, infinitamente mais preciosas do que qualquer outra oferenda que possamos apresentar a Deus. Se empenhamos toda a energia numa obra aparentemente grande, ao passo que desprezamos os necessitados ou privamos de seu direito o estrangeiro, nosso serviço não terá a aprovação divina.

A santificação da alma pela operação do Espírito Santo é a implantação da natureza de Cristo na humanidade. A religião do evangelho é Cristo na vida -- um princípio vivo e atuante. É a graça de Cristo revelada no caráter e expressa em boas obras. Os princípios do evangelho não podem estar desligados de setor algum da vida diária. Todo ramo de trabalho e experiência cristãos deve ser uma representação da vida de Cristo.

O amor é o fundamento da piedade. Qualquer que seja a fé, ninguém tem verdadeiro amor a Deus se não manifestar amor desinteressado pelo seu irmão. Mas nunca poderemos possuir esse espírito apenas tentando amar os outros. O que é necessário é o amor de Cristo no coração. Quando o eu está imerso em Cristo, o amor brota espontaneamente. A perfeição de caráter do cristão é alcançada quando o impulso de auxiliar e abençoar a outros brotar constantemente do íntimo -- quando a luz do Céu encher o coração e for revelada no semblante.

Não é possível que o coração em que Cristo habita seja destituído de amor. Se amarmos a Deus, porque primeiro nos amou, amaremos a todos por quem Cristo morreu.

Não podemos entrar em contato com a divindade, sem primeiro nos aproximarmos da humanidade; porque nAquele que Se assenta no trono do Universo a divindade e a humanidade estão combinadas. Unidos com Cristo, estamos unidos aos nossos semelhantes pelos áureos elos da cadeia do amor. Então a piedade e compaixão de Cristo serão manifestas em nossa vida. Não ficaremos esperando os pedidos dos necessitados e infortunados. Não será necessário ouvir clamores para sentir as aflições dos outros. Atender o indigente e o sofredor será tão natural para nós como o foi para Cristo fazer o bem.

Onde quer que haja um impulso de amor e simpatia, onde quer que o coração se comova para abençoar e amparar os outros, é revelada a operação do Santo Espírito de Deus. Nas profundezas do paganismo os homens que não tiveram conhecimento da lei escrita de Deus, que nunca ouviram o nome de Cristo, têm sido bondosos com Seus servos, protegendo-os com o risco da própria vida. Seus atos mostram a operação de um poder divino. O Espírito Santo implantou a graça de Cristo no coração do selvagem, despertando nele a simpatia contrária à sua natureza e à sua educação. A "luz verdadeira, que alumia a todo homem que vem ao mundo" (João 1:9), está-lhe brilhando na alma; e esta luz, se atendida, lhe guiará os pés para o reino de Deus.

"O Deus que fez o mundo e tudo que nele há, ... e de um só fez toda a geração dos homens para habitar sobre toda a face da terra, ... para que buscassem ao Senhor, se, porventura, tateando, O pudessem achar." Atos dos Apóstolos 17:24, 26, 27. "Olhei, e eis aqui uma multidão... de todas as nações, e tribos, e povos, e línguas, que estavam diante do trono e perante o Cordeiro, trajando vestes brancas e com palmas nas suas mãos." Apocalipse 7:9. A glória do Céu consiste em erguer os caídos e confortar os infortunados. E onde quer que Cristo habite no coração humano, será revelado da mesma maneira. Onde quer que atue, a religião de Cristo abençoará. Onde quer que se manifeste, haverá claridade.

Deus não reconhece distinção alguma de nacionalidade, etnia ou classe social. É o Criador de todo homem. Todos os homens são de uma família pela criação, e todos são um pela redenção. Cristo veio para demolir toda parede de separação e abrir todos os compartimentos do templo a fim de que todos possam ter livre acesso a Deus. Seu amor é tão amplo, tão profundo, tão pleno, que penetra em toda parte. Liberta das ciladas de Satanás os que foram por ele iludidos. Põe-nos ao alcance do trono de Deus, o trono circundado do arco-íris da promessa.

Em Cristo não há nem judeu nem grego, servo nem livre. Todos são aproximados por Seu precioso sangue. Gálatas 3:28; Efésios 2:13.

Qualquer que seja a diferença de crença religiosa, um clamor da humanidade sofredora precisa ser ouvido e atendido. Onde existirem amargos sentimentos por diferenças de religião, pode ser feito muito bem pelo serviço pessoal. O serviço amável quebrará os preconceitos e conquistará almas para Deus.

Devemos atender às aflições, às dificuldades e às necessidades dos outros. Devemos partilhar das alegrias e cuidados tanto de nobres como de humildes, de ricos como de pobres. "De graça recebestes", disse Cristo, "de graça dai." Mateus 10:8. Ao redor de nós há almas pobres e tentadas que necessitam de palavras de simpatia e atos ajudadores. Há viúvas que carecem de simpatia e assistência. Há órfãos, aos quais Cristo ordenou aos Seus seguidores que recebessem como legado de Deus. Muitas vezes são abandonados. Podem ser maltrapilhos, grosseiros e, segundo toda a aparência, nada atraentes; contudo são propriedade de Deus. Foram comprados por preço, e aos Seus olhos são tão preciosos quanto nós. São membros da grande família de Deus, e os cristãos, como mordomos Seus, são por eles responsáveis. "Suas almas", disse, "requererei de tua mão."

O pecado é o maior de todos os males, e é nosso dever compadecer-nos dos pecadores e auxiliá-los. Nem todos podem ser alcançados do mesmo modo, porém. Muitos há que ocultam sua pobreza de alma. Estes seriam grandemente auxiliados por uma palavra terna ou por uma boa lembrança. Outros estão na maior indigência, contudo não o sabem. Não reconhecem a terrível privação da alma. As multidões estão tão submersas no pecado, que perderam todo o senso das realidades eternas, perderam a semelhança de Deus, e mal sabem se têm alma para ser salva ou não. Não têm nem fé em Deus, nem confiança no homem. Alguns destes só podem ser alcançados por atos de beneficência desinteressada. Precisam ser primeiramente atendidas as suas necessidades materiais. Precisam ser alimentados, limpos e vestidos decentemente. Ao verem a prova de vosso amor desinteressado, ser-lhes-á mais fácil crerem no amor de Cristo.

Muitos há que erram e sentem a sua vergonha e loucura. Consideram seus enganos e erros até serem arrastados quase ao desespero. Não devemos desprezar estas pessoas. Quando alguém tem que nadar contra a correnteza, toda a força da mesma o impele para trás. Estenda-se-lhes uma mão auxiliadora, como o fez a Pedro quando se afogava, a mão do Irmão mais velho. Fale-lhe palavras de esperança, palavras que fortaleçam a confiança e despertem amor.

Seu irmão doente espiritualmente necessita de ti, como tu mesmo careceste do amor de um irmão. Necessita da experiência de alguém que fora tão fraco quanto ele, de alguém que possa com ele simpatizar e o auxilie. O conhecimento de nossa própria debilidade deve auxiliar-nos a ajudar a outros que estejam em amarga necessidade. Nunca devemos passar por uma alma sofredora sem tentar comunicar-lhe o conforto com que fomos consolados por Deus.

A comunhão com Cristo, o contato pessoal com o Salvador vivo, é que habilita a mente, o coração e a alma a triunfar sobre a natureza inferior. Falai ao peregrino de uma Mão todo-poderosa que o levantará, e de uma infinita humanidade em Cristo que dele se compadece.

Não lhe é suficiente crer em lei e força, em coisas que não têm piedade, e jamais ouvem um pedido de socorro. Necessita apertar uma mão cálida, confiar num coração cheio de ternura. Que sua mente se demore no pensamento de que Deus está ao seu lado, sempre contemplando-o com amor piedoso. Recomendai-lhe pensar no coração de um Pai que sempre se angustia pelo pecado, na mão sempre estendida de um Pai, e na voz de um Pai, que diz: "Que se apodere da Minha força e faça paz comigo; sim, que faça paz comigo." Isaías 27:5.

Ocupando-vos nesta obra tendes companheiros invisíveis aos olhos humanos. Os anjos do Céu estavam ao lado do samaritano que cuidou do estrangeiro ferido. Os anjos das cortes celestes assistem a todos quantos fazem o serviço de Deus, cuidando dos semelhantes. E tendes a cooperação do próprio Cristo. Ele é o Restaurador, e se trabalhardes sob Sua superintendência, vereis grandes resultados.

De sua fidelidade nessa obra não só depende o bem-estar de outros como também vosso destino eterno. Cristo procura erguer todos quantos querem ser alçados à Sua companhia para que sejamos um com Ele, como Ele é um com o Pai. Permite que tenhamos contato com o sofrimento e calamidade para nos tirar de nosso egoísmo; procura desenvolver em nós os atributos de Seu caráter -- compaixão, ternura e amor. Aceitando esta obra de beneficência entramos em Sua escola para sermos qualificados para as cortes de Deus. Rejeitando-a, rejeitamos Sua instrução, e escolhemos a eterna separação de Sua presença.

"Se observares as Minhas ordenanças", declara o Senhor, "te darei lugar entre os que estão aqui" -- mesmo entre os anjos que circundam o Seu trono. Zacarias 3:7. Cooperando com os seres celestes em sua obra na Terra, preparamo-nos para a Sua companhia no Céu. "Espíritos ministradores, enviados para servir a favor daqueles que hão de herdar a salvação" (Hebreus 1:14), os anjos no Céu darão as boas-vindas àquele que na Terra viveu não "para ser servido, mas para servir". Mateus 20:28. Nesta abençoada companhia aprenderemos, para nossa alegria eterna, tudo que está encerrado na pergunta: "Quem é o meu próximo?" Lucas 10:29.

Capítulo 28—O maior dos males

Este capítulo é baseado em Mateus 19:16-30; 20:1-16; Marcos 10:17-31; Lucas 18:18-30.

A verdade da livre graça de Deus fora quase perdida de vista pelos judeus. Os rabinos ensinavam que o favor de Deus devia ser alcançado por merecimento. Esperavam ganhar pelas próprias obras o galardão dos justos. Por isto seu culto todo era induzido por um espírito ávido e mercenário. Até os discípulos de Cristo não estavam totalmente livres deste espírito, e o Salvador aproveitava toda oportunidade para mostrar-lhes seu erro. Justamente antes de dar a parábola dos trabalhadores ocorreu um evento que Lhe ofereceu a oportunidade para apresentar os justos princípios.

Indo Seu caminho, um jovem príncipe correu-Lhe ao encontro e, ajoelhando-se, saudou-O reverentemente. "Bom Mestre", disse, "que bem farei, para conseguir a vida eterna?" Mateus 19:16.

O príncipe dirigiu-se a Cristo meramente como a um rabino honrado, não reconhecendo nEle o Filho de Deus. O Salvador disse: "Por que Me chamas bom? Não há bom, senão um só que é Deus." Mateus 19:17. Em que sentido Me chamas bom? Deus unicamente é bom. Se Me reconheces como tal, precisas receber-Me como Seu Filho e representante.

"Se queres, porém, entrar na vida", acrescentou, "guarda os mandamentos." Mateus 19:17. O caráter de Deus é expresso em Sua lei; e se queres estar em harmonia com Deus, os princípios de Sua lei devem ser o motivo de todas as tuas ações.

Cristo não diminui as exigências da lei. Em linguagem inconfundível apresenta a obediência a ela como condição da vida eterna -- a mesma condição requerida de Adão antes da queda. O Senhor não espera agora menos de nós, do que esperava do homem no Paraíso, obediência perfeita, justiça irrepreensível. A exigência sob o pacto da graça é tão ampla quanto os requisitos ditados no Éden -- harmonia com a lei de Deus, que é santa, justa e boa.

Às palavras: "Guarda os mandamentos", o jovem respondeu: "Quais?" Mateus 19:17, 18. Supôs que fossem alguns preceitos cerimoniais; mas Cristo falava da lei dada no Sinai. Mencionou diversos mandamentos da segunda tábua do decálogo, e resumiu-os todos no preceito: "Amarás o teu próximo como a ti mesmo." Mateus 19:19.

O jovem respondeu sem hesitação: "Tudo isso tenho guardado desde a minha mocidade;

que me falta ainda?" Mateus 19:20. Sua compreensão da lei era externa e superficial. Julgado segundo o padrão humano, preservara caráter irrepreensível. Em grande parte sua vida exterior fora isenta de culpa; acreditara realmente que sua obediência fora sem falha. Contudo tinha um receio íntimo de que nem tudo estava direito entre seu coração e Deus. Isso originou a pergunta: "Que me falta ainda?"

"Se queres ser perfeito", disse Cristo, "vai, vende tudo o que tens, dá-o aos pobres e terás um tesouro no Céu; e vem e segue-Me. E o jovem, ouvindo essa palavra, retirou-se triste, porque possuía muitas propriedades." Mateus 19:21, 22. O amante de si mesmo é transgressor da lei. Isto quis Jesus revelar ao jovem, e submeteu-o a uma prova de modo tal, que manifestaria o egoísmo de seu coração. Mostrou-lhe a nódoa do caráter. O jovem não desejou mais esclarecimento. Nutrira na alma um ídolo -- o mundo era o seu deus. Professava ter guardado os mandamentos, porém estava destituído do princípio que é o próprio espírito e vida de todos eles. Não possuía verdadeiro amor a Deus e ao homem. Esta falta era a carência de tudo quanto o qualificaria para entrar no reino do Céu. Em seu amor ao próprio eu e ao ganho terrestre, estava em desarmonia com os princípios do Céu.

Quando este jovem príncipe foi ter com Jesus, sua sinceridade e fervor conquistaram o coração do Salvador. "Olhando para ele, o amou." Marcos 10:21. Nele viu alguém que poderia trabalhar como pregador da justiça. Teria recebido este jovem talentoso e nobre tão prontamente como recebera os pobres pescadores que O seguiam. Se devotasse sua aptidão à obra de salvar almas, poderia tornar-se obreiro diligente e bem-sucedido para Cristo.

Precisava, porém, aceitar primeiramente as condições do discipulado. Precisava entregar-se a Deus sem reservas. Ao convite do Salvador, João, Pedro, Mateus e seus companheiros, deixando tudo, levantaram-se e O seguiram. Lucas 5:28. Era requerida a mesma consagração do jovem príncipe. E nisto Cristo não pediu maior sacrifício do que Ele próprio fizera. "Sendo rico, por amor de vós Se fez pobre, para que, pela Sua pobreza, enriquecêsseis." 2 Coríntios 8:9. O jovem tinha somente que seguir aonde Cristo o precedera.

Cristo contemplou o rapaz e anelou seu coração. Desejava enviá-lo como mensageiro de bênçãos aos homens. Em vez daquilo que fora convidado a renunciar, Cristo lhe ofereceu o privilégio de Sua companhia. "Segue-Me", disse. Mateus 19:21. Este privilégio foi considerado uma alegria por Pedro, Tiago e João. O próprio jovem olhava a Cristo com admiração. Seu coração foi atraído ao Salvador. Não estava, porém, pronto para aceitar Seu princípio de abnegação. Preferiu suas riquezas a Cristo. Desejava a vida eterna, mas não queria receber na alma aquele amor desinteressado que, somente, é vida, e com coração triste saiu da presença de Cristo.

Quando o jovem se retirou, Jesus disse aos discípulos: "Quão dificilmente entrarão no reino de Deus os que têm riquezas." Marcos 10:23. Estas palavras surpreenderam os discípulos. Haviam sido ensinados a considerar os ricos favorecidos do Céu; poder e riquezas mundanas, eles mesmos esperavam receber no reino do Messias; se os ricos não entrassem no reino, que esperança poderia haver para os demais homens?

"Jesus, tornando a falar, disse-lhes: Filhos, quão difícil é, para os que confiam nas riquezas, entrar no reino de Deus! É mais fácil passar um camelo pelo fundo de uma agulha do que entrar um rico no reino de Deus. E eles se admiravam ainda mais." Marcos 10:24-26. Agora reconheceram que também eles estavam incluídos na solene advertência. À luz das palavras do Salvador, seu oculto anelo pelo poder e pelas riquezas foi revelado. Com maus pressentimentos quanto a si mesmos, exclamaram: "Quem poderá, pois, salvar-se?" Marcos 10:26.

"Jesus, porém, olhando para eles, disse: Para os homens é impossível, mas não para Deus, porque para Deus todas as coisas são possíveis." Marcos 10:27.

Um rico, como tal, não pode entrar no Céu. Sua riqueza não lhe outorga direito à herança dos santos na luz. Somente pela graça imerecida de Cristo pode alguém ter entrada na cidade de Deus.

As palavras do Espírito são dirigidas tanto aos ricos como aos pobres: "Não sois de vós mesmos; porque fostes comprados por bom preço." 1 Coríntios 6:19, 20. Quando os homens crerem isto, considerarão suas posses um legado para ser usado como Deus dirigir, para salvação dos perdidos, e conforto dos sofredores e pobres. Para o homem isto é impossível, porque o coração se apega às posses terrestres. A alma presa ao serviço de "Mamom", está surda ao clamor da necessidade humana. Para Deus todas as coisas são possíveis, porém. Contemplando o imaculado amor de Cristo, o coração egoísta se enternecerá e será subjugado. Como o fariseu Saulo, o rico será induzido a dizer: "O que para mim era ganho reputei-o perda por Cristo. E, na verdade, tenho também por perda todas as coisas, pela excelência do conhecimento de Cristo Jesus, meu Senhor." Filipenses 3:7, 8. Então nada estimarão seu. Jubilarão por considerarem-se mordomos da múltipla graça de Deus, e por Sua causa servos de todos os homens.

Pedro foi o primeiro a reanimar-se da íntima convicção operada pelas palavras do Salvador. Pensou com satisfação no que ele e seus irmãos renunciaram por Cristo: "Eis que", disse ele, "nós deixamos tudo e Te seguimos." Mateus 19:27. Lembrando-se da promessa condicional ao jovem príncipe: "Terás um tesouro no Céu" (Mateus 19:21), perguntou o que ele e seus companheiros receberiam como recompensa por seu sacrifício.

A resposta do Salvador comoveu o coração daqueles pescadores galileus. Cristo mencionou honras que ultrapassavam seus mais altos sonhos. "Em verdade vos digo que vós, que Me seguistes, quando, na regeneração, o Filho do Homem Se assentar no trono da Sua glória, também vos assentareis sobre doze tronos, para julgar as doze tribos de Israel." Mateus 19:28. E acrescentou: "Ninguém há, que tenha deixado casa, ou irmãos, ou irmãs, ou pai, ou mãe, ou mulher, ou filhos, ou campos, por amor de Mim e do evangelho, que não receba cem vezes tanto, já neste tempo, em casas, e irmãos, e irmãs, e mães, e filhos, e campos, com perseguições, e, no século futuro, a vida eterna." Marcos 10:29, 30.

Mas a pergunta de Pedro: "Que receberemos?" (Mateus 19:27) revelou um espírito que, não corrigido, incapacitaria os discípulos para serem mensageiros de Cristo; porque era espírito de mercenário. Embora houvessem sido atraídos pelo amor de Jesus, os discípulos não estavam completamente livres do farisaísmo. Ainda trabalhavam com o pensamento de merecer recompensa proporcional à sua obra. Nutriam espírito de exaltação e complacência próprias, e faziam distinções entre si. Se algum deles falhava em qualquer pormenor, os outros nutriam sentimentos de superioridade.

Para que os discípulos não perdessem de vista os princípios do evangelho, Cristo lhes narrou uma parábola ilustrativa da maneira como Deus procede com Seus servos, e o espírito com que deseja que trabalhem para Ele.

"O reino dos Céus", disse Ele, "é semelhante a um homem, pai de família, que saiu de madrugada a assalariar trabalhadores para a sua vinha." Mateus 20:1. Era costume que os homens que procuravam trabalho esperassem nas praças, e lá iam os empreiteiros procurar servos. O homem da parábola é apresentado como indo a diferentes horas contratar operários. Os assalariados nas primeiras horas concordaram em trabalhar por uma soma combinada; os assalariados mais tarde deixaram o seu salário à discrição do pai de família.

"Aproximando-se a noite, diz o senhor da vinha ao seu mordomo: Chama os trabalhadores, e paga-lhes o salário, começando pelos últimos até aos primeiros. E, chegando os que tinham ido perto da hora undécima, receberam um dinheiro cada um; vindo, porém, os primeiros, cuidaram que haviam de receber mais; mas, do mesmo modo, receberam um dinheiro cada um." Mateus 20:8-10.

O procedimento do pai de família com os trabalhadores em sua vinha representa o de Deus com a família humana. É contrário aos costumes que prevalecem entre os homens. Nos negócios mundanos, a compensação é dada de acordo com o trabalho executado. O trabalhador espera que lhe seja pago somente aquilo que ganhou. Mas na parábola, Cristo estava ilustrando os princípios de Seu reino -- um reino não deste mundo. Ele não é regido por qualquer norma humana. Diz o Senhor: "Porque os Meus pensamentos não são os vossos pensamentos, nem os vossos caminhos, os Meus caminhos. ... Porque, assim como os céus são mais altos do que a terra, assim são os Meus caminhos mais altos que os vossos caminhos, e os Meus pensamentos, mais altos do que os vossos pensamentos." Isaías 55:8, 9.

Na parábola, os primeiros obreiros concordaram em trabalhar por uma soma estipulada, e receberam a quantia especificada. Nada mais. Os assalariados mais tarde creram na promessa do mestre: "Dar-vos-ei o que for justo." Mateus 20:4. Mostraram confiança nele, nada perguntando a respeito do salário. Confiaram em sua justiça e eqüidade. Foram recompensados, não de acordo com o que trabalharam, mas segundo a generosidade do pai de família.

Assim deseja Deus que confiemos nEle, que justifica o ímpio. Seu galardão é dado, não proporcionalmente ao nosso mérito, mas conforme Seu propósito, "que fez em Cristo Jesus, nosso Senhor". Efésios 3:11. "Não pelas obras de justiça que houvéssemos feito, mas, segundo a Sua misericórdia, nos salvou." Tito 3:5. E aos que nEle confiam fará "muito mais abundantemente além daquilo que pedimos ou pensamos". Efésios 3:20.

Não a soma do trabalho que executamos, nem seus resultados visíveis, mas o espírito com que o fazemos, é que o torna valioso para Deus. Os que foram à vinha à undécima hora, estavam gratos pela oportunidade de trabalhar. Seu coração estava cheio de gratidão àquele que os recebera; e quando no fim do dia o pai de família lhes pagou uma jornada completa, ficaram muito surpreendidos. Sabiam que não mereciam tal recompensa. E a bondade expressa no semblante de Seu amo encheu-os de júbilo. Jamais esqueceram a benignidade do patrão nem a generosa recompensa que receberam. Assim é com o pecador que, conhecendo sua indignidade, entrou na vinha do Mestre à undécima hora. Seu tempo de serviço parece tão curto, sente que não merece recompensa; porém, enche-se de alegria porque, sobretudo, Deus o aceitou. Labuta com espírito humilde e confiante, grato pelo privilégio de ser um coobreiro de Cristo. Deus Se deleita em honrar este espírito.

O Senhor deseja que descansemos nEle sem pensar na medida do galardão. Quando Cristo habita na alma, o pensamento de remuneração não é supremo. Este não é o motivo impelente do nosso serviço. Verdade é que num sentido secundário devemos olhar à recompensa. Deus deseja que apreciemos as bênçãos prometidas; mas não que sejamos ávidos de remuneração, nem sintamos que para cada serviço devamos receber compensação. Não devemos estar tão ansiosos de obter o galardão, como de fazer o que é justo, independentemente de todo o lucro. O amor a Deus e a nossos semelhantes deve ser o nosso motivo.

Esta parábola não desculpa os que ouvem o primeiro chamado para o trabalho, mas negligenciam entrar na vinha do Senhor. Quando o pai de família foi à praça à undécima hora, e encontrou homens desocupados, disse: "Por que estais ociosos todo o dia?" Mateus 20:6. A resposta foi: "Porque ninguém nos assalariou." Mateus 20:7. Nenhum dos chamados mais tarde, estava ali de manhã. Não recusaram a chamada. Os que recusam e depois se arrependem, fazem bem em arrepender-se; mas não é seguro menosprezar o primeiro apelo da graça.

Quando os trabalhadores da vinha receberam "um dinheiro cada um" (Mateus 20:9), os que haviam começado a trabalhar mais cedo, ficaram ofendidos. Não haviam labutado eles doze horas? arrazoaram entre si, e não era justo que recebessem mais do que os que trabalharam apenas uma hora na parte mais amena do dia? "Estes últimos trabalharam só uma hora", disseram, "e tu os igualaste conosco, que suportamos a fadiga e a calma do dia." Mateus 20:12.

"Amigo", retrucou o pai de família a um deles; "não te faço injustiça; não ajustaste tu comigo um dinheiro? Toma o que é teu e retira-te; eu quero dar a este derradeiro tanto como a ti. Ou não me é lícito fazer o que quiser do que é meu? Ou é mau o teu olho porque eu sou bom?" Mateus 20:13-15.

"Assim, os últimos serão primeiros, e os primeiros, últimos, porque muitos são chamados, mas poucos, escolhidos." Mateus 20:16.

Os primeiros trabalhadores da parábola representam os que, por causa de seus serviços reclamam preferência sobre os demais. Empreendem sua obra com o espírito de engrandecimento, e não empregam nela abnegação e sacrifício. Podem haver professado servir a Deus toda a sua vida; podem destacar-se em suportar dificuldades, privação e provas, e por isso pensam ter direito a grande remuneração. Pensam mais na recompensa que no privilégio de serem servos de Cristo. A seu parecer, suas labutas e sacrifícios conferem-lhes o direito de receber mais honras que os outros, e por não ser reconhecido esse direito, ficam ofendidos. Se tivessem trabalhado com espírito amável e confiante, continuariam a ser os primeiros; mas sua disposição queixosa e lamuriante é dessemelhante da de Cristo, e demonstra que são indignos de confiança. Revela seu desejo de exaltação própria, desconfiança de Deus, e espírito ambicioso e de inveja para com os irmãos. A bondade e a liberalidade do Senhor lhes é motivo de murmuração. Assim demonstram não ter afinidade com Deus. Não conhecem a alegria da cooperação com o

Obreiro por excelência.

Nada mais ofensivo há para Deus que este espírito acanhado, e que cuida só de si. Não pode Ele operar com os que manifestam tais predicados. São insensíveis à operação de Seu Espírito.

Os judeus foram os primeiros a serem chamados para a vinha do Senhor; e por isso eram altivos e cheios de justiça própria. Cuidavam que seus longos anos de trabalho os titulavam para receber galardão maior do que os outros. Nada lhes foi mais exasperante do que uma insinuação de que os gentios deveriam ser admitidos aos mesmos privilégios que eles nas coisas de Deus.

Cristo advertiu os discípulos que primeiro foram chamados a segui-Lo, a que não acariciassem o mesmo mal. Viu que o espírito de justiça própria seria a causa da debilidade e maldição da igreja. Os homens pensariam que poderiam fazer alguma coisa para obter lugar no reino dos Céus. Imaginariam que quando tivessem feito certos progressos o Senhor viria para auxiliá-los. Assim haveria abundância do próprio eu e pouco de Jesus. Muitos que houvessem progredido um pouco se jactariam e considerariam superiores a outros. Seriam ávidos de lisonjas, invejosos se não fossem tidos por mais importantes. Cristo procurou proteger Seus discípulos contra este perigo.

Não é cabível o vangloriar-nos de algum mérito. "Não se glorie o sábio na sua sabedoria, nem se glorie o forte na sua força; não se glorie o rico nas suas riquezas. Mas o que se gloriar glorie-se nisto: em Me conhecer e saber que Eu sou o Senhor, que faço beneficência, juízo e justiça na Terra; porque destas coisas Me agrado, diz o Senhor." Jeremias 9:23, 24.

A recompensa não é pelas obras, para que ninguém se glorie, mas pela graça. "Que diremos, pois, ter alcançado Abraão, nosso pai segundo a carne? Porque, se Abraão foi justificado pelas obras, tem de que se gloriar, mas não diante de Deus. Pois, que diz a Escritura? Creu Abraão a Deus, e isso lhe foi imputado como justiça. Ora, àquele que faz qualquer obra, não lhe é imputado o galardão segundo a graça, mas segundo a dívida. Mas, àquele que não pratica, porém crê nAquele que justifica o ímpio, a sua fé lhe é imputada como justiça." Romanos 4:1-5. Portanto não há ocasião de alguém se gloriar sobre outro, ou de murmurar. Ninguém é mais privilegiado do que outro, nem pode alguém reclamar o galardão como um direito.

O primeiro e o último devem ser participantes do grande galardão eterno, e o primeiro deve dar alegremente as boas-vindas ao último. Aquele que inveja o galardão de outro, esquece que ele mesmo é salvo unicamente pela graça. A parábola dos trabalhadores reprova toda ambição e suspeita. O amor regozija-se na verdade, e não estabelece comparações invejosas. Quem possui amor, compara somente seu próprio caráter imperfeito com a amabilidade de Cristo.

Esta parábola é uma advertência a todos os obreiros que, embora longos seus serviços, embora fartas as labutas, estão sem amor aos irmãos e sem humildade perante Deus. Não há religião na entronização do próprio eu. Aquele, cujo alvo é a glorificação própria, se encontrará destituído daquela graça que, somente, pode torná-lo eficiente no serviço de Cristo. Quando é tolerado o orgulho e a complacência própria, a obra é arruinada.

Não é a duração do tempo que labutamos, mas a voluntariedade e fidelidade em nosso trabalho que o torna aceitável a Deus. É requerida uma renúncia completa do próprio eu em todo o nosso serviço. O menor dever feito com sinceridade e desinteresse é mais agradável a Deus que a maior obra quando manchada pelo egoísmo. Ele olha para ver quanto nutrimos do espírito de Cristo, e quanto nosso trabalho revela da semelhança de Cristo. Considera mais o amor e a fidelidade com que trabalhamos do que a quantidade que fazemos.

Somente quando o egoísmo estiver morto, banida a contenda pela supremacia, o coração repleto de gratidão e o amor houver tornado fragrante a vida -- somente então, Cristo nos está habitando na alma e somos reconhecidos como coobreiros de Deus.

Por mais difícil que seja a labuta, os verdadeiros obreiros não a consideram fadiga. Estão prontos para gastarem-se e deixarem-se gastar; porém é uma obra prazenteira, feita de coração alegre. A alegria em Deus é expressa mediante Jesus Cristo. Sua alegria é a alegria proposta a Cristo: "Fazer a vontade dAquele que Me enviou e realizar a Sua obra." João 4:34. São cooperadores do Senhor da glória. Este pensamento suaviza toda fadiga, robustece a vontade, fortalece o espírito para tudo que suceder. Trabalhando com coração isento de egoísmo, enobrecidos por serem participantes dos sofrimentos de Cristo, partilhando de Suas simpatias e colaborando com Ele em Sua obra, ajudam a intensificar a Sua alegria e a acrescentar honra e louvor ao Seu nome exaltado.

Esse é o espírito de todo serviço verdadeiro para Deus. Pela falta do mesmo, muitos que aparentam ser os primeiros se tornarão os últimos, enquanto os que o possuem, embora considerados os últimos, se tornarão os primeiros.

Muitos há que se entregaram a Cristo, todavia não vêem oportunidade de realizar grande obra ou fazer grandes sacrifícios em Seu serviço. Estes podem achar conforto no pensamento de que não é necessariamente a abnegação do mártir que é mais aceitável a Deus; pode ser que o missionário que enfrente diariamente o perigo e a morte, não tome a mais elevada posição nos registros do Céu. O cristão que o é em sua vida particular, na renúncia diária do eu, na sinceridade de propósito e pureza de pensamento, em mansidão sob provocação, em fé e piedade, em fidelidade nas coisas mínimas, que na vida familiar representa o caráter de Cristo, esse pode ser mais precioso aos olhos de Deus que o missionário ou mártir de fama mundial.

Oh, como são diferentes os padrões pelos quais Deus e o homem medem o caráter! Deus vê muitas tentações resistidas das quais o mundo e até os amigos íntimos nunca sabem -- tentações no lar e no coração. Vê a humildade da alma em vista de sua própria fraqueza; o arrependimento sincero, até de um pensamento que é mau. Vê a inteira devoção a Seu serviço. Anotou as horas de duros combates com o próprio eu -- combates que trouxeram vitória. Tudo isto os anjos e Deus sabem. Um memorial há escrito diante dEle, para os que temem ao Senhor e para os que se lembram do Seu nome.

O segredo do êxito não é encontrado nem em nossa erudição, nem em nossa posição, nem em nosso número ou nos talentos a nós confiados, nem na vontade do homem. Cônscios de nossa deficiência devemos contemplar a Cristo, e por Ele que é a força por excelência, a expressão máxima do pensamento, o voluntário e obediente obterá uma vitória após outra.

E por mais breve que seja o nosso serviço, ou mais humilde nossa obra, se seguirmos a Cristo com fé singela, não seremos desapontados pelo galardão. Aquilo que o maior e mais sábio não pode alcançar, o mais débil e mais humilde receberá. Os portões áureos do Céu não se abrem para os que se exaltam. Não são erguidos para os de espírito altivo. Os portais eternos abrir-se-ão ao trêmulo contato de uma criancinha. Abençoado será o galardão da graça para os que trabalharam para Deus com simplicidade de fé e amor.

Capítulo 29—A recompensa merecida

Este capítulo é baseado em Mateus 25:1-13.

Cristo e Seus discípulos estão assentados no Monte das Oliveiras. O Sol já desapareceu e as sombras da noite crescem sobre a Terra. Pode-se ver uma casa esplendorosamente iluminada como para uma festa. A luz jorra das aberturas, e um grupo expectante indica que um cortejo nupcial está prestes a aparecer. Em muitas regiões do oriente as festividades nupciais são realizadas à noite. O noivo parte ao encontro da noiva e a traz para casa. À luz de tochas, o cortejo dos nubentes sai da casa paterna para seu próprio lar, onde um banquete é oferecido aos convidados. Na cena que Cristo contemplava, um grupo espera o aparecimento do cortejo nupcial para a ele se ajuntar.

Na adjacência do lar da noiva esperam dez virgens trajadas de branco. Todas levam uma lâmpada acesa e um frasco de óleo. Todas aguardam ansiosamente a vinda do esposo. Há, porém, uma tardança. Passa-se uma hora após outra, as vigias fatigam-se e adormecem. À meia-noite ouve-se um clamor: "Aí vem o esposo! Saí-lhe ao encontro!" Mateus 25:6. Sonolentas despertam, de repente, e levantam-se. Vêem o cortejo aproximando-se resplandecente de tochas e festivo, com música. Ouvem as vozes do esposo e da esposa. As dez virgens tomam suas lâmpadas e começam a aparelhá-las, com pressa de partir. Cinco delas, porém, tinham deixado de encher seus frascos. Não previram demora tão longa, e não se prepararam para a emergência. Em aflição apelam para suas companheiras mais prudentes, dizendo: "Dai-nos do vosso azeite, porque as nossas lâmpadas se apagam." Mateus 25:8. Mas as cinco outras, com suas lâmpadas há pouco aparelhadas, tinham seus frascos esvaziados. Não tinham óleo de sobra, e respondem: "Não seja caso que nos falte a nós e a vós; ide, antes, aos que o vendem e comprai-o para vós." Mateus 25:9.

Enquanto foram comprar, o cortejo foi-se e as deixou. As cinco, com as lâmpadas acesas, se uniram à multidão, entraram na casa com o cortejo nupcial, e fechou-se a porta. Quando as virgens loucas chegaram à entrada da casa do banquete, receberam uma recusa inesperada. O anfitrião declarou: "Não vos conheço." Mateus 25:12. Foram abandonadas ao relento, na rua solitária, nas trevas da noite.

Quando Cristo, sentado, contemplava o grupo que aguardava o esposo, contou aos discípulos a história das dez virgens, ilustrando, pela experiência delas, a da igreja que viveria justamente antes de Sua segunda vinda.

Os dois grupos de vigias representam as duas classes que professam estar à espera de seu Senhor. São chamadas virgens porque professam fé pura. As lâmpadas representam a Palavra de Deus. Diz o salmista: "Lâmpada para os meus pés é a Tua palavra e, luz para os meus caminhos." Salmos 119:105. O óleo é símbolo do Espírito Santo. Assim é representado o Espírito na profecia de Zacarias. "Tornou o anjo que falava comigo", diz ele, "e me despertou, como a um homem que é despertado do seu sono, e me disse: Que vês? E eu disse: Olho, e eis um castiçal todo de ouro, e um vaso de azeite no cimo, com as suas sete lâmpadas; e cada lâmpada posta no cimo tinha sete canudos. E, por cima dele, duas oliveiras, uma à direita do vaso de azeite, e outra à sua esquerda. E falei e disse ao anjo que falava comigo, dizendo: Senhor meu, que é isto? E respondeu e me falou, dizendo: Esta é a palavra do Senhor a Zorobabel, dizendo: Não por força, nem por violência, mas pelo Meu Espírito, diz o Senhor dos Exércitos. E, falando-lhe outra vez, disse: Que são aqueles dois raminhos de oliveira que estão junto aos dois tubos de ouro e que vertem de si ouro? Então, Ele disse: Estes são os dois ungidos, que estão diante do Senhor de toda a Terra." Zacarias 4:1-4, 6, 12, 14.

Das duas oliveiras o dourado óleo era vazado pelos tubos de ouro nas taças do castiçal, e daí nas lâmpadas de ouro que iluminavam o santuário. Assim, dos santos que estão na presença de Deus, Seu Espírito é comunicado aos que são consagrados para o Seu serviço. A missão dos dois ungidos é comunicar ao povo de Deus aquela graça celestial que, somente, pode fazer de Sua palavra uma lâmpada para os pés, e uma luz para o caminho. "Não por força, nem por violência, mas pelo Meu Espírito, diz o Senhor dos Exércitos." Zacarias 4:6.

Na parábola, todas as dez virgens saíram ao encontro do esposo. Todas tinham lâmpadas e frascos. Por algum tempo não se notava diferença entre elas. Assim é com a igreja que vive justamente antes da segunda vinda de Cristo. Todos têm conhecimento das Escrituras. Todos ouviram a mensagem da proximidade da volta de Cristo e confiantemente O esperam. Como na parábola, porém, assim é agora. Há um tempo de espera; a fé é provada; e quando se ouvir o clamor: "Aí vem o Esposo! Saí-Lhe ao encontro!" (Mateus 25:6), muitos não estarão preparados. Não têm óleo em seus vasos nem em suas lâmpadas. Estão destituídos do Espírito Santo.

Sem o Espírito de Deus, de nada vale o conhecimento da Palavra. A teoria da verdade não acompanhada do Espírito Santo, não pode vivificar a mente, nem santificar o coração. Pode estar-se familiarizado com os mandamentos e promessas da Bíblia, mas se o Espírito de Deus não introduzir a verdade no íntimo, o caráter não será transformado. Sem a iluminação do Espírito, os homens não estarão aptos para distinguir a verdade do erro, e serão presa das tentações sutis de Satanás.

A classe representada pelas virgens loucas não é hipócrita. Têm consideração pela verdade, advogaram-na, são atraídos aos que crêem na verdade, mas não se entregaram à operação do Espírito Santo. Não caíram sobre a rocha, que é Cristo Jesus, e não permitiram que sua velha natureza fosse quebrantada. Essa classe é representada, também, pelos ouvintes comparados ao pedregal. Recebem a Palavra prontamente; porém, deixam de assimilar os seus princípios. Sua influência não permanece neles. O Espírito trabalha no coração do homem de acordo com o seu desejo e consentimento, nele implantando natureza nova; mas a classe representada pelas virgens loucas contentou-se com uma obra superficial. Não conhecem a Deus; não estudaram Seu caráter; não tiveram comunhão com Ele; por isso não sabem como confiar, como ver e viver. Seu serviço para Deus degenera em formalidade. "Eles vêm a Ti, como o povo costuma vir, e se assentam diante de Ti como Meu povo, e ouvem as Tuas palavras, mas não as põem por obra; pois lisonjeiam com a sua boca, mas o seu coração segue a sua avareza." Ezequiel 33:31. O apóstolo Paulo assinala que essa será a característica especial dos que vivem justamente antes da segunda vinda de Cristo. Diz: "Nos últimos dias sobrevirão tempos trabalhosos; porque haverá homens amantes de si mesmos... mais amigos dos deleites do que amigos de Deus, tendo aparência de piedade, mas negando a eficácia dela." 2 Timóteo 3:1-5.

Essa é a classe que em tempo de perigo é encontrada bradando: Paz e segurança. Acalentam seu coração em sossego, e não sonham com o perigo. Quando despertos de sua indiferença, discernem sua destituição, e rogam a outros que lhes supram a falta; em assuntos espirituais, porém, ninguém pode remediar a deficiência de outros. A graça de Deus tem sido oferecida livremente a todos. Tem sido proclamada a mensagem do evangelho: "Quem tem sede venha; e quem quiser tome de graça da água da vida." Apocalipse 22:17. Todavia o caráter não é transferível. Ninguém pode crer por outro. Ninguém pode receber por outro o Espírito. Ninguém pode dar a outrem o caráter que é o fruto da operação do Espírito. "Ainda que Noé, Daniel e Jó estivessem no meio dela (a Terra), vivo Eu, diz o Senhor Jeová, que nem filho nem filha eles livrariam, mas só livrariam a sua própria alma pela sua justiça." Ezequiel 14:20.

Numa crise é que o caráter é revelado. Quando a voz ardorosa proclamou à meia-noite: "Aí vem o Esposo! Saí-lhe ao encontro!" (Mateus 25:6), e as virgens adormecidas ergueram-se de sua sonolência, foi visto quem fizera a preparação para o evento. Ambos os grupos foram tomados de surpresa; porém, um estava preparado para a emergência, e o outro não. Assim agora uma calamidade repentina e imprevista, alguma coisa que põe a pessoa face a face com a morte, mostrará se há fé real nas promessas de Deus. Mostrará se está sustida na graça. A grande prova final virá no fim do tempo da graça, quando será tarde demais para se suprirem as necessidades do espírito.

As dez virgens estão esperando na noite da história deste mundo. Todas dizem ser cristãs. Todas têm uma vocação, um nome, uma lâmpada, e todas pretendem fazer a obra de Deus. Todas aguardam, aparentemente, a volta de Cristo. Cinco, porém, estão desprevenidas. Cinco serão encontradas surpreendidas, aterrorizadas, fora do recinto do banquete.

No dia final muitos hão de requerer admissão ao reino de Cristo, dizendo: "Temos comido e bebido na Tua presença, e Tu tens ensinado nas nossas ruas." Lucas 13:26.

"Senhor, Senhor, não profetizamos nós em Teu nome? E, em Teu nome, não expulsamos demônios? E, em Teu nome, não fizemos muitas maravilhas?" Mateus 7:22. Mas a resposta será: "Digo-vos que não sei de onde vós sois; apartai-vos de mim." Lucas 13:27. Nesta vida não tiveram comunhão com Cristo; por isto não conhecem a linguagem do Céu, são estranhos às suas alegrias. "Porque qual dos homens sabe as coisas do homem, senão o espírito do homem, que nele está? Assim também ninguém sabe as coisas de Deus, senão o Espírito de Deus." 1 Coríntios 2:11.

As palavras mais tristes que caíram em ouvidos mortais são aquelas da sentença: "Não vos conheço." Mateus 25:12. Unicamente a comunhão do Espírito que desprezastes poderia unir-vos à multidão jubilosa que estará no banquete das bodas. Não podereis participar dessa cena. Sua luz incidiria sobre olhos cegos, e sua melodia em ouvidos surdos. Seu amor e alegria não fariam soar de júbilo corda alguma do coração entorpecido pelo mundo. Sois excluídos do Céu por vossa própria inaptidão para a sua companhia.

Não podemos estar prontos para encontrar o Senhor, acordando ao ouvir o brado: "Aí vem o Esposo!" (Mateus 25:6) e então tomar nossas lâmpadas vazias para enchê-las. Não podemos viver apartados de Cristo aqui, e ainda assim estar aptos para a Sua companhia no Céu.

Na parábola, as virgens prudentes tinham óleo em seus vasos com as lâmpadas. Suas lâmpadas arderam com chama contínua pela noite de vigília. Contribuíram para aumentar a iluminação em honra do esposo. Brilhando na escuridão, auxiliaram a iluminar o caminho para o lar do esposo, para a ceia de bodas.

Assim, devem os seguidores de Cristo irradiar luz nas trevas do mundo. Pela atuação do Espírito Santo, a Palavra de Deus é uma luz quando se torna um poder transformador na vida de quem a recebe. Implantando-lhes no coração os princípios de Sua Palavra, o Espírito Santo desenvolve nos homens os predicados de Deus. A luz de Sua glória -- Seu caráter -- deve refletir-se em Seus seguidores. Assim devem glorificar a Deus, e iluminar o caminho para a mansão do esposo, para a cidade de Deus, e para o banquete de bodas do Cordeiro.

A vinda do esposo foi à meia-noite -- a hora mais tenebrosa. Assim a vinda de Cristo será no período mais tenebroso da história deste mundo. Os dias de Noé e de Ló ilustram a condição do mundo exatamente antes da vinda do Filho do homem. Apontando para esse tempo, declaram as Escrituras que Satanás trabalhará com todo poder e "sinais, e prodígios de mentira". 2 Tessalonicenses 2:9. Sua obra é revelada claramente pelas trevas que se adensam rapidamente, pela multidão de erros, heresias e enganos destes últimos dias. Satanás não só leva cativo o mundo, porém suas ilusões infectam até as professas igrejas de nosso Senhor Jesus Cristo. A grande apostasia se desenvolverá em trevas tão densas como as da meia-noite, impenetráveis como a mais intensa escuridão. Para o povo de Deus será uma noite de prova, noite de lamentação, noite de perseguição por causa da verdade. Mas nessa noite de trevas brilhará a luz de Deus.

Fez que "das trevas resplandecesse a luz". 2 Coríntios 4:6. Quando "a Terra era sem forma e vazia; e havia trevas sobre a face do abismo; e o Espírito de Deus Se movia sobre a face das águas. E disse Deus: Haja luz. E houve luz". Gênesis 1:2, 3. Também na noite das trevas espirituais a Palavra de Deus diz: "Haja luz." A Seu povo, diz Ele: "Levanta-te, resplandece, porque já vem a tua luz, e a glória do Senhor vai nascendo sobre ti." Isaías 60:1.

"Eis", diz a Escritura, "que as trevas cobriram a Terra, e a escuridão, os povos; mas sobre ti o Senhor virá surgindo, e a Sua glória se verá sobre ti." Isaías 60:2.

A escuridão do falso conceito acerca de Deus é que está envolvendo o mundo. Os homens estão perdendo o conhecimento de Seu caráter. Este tem sido mal compreendido e mal-interpretado. Neste tempo deve ser proclamada uma mensagem de Deus, uma mensagem de influência iluminante e capacidade salvadora. O caráter de Deus deve tornar-se notório. Deve ser difundida nas trevas do mundo a luz de Sua glória, a luz de Sua benignidade, misericórdia e verdade.

Esta é a obra esboçada pelo profeta Isaías, nas palavras: "Tu, anunciador de boas novas a Jerusalém, levanta a tua voz fortemente; levanta-a, não temas e dize às cidades de Judá: Eis aqui está o vosso Deus. Eis que o Senhor Jeová virá como o forte, e o Seu braço dominará; eis que o Seu galardão vem com Ele, e o Seu salário, diante da Sua face." Isaías 40:9, 10.

Os que aguardam a vinda do esposo devem dizer ao povo: "Eis aqui está o vosso Deus." Isaías 40:9. Os últimos raios da luz misericordiosa, a última mensagem de graça a ser dada ao mundo, é uma revelação do caráter do amor divino. Os filhos de Deus devem manifestar Sua glória. Revelarão em sua vida e caráter o que a graça de Deus por eles tem feito.

A luz do Sol da Justiça deve irradiar em boas obras -- em palavras de verdade e atos de santidade.

Cristo, o resplendor da glória do Pai, veio ao mundo como sua luz. Veio representar Deus aos homens, e dEle está escrito que foi ungido "com o Espírito Santo e com virtude", e "andou fazendo o bem". Atos dos Apóstolos 10:38. Na sinagoga de Nazaré, disse: "O Espírito do Senhor é sobre Mim, pois que Me ungiu para evangelizar os pobres, enviou-Me a curar os quebrantados do coração, a apregoar liberdade aos cativos, a dar vista aos cegos, a pôr em liberdade os oprimidos, a anunciar o ano aceitável do Senhor." Lucas 4:18, 19. Esta foi a obra de que encarregou os discípulos. "Vós sois a luz do mundo", disse Ele. "Assim resplandeça a vossa luz diante dos homens, para que vejam as vossas boas obras e glorifiquem a vosso Pai, que está nos Céus." Mateus 5:14, 16.

Esta é a obra que o profeta Isaías descreve, dizendo: "Porventura, não é também que repartas o teu pão com o faminto e recolhas em casa os pobres desterrados? E, vendo o nu, o cubras e não te escondas daquele que é da tua carne? Então, romperá a tua luz como a alva, e a tua cura apressadamente brotará, e a tua justiça irá adiante da tua face, e a glória do Senhor será a tua retaguarda." Isaías 58:7, 8.

Assim pois a glória de Deus deve brilhar mediante Sua igreja na noite de trevas espirituais, soerguendo os oprimidos e confortando os que choram.

Em todo nosso redor ouvem-se os gemidos de um mundo de aflições. Em todos os lados há necessitados e miseráveis. Nosso dever é auxiliar a aliviar e abrandar as dificuldades e misérias da vida.

O serviço prático será muito mais eficiente do que meramente pregar sermões. Devemos alimentar o faminto, vestir o nu e asilar o desabrigado. E somos chamados para fazer mais do que isto. As necessidades da alma só o amor de Cristo pode satisfazer. Se Cristo em nós habitar, nosso coração estará cheio de simpatia divina. Abrir-se-ão as fontes cerradas do zeloso amor cristão. Deus requer não somente as nossas dádivas para os necessitados, mas também nosso semblante amável, nossas palavras de esperança, nosso cordial aperto de mão. Quando curava os doentes Cristo punha sobre eles as mãos. Também devemos achegar-nos em contato íntimo com quem procuramos beneficiar.

Muitos há que não têm mais esperança. Dai-lhes novamente a luz do Sol. Muitos perderam o ânimo. Dizei-lhes palavras de conforto. Orai por eles. Há os que carecem do pão da vida. Lede-lhes da Palavra de Deus. Muitos padecem de uma enfermidade da alma que bálsamo nenhum pode restaurar, médico algum curar. Orai por essas pessoas, encaminhai-as a Jesus. Contai-lhes que há um bálsamo e um Médico em Gileade.

A luz é uma bênção, bênção universal que difunde seus tesouros sobre o mundo ingrato, ímpio e desmoralizado. Assim é com a luz do Sol da Justiça. Envolta, como está, nas trevas do pecado, aflição e padecimento, toda a Terra precisa ser iluminada com o conhecimento do amor de Deus. Nenhuma seita ou classe deve ser impedida de receber a luz que refulge do trono celeste.

A mensagem de esperança e misericórdia tem que ser levada aos confins da Terra. Quem quiser pode aproximar-se, tomar do poder de Deus e fazer paz com Ele, e Ele fará paz. Não mais devem os pagãos estar envoltos em trevas da meia-noite. A escuridão deve desaparecer diante dos brilhantes raios do Sol da Justiça. O poder do inferno foi vencido.

Mas ninguém pode dar aquilo que não possui. Na obra de Deus, a humanidade nada pode originar. Ninguém pode por seus próprios esforços tornar-se para Deus um portador de Luz. Vertido pelos mensageiros celestes nos tubos de ouro, para ser conduzido do áureo vaso às lâmpadas do santuário, o dourado óleo produzia luz contínua, clara e brilhante. O amor de Deus, continuamente transmitido ao homem, é que o habilita a comunicar luz. O áureo óleo do amor corre livremente no coração de todos os que pela fé estão unidos a Deus, para resplandecer novamente em boas obras, em serviço real e sincero para Ele.

Na grande e incomensurável dádiva do Espírito Santo estão contidos todos os recursos celestes. Não é por qualquer restrição da parte de Deus que as riquezas de Sua graça não afluem para os homens, neste mundo. Se todos recebessem de bom grado, todos seriam cheios de Seu Espírito.

Toda pessoa tem o privilégio de ser um conduto vivo, pelo qual Deus pode comunicar ao mundo os tesouros de Sua graça, as insondáveis riquezas de Cristo. Nada há que Cristo mais deseje do que agentes que representem ao mundo Seu Espírito e caráter. Não há nada de que o mundo mais necessite que da manifestação do amor do Salvador, mediante a humanidade. Todo o Céu está à espera de condutos pelos quais possa ser vertido o óleo santo para ser uma alegria e bênção para os corações humanos.

Cristo tomou todas as providências para que Sua igreja seja um corpo transformado, iluminado pela Luz do mundo, possuindo a glória de Emanuel. É Seu propósito que cada cristão esteja envolto numa atmosfera espiritual de luz e paz. Deseja que revelemos em nossa vida a Sua própria alegria.

A habitação do Espírito em nós será manifestada pelo amor celestial que de nós dimanará. A plenitude divina fluirá pelo consagrado agente humano, para ser partilhada com outros.

O Sol da Justiça traz salvação "debaixo das Suas asas". Malaquias 4:2. Assim todo verdadeiro discípulo deve difundir uma influência de vida, ânimo, auxílio e verdadeira salvação.

A religião de Cristo significa mais que o perdão dos pecados; significa remover nossos pecados e encher o vácuo com as graças do Espírito Santo. Significa iluminação divina e regozijo em Deus. Significa um coração despojado do próprio eu e abençoado pela presença de Cristo. Quando Cristo reina na alma há pureza e libertação do pecado. A glória, a plenitude, a perfeição do plano do evangelho são cumpridas na vida. A aceitação do Salvador traz paz perfeita, perfeito amor, segurança perfeita. A beleza e fragrância do caráter de Cristo manifestadas na vida, testificam de que em verdade Deus enviou Seu Filho ao mundo para o salvar.

Cristo não manda Seus seguidores esforçarem-se para brilhar. Diz: Resplandeça a vossa luz. Se tendes recebido a graça de Deus, a luz está em vós. Removei os empecilhos, e a glória do Senhor será revelada. A luz resplandecerá para penetrar e dissipar a escuridão. Não podeis deixar de brilhar dentro do círculo de vossa influência.

A revelação da glória do Senhor na forma humana, trará o Céu tão perto dos homens, que a beleza que adorna o templo interior será vista em todos em que o Salvador habita. Os homens serão cativados pela glória de um Cristo que vive em nós. E em torrentes de louvor e ações de graças dos muitos assim ganhos para Deus, refluirá glória para o grande Doador.

"Levanta-te, resplandece, porque já vem a tua luz, e a glória do Senhor vai nascendo sobre ti." Isaías 60:1. Essa mensagem é dada aos que saem ao encontro do esposo. Cristo vem com poder e grande glória. Vem com Sua própria glória e com a glória do Pai. Vem com todos os santos anjos. Ao passo que o mundo todo estará mergulhado em trevas, haverá luz em todos os lares dos santos. Eles hão de captar os primeiros raios de luz de Sua segunda vinda. A imaculada luz resplandecerá de Seu esplendor, e Cristo, o Redentor, será admirado por todos os que O serviram. Ao passo que os ímpios fugirão de Sua presença, os seguidores de Cristo rejubilarão. Vislumbrando o tempo do segundo advento de Cristo, disse o patriarca Jó: "Vê-Lo-ei por mim mesmo, e os meus olhos, e não outros, O verão." Jó 19:27. Dos fiéis seguidores, Cristo tem sido companheiro diário, amigo familiar. Viveram em contato íntimo, em comunhão constante com Deus. A glória de Deus resplandeceu sobre eles. Refletiu-se neles a luz do conhecimento da glória de Deus, na face de Jesus Cristo. Agora se regozijam nos raios não ofuscados do resplendor e glória do Rei, em Sua majestade. Estão preparados para a comunhão do Céu; pois têm o Céu no coração.

De fronte erguida, os brilhantes raios do Sol da Justiça sobre eles resplandecendo, com júbilo porque sua redenção se aproxima, saem ao encontro do Esposo, dizendo: "Eis que Este é o nosso Deus, a quem aguardávamos, e Ele nos salvará." Isaías 25:9.

"E ouvi como que a voz de uma grande multidão, e como que a voz de muitas águas, e como que a voz de grandes trovões, que dizia: Aleluia! Pois já o Senhor, Deus todo-poderoso, reina. Regozijemo-nos, e alegremo-nos, e demos-Lhe glória, porque vindas são as bodas do Cordeiro, e já a Sua esposa se aprontou. ... E disse-me: Escreve: Bem-aventurados aqueles que são chamados à ceia das bodas do Cordeiro." Apocalipse 19:6, 7, 9. "Porque é o Senhor dos senhores e o Rei dos reis; vencerão os que estão com Ele, chamados, eleitos e fiéis." Apocalipse 17:14.

Livros para continuar a compreender esta preciosa mensagem de salvação

1. 1888 Materiais, Ellen G. White (A4).*
2. O Maior Discurso de Cristo (A4).
3. A ciência do bom viver (A4).
4. Herido en Casa de sus Amigos, Ron Duffield (A4).
5. Carta aos Romanos, E. J. Waggoner (A4).
6. Cristo e sua Justicia, E. J. Waggoner (A4).
7. As Boas Novas: Gálatas versículo a versículo, E. J. Waggoner (A4).
8. A Historia do Profeta de Patmos, Haskell
9. O verbo se fez carne, Ralph Larson
10. Tocado por nossos sentimentos, Jean Zurcher
11. O concerto Eterno, E. J. Waggoner (A4).
12. O Caminho Consagrado a Perfeição Crista, A. T. Jones
13. Educação, Ellen G. White (A4).
14. Lições da Vida de Neemias, Ellen G. White (A4).
15. Liderança Cristã, Ellen G. White (A4).
16. Santificação, Ellen G. White (A4).

***MAIS LIVROS EM BREVE
** Tamanho do livro e impressão EM GRANDE FORMATO

Para obter estes livros por caixa (40% de desconto) ou um catálogo com mais publicações, escreva-nos:

lsdistribution07@gmail.com

www.ingramcontent.com/pod-product-compliance
Lightning Source LLC
Chambersburg PA
CBHW080859010526
44118CB00015B/2197